U0070677

看懂北海老人全書

呂冬倪——著

《理數合解》

大學解

中庸解

三易探原

一貫探原

理性釋疑

《三教圓通》

論心

呂祖韓仙師徒問答寓言

三會圓通

末後一著

《談眞錄》

《證道歌》

《勸大衆修行歌》

《勸女衆修行歌》

《祖師四十八訓》

《歷年易理》

前言

當我的第一本拙作《看懂心經》再版，接下來的《看懂禪機》和《看懂證道歌》也有不錯的銷售成績，我就發下一個誓願：我要把我這三十幾年來，對於各大宗教的研究心得，寫成一套「看懂宗教系列叢書」，來和「有緣的讀者們」分享。

我的心願是，希望讓「讀者們」用最短的時間，看懂各大宗教的教義和內涵，讓「讀者們」可以從中選擇自己喜歡的宗教來信仰。在當今世界的政治、經濟和氣候環境，越來越惡劣的情況下，選擇一個讓自己的心靈安心的宗教來信仰，是非常重要的事情。

於是，我花了一年八個月的時間，剛好是在「新冠疫情的期間」，陸續完成《看懂猶太教》、《看懂基督教》、《看懂伊斯蘭教》、《看懂道家》、《看懂道教》、《看懂印度佛教》、《看懂中國及藏傳佛教》、《看懂一貫道》和《看懂北海老人全書》等書，總計九本探討「猶太教」、「基督教」、「伊斯蘭教」、「道家」、「道教」、「印度佛教」、「中國佛教」、「藏傳佛教」和「一貫道」這些宗教的教義和內涵。

這一本《看懂北海老人全書》，主要是探討「一貫道」第十五代祖師「王覺一」所撰寫的《北海老人全書》的內涵，沒看過《北海老人全書》，就不知道「一貫道」眞正的教義和內涵。

「台灣」的內政部「宗教輔導科」，在公元二〇〇五年，進行的全面調查顯示，在「台灣」人口中，「佛教徒」約有八百萬人（35%），而「道教徒」約有七百五十五萬人（33%），「一貫道信徒」，將近六十萬人（2.6%），這是「台灣」的前三大宗教團體。

雖然，「一貫道」是「台灣」的第三大宗教團體，但是一般民眾對於「一貫道」的信仰內涵，知道的極少，甚至由於少數「佛教徒」和「基督教徒」的惡意攻擊，讓部分民眾認爲「一貫道」是「邪教宗教團體」。

卽使是「一貫道信徒」本身，對於「一貫道」的信仰內涵，經常是一知半解。會有這種情形發生，原因在於「一貫道」偏重於積極拓展道務，重視研究「五教經典」，但是忽略探討「一貫道的歷史」。

所謂的「五教」，卽「儒教、佛教、道教、基督教、伊斯蘭教」等，都有各自的「經典」，唯獨「一貫道」沒有屬於自己的「經典」。這也是少數「佛教徒」，最喜歡攻擊「一貫道」的說法，甚至還說「一貫道」竊取「佛教的經典」。

「一貫道竊取佛教的經典」這種說法很可笑，因爲「佛經」本來就沒有申請「智慧財產權」，而且還希望到處流通，大家都來研讀「佛經」，哪來的「竊取之說」呢？

而大多數的「一貫道信徒」，由於對「一貫道」的歷史和內涵不了解，對於「一貫道竊取佛教的經典」這種說法，表現的很焦慮，往往啞口無言，不知道如何回答這個問題？

後來，居然出現一本《彌勒救苦眞經》，然後「一貫道信徒」，就彷彿找到救星一般，高興地對外宣稱，我們「一貫道」也有自己的「經典」，就是《彌勒救苦眞經》。

殊不知，這本《彌勒救苦眞經》是在民國十五年（公元一九二六年）三月初三，由「彌勒祖師眞靈」下降到「山東濟寧府」的「道場」，借一位「楊春齡」的竅身所講述紀錄而成書。

民國十四年（公元一九二五年）二月初二，「一貫道」的第十七代祖師「路中一」歸空後，「皇母」封爲「金公祖師」。「金公老祖師」在歸空後一年，即民國十五年（公元一九二六年）三月初三，借山西「楊春齡」的竅身，在「山東濟寧府」的「道場」顯化一百日，口唱《金公妙典》和《彌勒救苦眞經》，這一次的「借竅」，稱爲「金雞初唱」。

其實，若「一貫道信徒」了解「一貫道」的歷史和內涵，明白「一貫道」是主張「三教合一」的宗教，就可以淡淡地回答說：「我們『一貫道』主張『三教合一』，所以『三教的經典』都是我們『一貫道』的『經典』。」

另外，在「一貫道」歷代的「祖師」當中，第十五代祖師「王覺一」的著述頗豐，他更是「一貫道」的實際創始者。所以，要深入了解「一貫道」的內涵，一定要研讀十五代祖「王覺一」的著述。

有興趣想要深入了解「一貫道」內涵的「讀者們」，除了閱讀《看懂一貫道》之外，強烈建議一定要研讀這本《看懂北海老人全書》。

最後，「讀者們」可以掃描本書背面的QR Code，或者上網瀏覽我設立的《看懂系列叢書網頁》，可以獲得更多的資訊，網址如下：https://www.kandonbook.com/

呂冬倪

二〇二三年七月寫於 澳洲・布里斯本・家中

導讀

「王覺一」的著作頗多，「竹坡居士」於光緒二十一年（公元一八九五年）蒐集《大學解》、《中庸解》、《三易探原》、《一貫探原》、《理性釋疑》等書，編輯而成《理數合解》一書。

現代的「林立仁」，則又另外蒐集「王覺一」的《理數合解》、《三教圓通》、《談眞錄》、《祖師四十八訓》、《歷年易理》等書，合編爲《北海老人全書》，於民國八十年（公元一九九一年）付梓台北縣的「正一善書出版社」。

十五祖「王覺一」是唯一有多本著作的「祖師」，他又是「一貫道」的實際創始者。所以，要了解「一貫道」的內涵，一定要研讀《北海老人全書》。

這本《看懂北海老人全書》，總共有九大單元，深入探討十五代祖「王覺一」的核心思想。

另外，本書對「原文」有詳細的【註釋】、【白話譯文】、【重點】和【賞析】，這些「註解」和「說明」，對於「讀者們」在閱讀本書時，會有相當大的幫助。希望「讀者們」在閱讀完本書之後，能夠眞正了解什麼是「一貫道」？

本書共有九大單元，這九大單元探討的重點如下：

（一）第一單元：簡介「北海老人」。

（二）第二單元：《理數合解》簡介，包括：「大學解、中庸解、三易探原、一貫探原、理性釋疑」。

（三）第三單元：《三教圓通》簡介，包括：「論心、呂祖韓仙，師徒問答寓言、三會圓通、末後一著」。

（四）第四單元：《談眞錄》簡介。

（五）第五單元：《證道歌》。

（六）第六單元：《勸大衆修行歌》。

（七）第七單元：《勸女衆修行歌》。

（八）第八單元：《祖師四十八訓》簡介。

（九）第九單元：《歷年易理》簡介。

目錄

第一單元 「北海老人」簡介

「王覺一」原名「王學孟」，又名「希孟、養浩」，生於淸道光元年（公元一八二一年到一八八四年），道號「覺一」，又號「北海老人」，山東青州益都縣人。爲「一貫道」實際的創始人，被「一貫道」奉爲第十五代祖師。

「王覺一」年輕時，曾經學習過「儒、釋、道」三教的經典，後來加入「先天道」，拜第十四代祖師「姚鶴天」爲師。「王覺一」回到「青州」後，建立「東震堂」，卽今天「一貫道」的前身。

「王覺一」在淸「同治、光緒」年間所傳之道，稱爲「末後一著」。他所領導的「末後一著教」，在當時傳遍中國「河北、山西、河南、安徽、江西、湖北、四川」等地，傳道區域甚廣。

公元一八七七年，「王覺一」向「無生老母」領天命，隨後卽向全國各地傳道。公元一八八三年，該教派被「淸朝政府」查禁後，許多他的追隨者都受到迫害。「王覺一」逝世後，由第十六代祖師「劉淸虛」繼承天命。

「王覺一」的著作頗多，「竹坡居士」於光緒二十一年（公元一八九五年）蒐集《大學解》、《中庸解》、《三易探原》、《一貫探原》、《理性釋疑》等書，編輯而成《理數合解》一書。

現代的「林立仁」，則又另外蒐集「王覺一」的《理數合解》、《三教圓通》、《談眞錄》、《祖師四十八訓》、《歷年易理》等書，合編爲《北海老人全書》，於民國八十年（公元一九九一年）付梓台北縣的「正一善書出版社」。

「王覺一」對近代「民間教派思想」之影響很深，當今「學者」根據「淸廷」的檔案資料考察，「王覺一」在當時極爲活躍。民初「同善社」的領導人「楊毅廷」卽以「一貫聖經」一詞，來稱呼「王覺一」的著作，可見他對「王覺一」的敬佩，可知「王覺一」的著作，在「淸末民初」時，流傳廣泛，此書在民間「儒教」中的影響力甚大。

公元一八八六年，「王覺一」的徒弟同鄉人「劉淸虛」執掌「東震堂」之後，於公元一九〇五年，擷取「孔子」所說的「吾道一以貫之」之意，把「東震堂」更名爲「一貫道」。

但是，「王覺一」才是「一貫道」的眞正創始人，而且在「一貫道道統」的歷代「祖師」當中，唯有「王覺一」有著述《北海老人全書》，淸楚的說明「一貫道」的內涵。

所以，《北海老人全書》是「一貫道」很重要的的經典，唯有研究《北海老人全書》，才能夠一窺「一貫道」的內涵，才能夠知道什麼是「一貫道」。

第二單元 《理數合解》簡介

在「王覺一」祖師的衆多著述當中，《理數合解》是他的主要著作。

「王覺一」祖師的著頗多，「竹坡居士」於光緒二十一年（公元一八九五年）蒐集《大學解》、《中庸解》、《三易探原》、《一貫探原》、《理性釋疑》等書，編輯而成《理數合解》一書。

「王覺一」祖師在「理數合解序」裡就寫道：「爰搜『北海老人』生平所得，力以示人者，匯輯成編，分爲『四卷』，知『理』之本於『學、庸』也，故以『學、庸』爲先。知『數』之本於『大易』也，故『三易探原』又次之。知『理』不離『數』，『數』不離理；體用同歸，顯微一致也，故『一貫探原』又次之。凡以釋『理性』之疑也，故以『理性釋疑』終焉。」可見，《大學解》、《中庸解》、《三易探原》、《一貫探原》、《理性釋疑》等書，是有順序和連貫性的。

由「學庸序」裡的關鍵字，可以一窺「王覺一」祖師所學的源頭。

①「學庸」之解，何爲而解也？蓋爲《論語》言「性」，分「性習」而未剖「理氣」。

②此乃「論氣不論理」，「性體」之所以不明也。是以「孟子」得「孔門」之正傳，起而救之以「性善」，是則是矣，然「論理不論氣」，而後起之情識未悉，故不達者，多以之爲

迂，理微難見，氣顯易知故也。

③迨至有「宋濂洛諸儒」輩出，補前賢之所未備，而性遂有本然氣質之別，理氣分清，較之前賢頗爲詳盡，而又未嘗言及「本然氣質」二者，大本大源之所從來。

④愚於是不揣固陋，因「中庸之天性，大學之明德」，闡明「理天氣天」，爲「理性氣性」，「人心道心」之所自出，不令後之學者，生漫無入手，望洋而返之歎。

⑤斯解「言理必本於河圖」

⑥使「寂然不動，感而遂通」之「無極理天」，燎然在目，再推「無極之眞」，二五之精，妙合而凝，三五之體用費隱推，而至於「河洛卦爻」，「理天氣天」百王不易之大經大法，以實大人大體之用，則理周性命。人稟天理，「天人一貫」。

⑦若只言「本然」，不究「氣質」，雖無礙於「明德率性之道」，猶恐不足以惺未達者之心。故「無極理天」而後，又申明「太極、陰陽、四象、八卦，三百六十五度四分度之一，一周之流行氣天」。

由上面「學庸序」裡的關鍵字，我們可以得知：

①《大學》、《中庸》、《論語》、《孟子》和《河圖洛書》等書，是「王覺一」祖師理論基礎的來源。

②「理氣」是「王覺一」祖師非常重視的重要概念，「理」和「氣」是「中國哲學」的一對基本範疇，「性理學」用語，「理」指事物的條理或準則，「氣」指一種極細微的物質。

③「宋濂洛諸儒」輩出，「濂洛」是「北宋理學」的兩個學派，「濂」是指濂溪「周敦

頤」；「洛」是指洛陽「程顥、程頤」。

④「朱熹」闡釋「周敦頤」與「二程」的「理氣學說」，《朱子語類．卷一．太極天地上》說：「天下未有無理之氣，亦未有無氣之理。……理與氣本無先後之可言。」

「朱熹」是「南宋理學家」，是「程朱理學」的集大成者，學者尊稱「朱子」。「朱熹」是「程顥、程頤」的三傳弟子「李侗」的學生，承北宋「周敦頤」與「二程」學說，創立「宋代」研究哲理的學風，稱爲「理學」。其著作甚多，輯定《大學》、《中庸》、《論語》、《孟子》爲四書作爲教本，也成爲後代科舉應試的科目，在中國大陸，有專家認爲他確立了完整的客觀唯心主義體系。

⑤因「中庸之天性，大學之明德」，闡明「理天氣天」，爲「理性氣性」，「人心道心」之所自出。……………。「無極理天」，燎然在目，再推「無極之眞」，而至於「河洛卦爻」，「理天氣天」。……………「無極理天」而後，又申明「太極、陰陽、四象、八卦，三百六十五度四分度之一，一周之流行氣天」。

由文中可知，「一貫道」的「理天、氣天、無極理天」等名詞，源自於《大學》、《中庸》和《河圖洛書》等書。

⑥「人稟天理，天人一貫」，這是「一貫道」這三個字的最佳解釋。

下面我們就逐步來探討各書的內容和重點。

一、大學解

《大學》是一篇論述「儒家」「修身、齊家、治國、平天下」思想的散文，相傳為「春秋戰國時期」的「曾子」所作。

「曾子」名「參」，字「子輿」，「魯國」人，為「春秋時期」末年的思想家，是「孔子」晚年的弟子之一，為「儒家學派」的重要代表人物，是「夏禹」的後代。

「曾子」著作《大學》，說明他的主要思想，開宗明義就提出了「三綱領（明德、親民、止於至善）」，和「八條目（格物、致知、正心、誠意、修身、齊家、治國、平天下）」，構成了一套完整的「封建倫理道德」的政治哲學體系。

●《大學》原文：

大學之道①，在明明德②，在親民③，在止於④至善⑤。知止⑥而後有定⑦，定而後能靜⑧，靜而後能安⑨，安而後能慮⑩，慮而後能得⑪。物有本末，事有終始。知所先後，則近道矣。

古之欲明明德於天下者，先治其國。欲治其國者，先齊其家⑫。欲齊其家者，先修其身⑬。欲修其身者，先正其心。欲正其心者，先誠其意。欲誠其意者，先致其知⑭。致知在格物⑮。物格而後知至，知至而後意誠，意誠而後心正，心正而後身修，身修而後家齊，家齊而後國治，國治而後天下平。

【註釋】

①大學之道：大學的宗旨。「大學」：博學；大人之學；「立身處世」最根本的學問道理。古代十五歲後，可以進入「大學」開始學習「倫理、政治、哲學」等「窮理正心，修己治人」的學問。「道」是在學習「政治、哲學」時所掌握的規律和原則。

②明明德：第一個「明」是動詞，「彰顯、發揚」之意。第二個「明」是形容詞，含有「高尚、光輝、光明」的意思。「明明德」是彰顯人類與生俱來的光明美善的德性。

③親民：「新」指「革舊更新」，「引導、教化」人民之意，意思是「使人們革掉身上的舊習，棄惡揚善。」；「新」另外解釋作「親」，「親民」解釋作「親近民眾」。「近代學者」認爲，兩種解釋可以互相補足，要親近民眾，才可教化民眾，幫助他們革去舊習。

④止於：此處的「止」爲動詞，達到。

⑤至善：善的最高境界。

⑥知止：「知」是「知道、明白、了解」。此處的「止」爲名詞，指「所到達的地方」。「知止」是「知道目標所在」。

⑦定：確定的志向。

⑧靜：心不妄動。

⑨安：安定、所處而安。

⑩慮：思慮周詳、處事精詳。

⑪得：得到成果、處事合宜、達到理想中至善的最高境界。

⑫齊其家：將自己家庭或家族的事務安排管理得井井有條，人與人之間的關係和諧，家業繁榮。

⑬修其身：修煉自己的品行和人格。

⑭致其知：「致」是「求得」，從中獲得知識，讓自己得到知識和智慧。

⑮格物：「格」是「推究、窮究」，「格物」是窮究事物原理，研究、認識世間萬物。

【白話譯文】

《大學》的宗旨，在於「弘揚高尚的德行」，在於「關愛人民」，在於達到「最高境界的善」。知道要達到「至善」的境界，方能「確定目標」；「確定目標」後，方能「心地寧靜」；「心地寧靜」後，方能「安穩不亂」；「安穩不亂」後，方能「思慮周詳」；「思慮周詳」後，方能達到「至善」的境界。凡物都有根本有末節，凡事都有終端有始端，知道了它們的先後次序，就與《大學》的宗旨相差不遠了。

在古代，意欲將「高尚的德行」弘揚於天下的人，則先要「治理好自己的國家」；意欲「治理好自己國家」的人，則先要「調整好自己的家庭」；意欲「調整好自己家庭」的人，則先要「修養好自身的品德」；意欲「修養好自身品德」的人，則先要「端正自己的心意」；意欲「端正自己心意」的人，則先要「使自己的意念」真誠；意欲「使自己意念真誠」的人，則先要「獲取知識」；「獲取知識」的途徑，則在於「探究事理」。

「探究事理」後，才能獲得「正確認識」；「認識正確」後，才能「意念真誠」；「意念真誠」後，才能「端正心意」；「心意端正」後，才能「修養好品德」；「品德修養好」後，才能

「調整好家族」；「家族調整好」後，才能「治理好國家」；「國家治理好」後，才能「使天下太平」。

經由「北宋」的「程顥、程頤」竭力尊崇《大學》，「南宋」的「朱熹」又作《大學章句》。最後，《大學》和《中庸》、《論語》、《孟子》並稱爲「四書」。

宋、元以後，《大學》成爲「學校官定」的「教科書」，和「科舉考試」的「必讀書」，對中國古代教育，產生了極大的影響。

《大學》提出的「三綱領（明明德、親民、止於至善）」和「八條目（格物、致知、誠意、正心、修身、齊家、治國、平天下）」，強調「修己」是「治人」的前提，「修己」的目的是爲了「治國平天下」，說明「治國平天下」和「個人道德修養」的一致性。

《大學》全文文辭簡約，內涵深刻，影響深遠，主要概括總結了「先秦儒家」的「道德修養理論」，以及關於「道德修養」的基本原則和方法，對「儒家政治哲學」，也有系統的論述，對「做人、處事、治國」等有深刻的啟發性。

《大學》出自《禮記》，原本是《禮記》四十九篇中的第四十二篇。《禮記》原名《小戴禮記》，又名《小戴記》，由「漢宣帝」時代的「戴聖」，根據歷史上遺留下來的一批「佚名儒家的著作」合編而成。

根據「斷代史學家」「班固」在「《記》百三十一篇」下自註雲：「七十子後學者所記也」，他認爲《禮記》各篇的成書年代，主要分佈「在戰國初期」至「西漢初期」這段時間。

下面是「王覺一」祖師在「大學解」中，對於《大學》的獨特見解。由於文章一氣呵成，沒有段落，所以比較難以閱讀。我節錄一些重點的段落，來和「讀者們」分享，想閱覽全文的「讀者」，可以上網觀看。

【重點一】

「大學」者「學大」也。何謂「大」，「惟天爲大」。

「天」可學乎？曰可。一畫開天，「伏羲」之學天也；觀天之道，執天之行，「黃帝」之學天也；惟天爲大，惟「堯」則之，「帝堯」之學天也；惟天之命，於「穆（肅敬）」不已，「文王」之德之純，「文王」之學天也；余欲無言，天何言哉，四時（一年四季）行焉，百物生焉，「孔子」之學天也；上天之載（承受），無聲無臭，「子思」之學天也；盡其心者，知其性也，知其性，則知天矣，存其心，養其性，所以事天，此「孟子」之學天也。

「天」者，「性（本性；人自然具有的本質、本能）」之所自出。「性」者，人人所固有。「性」既爲人人所固有，則「天」卽爲人人所當學。學之則大化「聖神」可從而至，不學則狂妄「鬼禽（惡鬼道、畜生道）」亦可從而至也。

【賞析】

「大學之道」的「大學」，原本是指博學、大人之學、「立身處世」最根本的學問道理，是「倫理、政治、哲學」等「窮理正心，修己治人」的學問。

「王覺一」祖師解釋爲：「『大學』者，學『大』也。何謂『大』，惟『天』爲『大』。」所以，「王覺一」祖師認爲「大學」是指「天學」，是學習「天」的學問。

「天」可以學習嗎？「王覺一」祖師說：「可以！」，還舉一些例子。「伏羲」之學天，一

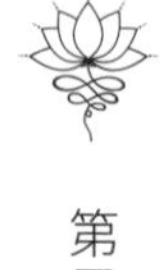

晝開天；「黃帝」之學天，觀天之道，執天之行；「帝堯」之學天，惟天為大；「周文王」之學天，惟天之命，於「穆（肅敬）」不已；「孔子」之學天，四時（一年四季）行焉，百物生焉；「子思」之學天，上天之載（承受），無聲無臭；「孟子」之學天，盡其心，存其心，養其性，所以事天。

「王覺一」祖師繼續解釋什麼是「天」？他認為，「人」天生具有的「本性」，源自於「天」，所以「人」應當要向「天」學習。學習「天」，「人」可以成為「聖神」；不學習「天」，「人」就會狂妄，死後投胎到「惡鬼道、畜生道」。

【重點二】

然（但是）「天」有「理天、氣天、象天」之分，故「性」有「理性、氣性、質性」之別，而「心」亦有「道心、人心、血肉之心」之不同，此「愚人、賢人、聖人」之學問見地造詣之所由分也。

「理天」者，乃「理性、道心」之所自出。「理」者，「無極之眞」也。未有天地，先有「此理」，天地窮盡，「此理」復生天地。未有此身，先有「此理」，此身既逝，而「此性」仍在。

【賞析】

「天」有「理天、氣天、象天」之分，「王覺一」祖師的「理、氣、象」三天之說的概念，來自於《太平經》，《太平經》是「東漢」道教「太平道」的典籍。

《太平經》云：「大神人有形，而大神與天相似，故『理天』。」又云：「上助仙眞元『氣天』治也。」又云：「故聖人制法，皆『象天』之心意也。」

另外，「王覺一」祖師特別解釋「理天」的定義。

「理天」者，乃「理性、道心」之所自出。「理」者，「無極之眞」也。未有天地，先有「此理」，天地窮盡，「此理」復生天地。未有此身，先有「此理」，此身旣逝，而「此性」仍在。

「王覺一」祖師認爲，人的「理性、道心」出自於「理天」，這個槪念來自於「朱熹」的《太極圖解》。

「朱熹」是「南宋」著名的理學家，他的《太極圖解》，是解釋「周敦頤」的《太極圖說》。

「周敦頤」是「北宋」「宋明理學」理論基礎的創始人之一，《太極圖說》則是「周敦頤」的哲學著作，全文只有二百四十九個字。

受《周易．繫辭傳》的啟發，「周敦頤」在《太極圖說》中，闡釋了其「宇宙觀」，「無極而生太極，太極動而生陽，動極而靜。靜極復動，一動一靜，互爲其根；分陰分陽，兩儀立焉。」

「周敦頤」的《太極圖說》，提出「宇宙生成論體系」，繼承了《易傳》和部分「道家、道教、禪門」的思想，提出一個簡單而有系統的「宇宙構成論」，用圖形以資推演，可達雅俗共享之效，融會「三教」於「儒家」。

「周敦頤」首次將「無極」一詞引入「儒家」理論，說「無極而太極」，「太極」一動一靜，產生陰陽萬物。「聖人」又模仿「太極」建立「人極」。「人極」卽「以中正仁義而主靜」，是「道德」的最高境界，只有通過「主靜、無欲」，才能達到這個境界。

「朱熹」盛推「周敦頤」的《太極圖說》，還著述《太極圖解》，來解釋「周敦頤」的《太極圖說》。

「朱熹」在《太極圖解》中說：「此所謂『無極』而『太極』也，所以動而陽、靜而陰之『本體』也。（『朱熹』自注：太極，理也，陰陽，氣也。氣之所以能動靜者，理爲之宰也。）」

「朱熹」認爲「太極」是一個「理」，是在「經驗事物」以上的；「陰陽」是「氣」，是「經驗事物」。「太極」和「陰陽」的關係是，「經驗事物」之所以有動有靜，是因爲有一個「理」，作爲背後的根據。這個「理爲之宰」是說，「理」是活動背後的根據。

「朱熹」又說：「『陰陽』一『太極』，精粗本末，無彼此也（『精』謂『太極』，『粗』謂『陰陽』。『理，本也』；『氣，末也』。然雖有精粗本末之殊，實無截然彼此之別）。」「周敦頤」的《太極圖說》，是總括「五行」和「陰陽」其本在於「太極」，「朱熹」在「注文」說得更淸楚，「太極」是「本」，是「理」；「陰陽」是「末」，是「氣」。所以，無論是「五行」或「陰陽」，都是說「氣」，說「經驗活動」。

「經驗活動」是「末」，其「本」在於「太極」。「太極」是「本」，是「理」，卽是「經驗活動」以上的根本原理，「經驗活動」之所以能成爲「活動」，是因爲有一個「理」在，這個「理」是「經驗」之成爲「經驗」的原理，這個原理也稱爲「本」，稱爲「太極」。

「周敦頤」在《太極圖說》裡說道：「『無極之眞』，二五之精，妙合而凝。『乾道成男，坤道成女。』二氣交感，化生萬物。萬物生生而變化無窮焉。唯人也得其秀而最靈。形旣生矣，神發知矣。五性感動而善惡分，萬事出矣。『聖人』定之以『中正仁義而主靜』，立『人極』焉。」

男女就「氣」而言，分屬「陰和陽」，就「理」而言，則都是根源於「太極」。「太極」本只是「理」，「萬物」是「氣」，但就「氣」化而言，「萬物」都是本於「太極」。但在「萬物」之中，「人」是最優秀，最精靈，「人」也有「太極」在其中。

「人」之所以爲「人」，也是要本於一「太極」，也就是「人」也有一「理」，也就是「人性」。所以「朱熹」主張「性卽理」。「人性」是「理」，也是「太極」。

【重點三】

「理」本無象，「天」現「河圖」以象之。「有象之河圖」爲「地盤」，如「人之身」也。「無象之河圖」爲「理天」，如「人之性」也。

「易」之「坤卦」曰，「黃中通理」，蓋「此理」貫乎大地之中，超乎大地之外。

【賞析】

精通《周易》的「王覺一」祖師，把《周易》裡的「河圖」等同於「朱熹」所說的「理」。因爲「朱熹」註解說：「太極，理也。」，「太極」是「本」，「河圖」也是「本」。所以，「太極」是「本」，是「理」，也是「河圖」。

「朱熹」主張「性卽理」，「人性」是「理」，也是「太極」。所以，「王覺一」祖師認

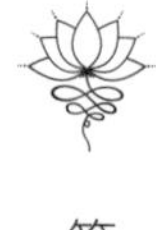

爲，「無象之河圖」爲「理天」，如「人的本性」。

「王覺一」祖師認爲，《周易》的「坤卦」說：「黃中通理」，在說明蓋「此理」貫乎大地之中，超乎大地之外。

「黃中通理」見於《周易．坤卦》，《坤卦》六五爻的文言曰：「君子黃中通理，正位居體，美在其中，而暢於四支，發於事業，美之至也。」

千百年來，註解《周易》者不可勝數，但是對於「黃中通理」到底是什麼？從古至今莫衷一是。

一般對「黃中通理」的解釋，「理」是玉石的紋路，引申爲物的紋理或事的條理，以「黃色居中」而兼有「四方之色」，指「通曉事物的道理」。

已故的國學大師「南懷謹」先生，在《我說參同契》中，對「黃中通理」有這樣一段闡述：「在我們人體，『脾胃』是『黃中』；在精神方面，就是『萬緣清淨、一念不生的境界』。到這個『黃中通理』的時候，在修『密宗』的人，是『中脈』打通了，氣養到充足了，『中脈』不要求通而自然通了。『通理』的『理』不是『道理』，中醫書上叫『腠（ㄘㄡˋ）理』，皮膚的毛細孔叫『腠理』，『通理』是通這個，不但裡面通了，外面十萬八千個毛孔都打通了，都能夠與天地精神相往來，與天地通氣了。『黃中通理』，這個氣養到最後得定了，『潤澤達肌膚』，皮膚變了，整個人都變得細嫩有光彩，由裡面發亮光。」

「道家」對「黃中通理」的解釋，認爲「黃中」就是「丹道」中的核心機密「玄關一竅」。「玄關一竅」爲「丹家」之祕，又有「玄牝之門」、「虛無窟子」以及「天地根」等異名。這一竅，全自「虛無」中來，自「虛無」中生；自「混沌」中求，自「虛寂」中得。這一竅，功到機現，時至神知；「機發」則露，「機息」則隱，只可以「無心得」，不可以「有心求」。

【重點四】

「周子」曰，「無極之眞」，「二五之精」，妙合而凝，「乾道成男，坤道成女」，此性之所自來，人之所由生也。「二五之精」生有形之身，「無極之眞」妙合其間，作無形之性「三五相合」，有無渾一，天寓乎人，人寓乎天。人中之所寓者，雖天之一點，而至理無分，至神能通，實「天理之全體」也。

【賞析】

「周子」就是指「周敦頤」，他在《太極圖說》裡說：「『無極之眞』，二五之精，妙合而凝。『乾道成男，坤道成女。』二氣交感，化生萬物。萬物生生而變化無窮焉。唯人也得其秀而最靈。形既生矣，神發知矣。五性感動而善惡分，萬事出矣。『聖人』定之以『中正仁義而主靜』，立『人極』焉。」

「王覺一」祖師非常重視文章中的「無極之眞」，「乾道成男，坤道成女」這句話，更是成爲今日「一貫道」的專有名詞，稱呼「男信徒」爲「乾道」，「女信徒」爲「坤道」。

【重點五】

「至善」即「至理」也，「至理」即「不睹不聞之神」，「無聲無臭之天」，「無思無爲之性」。「斯理」也，在天謂之「天理」，在地謂之「地理」，在人謂之「性理」，在物謂之「物理」，在事謂之「事理」，文有「文理」，道有「道理」，故「窮理」然後「盡性」，「窮神」

方能「知化」。「理者」，至善之體，「神者」，至善之用。

「理天」者，萬物統體之「至善」，「理性」者，物物各具之「至善」。故「天失理」，則星斗亂度；「地失理」，則山崩川溢；「人無理」，則倫常乖舛；「文無理」，則行之不遠；「道無理」，則修之難成。天地之間，萬事萬物，得理則善，失理則惡。

【賞析】

「王覺一」祖師非常推崇「朱熹」對「理」的概念，「朱熹」認爲「太極」是一個「理」，是萬物之「本」。所以，「至善」卽「至理」，「理」在人世間有「天理」、「地理」、「性理」、「物理」、「事理」、「文理」、「道理」等，都離不開一個「理」字。所以，要「窮究（詳細追究）」事物之「理」，然後才能「盡性」，亦卽唯有「至誠之人」，才能發揮人和物的本性，使各得其所。要「窮神（窮究事物之神妙）」方能「知化（通曉事物變化之理）」。「理」是「至善的本體」，「神」是「至善的作用」。

「朱熹」主張「性卽理」，「人性」是「理」，也是「太極」。「王覺一」祖師延伸解釋爲「理天」者，萬物統體之「至善」，「理性」者，物物各具之「至善」。所以，世間無「理」，則天上和地下大亂；「人無理」，則「倫常（人與人相處的常道）」「乖舛（ㄔㄨㄢˇ，謬誤、差錯）」。天地之間，萬事萬物，得理則善，失理則惡。

【重點六】

「無極理天」，「五常（父義、母慈、兄友、弟恭、子孝等五種倫常道德）」具備。「無極理性」，「五德（仁、智、義、禮、信）」兼該。「天道」福善而禍淫，「人道」賞善而罰惡。

「積善」餘慶，「積惡」餘殃。

【賞析】

「朱熹」認爲「太極」是一個「理」，而「太極」源自於「無極」。所以，「王覺一」祖師延伸「朱熹」的理念，認爲「理」源自於「無極」，再加上《太平經》描述「理天」是最上層的天。

因此，「萬物」的源頭「無極」，再加上最上層的天「理天」，就成爲「一貫道」的專有名詞「無極理天」，下面有「太極氣天」，最下面有「人極象天」。

【重點六】

「學人（從事學術研究的人）」皆知人人有「性（本性）」，而不知「性（本性）」出於「天」。卽知「性（本性）」出於「天」，而不知「天」有「理天、氣天、象天」之分；「命性」有「天賦之命、本然之性」、「氣數之命、氣質之性」之別；「心」有「道心、人心、血肉之心」之異；「神」有「元神、識神、魂魄」之不同。

「氣質、肉心、魂魄」出於「象」；「氣性、人心、識神、氣數之命」出於「氣」；「本然之性、道心、元神、天賦之命」出於「理」。「象」則暗而不明，「氣」則有明有暗，「理」則本體常明。「本體」常明者，「至善之地」也。

「此地」論「象」則「五行（金、木、水、火、土）」具備，論「氣」則「五氣朝元（道教修煉之法。謂煉內丹者不視、不聽、不言、不聞、不動，而五臟之精氣生剋制化，朝歸於黃庭（臍內空處），稱爲五氣朝元。）」，論「理」則「五德（仁、義、禮、智、信）兼該」。

【賞析】

在【重點二】有說明，「王覺一」祖師的「理、氣、象」三天之說的概念，來自於《太平經》，《太平經》是「東漢」道教「太平道」的典籍。

《太平經》云：「大神人有形，而大神與天相似，故『理天』。」又云：「上助仙眞元『氣天』治也。」又云：「故聖人制法，皆『象天』之心意也。」

「王覺一」祖師再把「道教」的「肉心、魂魄、人心、識神、道心、元神」等這些概念，歸類於「理、氣、象」三天。

【重點七】

「道」在「堯舜」，「帝王」傳之；「道」在「文武（周文王、周武王）」，「諸侯」傳之；「道」在「孔孟（孔子、孟子）」，「大夫」傳之；「道」在「周程（周敦頤、程頤）」，「士人」傳之；當今之世，「道」在「庶人（平民、百姓）」，此不卜可知者也。

三代以上，「道」在「君相」，自上傳下，傳之「庶人（平民、百姓）」爲終局；三代而下，「道」在「師儒」，自下傳上，傳至「帝王」爲終局；此亦「理勢」之必然也。

【賞析】

「王覺一」祖師認爲，當今之世，「道」在「庶人（平民、百姓）」，這個概念是「一貫道」傳道的重要依據，所以鼓勵「信徒」設立「家庭佛堂」，「末法時期」是在家修行，不是到寺廟修行。

【重點八】

「止（安住）」於「一時」，則「一時」之「德明（崇高顯明的德性）」，而爲一時之「聖賢」；止於「一日」，則「一日」之「德明」，而爲「一日」之「聖賢」；止於「終身」，則「終身」之「德明」，而爲萬世之「聖賢」。「止」之則「狂可作聖」，「不止」則「聖可作狂」。

「止（安住）」之一字，不「綦重（ㄑㄧˊ，非常重要、極爲重要）」歟（ㄩˊ，相當於「嗎」），是故「易（《周易》）」曰，艮者止也，兼山艮，君子以思不出其位，此仁者之所以樂山也。

「止（安住）」之之法奈何？「學者」必訪求「眞師」，指點詳明，超氣離象，洞達「神明」，得其「明德至善之所在」，知空中之不空，識無中之妙有，然後寡慾養心，遵「顏子（顏回）」之「四勿（非禮勿視，非禮勿聽，非禮勿言，非禮勿動。）」，依「曾子（曾參）」之「三省（每日多次反省自己有沒有做到『爲人謀而不忠乎？與朋友交而不信乎？傳不習乎？』）」，體《論語》之「思無邪」，自「有思」入「無思」，自「有爲」還於「無爲」，此「止之」之法也。

再加以「有事戒淫念，無事戒雜念」，則「行住坐臥」，「神明」現前，廊廟山林，靜喧語默，隨在「得所止」矣。「得止」者，「復禮」也。「禮復」則「明善復初」，「明善復初」則「天下歸心」。「心止於至善」則「德成」，事「止於至善」則「業就」。

【賞析】

「王覺一」祖師指出，「止（安住）」之一字，實在太重要了。懂得「止」的方法，則「狂人可變作聖人」，不懂得「止」的方法，則「聖人可變作狂人」。

「王覺一」祖師舉出《周易》裡的「艮卦」說：「艮者止也，兼山艮，君子以思不出其位，此仁者之所以樂山也」。

「艮卦」是《周易》六十四卦的第五十二卦，「艮卦」是「如何抑止自己言行」的卦。也就是，當行則行，當止則止；當說則說，不當說則不說，一切必須審愼抑止爲是。

「艮卦」的《象辭》說：「艮，止也。」

「艮卦」的《象辭》說：「兼山，艮；君子以思不出其位。」

「艮卦」是由「山下山上」兩卦所組成，所以說「兼山」，「兼」是「重複、累積」的意思。

「君子以思不出其位」是說：「思慮問題」不踰越自己的「職責範圍」。也就是：考慮事情，不超過自己的「職責、能力」範疇，不把「精力」浪費在自己其實並不了解、也無法施加影響的事情上。知道什麼是自己該做的，什麼不是自己該做的。比喻「腳踏實地，實事求是」，類似「不在其位，不謀其政」的意思。

其實，「王覺一」祖師舉例《周易》裡的「艮卦」，重點是「艮者止也」和「兼山艮」。

第一個重點是「兼山艮」，上面提到「艮卦」是由「山下山上」兩卦所組成，所以說「兼山」，「兼」是「重複、累積」的意思。其實，這是「王覺一」祖師暗指「一貫道」修行的心法：「意守眉間玄關處」。

「玄關處」在「道教」各派的說法不一，很顯然「王覺一」祖師認爲「玄關」是在「眉間處」。

古德說：「佛在靈山莫遠求，靈山就在汝心頭；人人有個靈山塔，好向靈山塔下修。」這句「人人有個靈山塔，好向靈山塔下修。」，正是「一貫道」修行的法門。

「王覺一」祖師認爲「玄關」是在人的臉部，兩個「眉毛」之間，稱爲「眉間處」。這個「眉間處」，剛好在「兩座山」之間的「低窪」處。哪「兩座山」呢？一座是「鼻頭山」，另一座是「額頭山」，亦卽一個是「鼻子」，另一個是「額頭」。「額頭」是指人臉「頭髮」以下，「眉毛」以上的部分。「好向靈山塔下修」的「靈山塔下」，就是指「鼻頭」向下到「低窪處」的「玄關竅」。

另一個重點就是「艮者止也」，「王覺一」祖師認爲「止」之一字是「綦重（ㄑㄧˊ）」，是非常重要、極爲重要的。「艮卦」的《彖辭》說：「艮，止也。」，「王覺一」祖師暗指「止（安住）」於「艮」這「兩座山」之間的「低窪」處，也就是「眉間」的「玄關竅」，是「綦重（ㄑㄧˊ）」，是非常重要、極爲重要的事情。

至於「止（安住）之」的方法，「王覺一」祖師鐵定的說，「學者」必須訪求「眞師」，指點詳明的「明德至善之所在」。這段話，就是要加入「一貫道」者，必須經過「點傳師」的「傳道儀式」的由來。

成爲「一貫道」的信徒之後，修行的方法是「寡慾養心」，然後遵循「顏回」的「四勿（非禮勿視，非禮勿聽，非禮勿言，非禮勿動。）」，依照「曾參」之「三省（每日多次反省自己有沒有做到『為人謀而不忠乎？與朋友交而不信乎？傳不習乎？』）」，體悟《論語》的「思無邪（思無邪，語出《論語．為政》，是孔子評價《詩經》的觀點。意為：真情流露、毫不作假）」，自「有思」入「無思」，自「有為」還於「無為」，這是「止之」的方法。）

再加以「有事戒淫念，無事戒雜念」，則「行住坐臥」，隨時「神明」現前，無論在何時何處，時時刻刻在「得所止」處，也就是時時刻刻要「意守玄關處」。如此隨時「止（安住）於至善（玄關處）」，修道就會有成就。

【重點九】

蓋「天下之本」在「國」，「一國之本」在「家」，「一家之本」在「身」，「一身之本」在「心」，「心之運用」在乎「意」，「意之所之」隨乎「知」，「知之是非得失」在於「學」，而「學之入手」自「格物」始。

《大學》十章，獨失「格物致知」之傳。此經載在《禮記》，漢、晉、隋、唐以來鮮有識者，至宋「眞儒」輩出始表章之，作「孔門道統」之冠。九章皆有其文，並無異議。因「致知」一章失傳，遂成千古疑案。

【賞析】

「王覺一」祖師說，「一身之本」在「心」，「心之運用」在乎「意」，「意之所之」隨乎「知」，「知之是非得失」在於「學」，而「學之入手」自「格物」始。

「王覺一」祖師在這一段文章裡，提出一個重點：「『學之入手』自『格物』始。」又說：「《大學》十章，獨失『格物致知』之傳。此經載在《禮記》。」

《大學》是一篇論述「儒家」「修身、齊家、治國平、天下」思想的散文，原本是《小戴禮記》裡的第四十二篇。《小戴禮記》亦稱《小戴記》，卽《禮記》，是古代一部重要的中國典章制度書籍。

該書編定是「西漢」禮學家「戴德」和他的侄子「戴聖」。「戴德」選編的八十五篇本叫《大戴禮記》，在後來的流傳過程中若斷若續，到「唐代」只剩下了三十九篇。「戴聖」選編的四十九篇本叫《小戴禮記》，卽我們今天見到的《禮記》。

《大學》原本不分章節，後來「朱熹」按其內容，將《大學》分爲經一章，傳十章。

「王覺一」祖師說：「《大學》十章，獨失『格物致知』之傳。」意思是說，「格物致知」的方法失傳，或者因爲「格物致知」是修道心法，所以故意不寫出來。

「王覺一」祖師又說：「九章皆有其文，並無異議。因『致知』一章失傳，遂成千古疑案。」因爲「致知」一章失傳，所以衆說紛紜，各人解讀不同，就成爲千古疑案。

【重點十】

「格」，卽「克」也。「物」，卽「己」也。「格物」，卽「克己」也。此說雖近於是，而其中有「實法、漸法、眞空、頑空」之不同。如果「師眞傳嫡」，實知「明德至善」乃「天命」之性，惟微之心，腳踏實地，空中不空，此爲「實法、眞空」。

寡慾養心，玩心神明。物慾全消，則肢體如墮。氣稟悉化，則聰明若黜。「明德虛靈之性」，脫然無累。「放彌六合」，大包天地；「卷藏於密」，隱於毫端。此正「顏子」「墮肢體、黜聰明、離形去智、同於大通（通於大道）」時也。

【賞析】

《大學》裡有一段「儒家」對於「修身」的解說：「欲修其身者，先正其心；欲正其心者，先誠其意；欲誠其意者，先致其知，致知在格物。物格而後知至，知至而後意誠，意誠而後心正，心正而後身修。」

意思是說：「想要『修身（修養身心，陶冶身心，涵養德性）』，必須要先『正其心』，亦即『喜怒哀樂的情緒』要適宜；

想要『正其心』，必須要先『誠其意』，亦即『誠實其意念』，心之所發為善意念；

想要『誠其意』，必須要先『致其知』，亦即『招致其所知之事』，透過學習，然後才能知曉其成敗；

『致知』在『格物』，要『致知』，必須要『格物』，亦即『格除虛妄慾物』，『此物』即心中不合天理、人情之『私慾』。一有『私慾』，則『所知、所見』皆偏而不正。

『物格而後知至』，若格除此虛妄不實之『私慾』，則不偏不倚，即心本具之『正知見』自然顯現，一舉一動，悉合情理，了無偏僻。

『知至而後意誠』，既能『知至』，則『意念精誠』。『意誠而後心正』，『意念』能夠『精誠』，故能『心正』。

『心正而後身修』，能夠『心正』，才能夠『修養、陶冶身心』，涵養德性。」

在《大學》裡的這一段話中，有一句名言叫做「格物致知」。「格物致知」簡稱「格致」，意為「研究事物而獲得知識或良知」，這是中國古代「儒家思想」中的一個重要概念。

《現代漢語詞典》解釋「格物致知」爲：窮究事物的原理法則，而總結爲理性知識。亦卽：「研究事物原理，而獲得知識。」

「格」是「推究」，「致」是「求得」，「格物」是窮究事物原理，從而獲得知識。「格物致知」的精神，指的是一種「實踐精神」，意思和西方人所強調的「科學精神」類似。

上面是一般「學者」對「格物致知」的解釋，而「王覺一」祖師有獨特的見解，他認爲，「格」，卽「克」。「物」，卽「己」。「格物」，卽「克己」。

「王覺一」祖師又說：「如果『師眞傳嫡』，實知『明德至善』乃『天命』之性，『惟微之心』，腳踏實地，空中不空，此爲『實法、眞空』」。

「明德至善」是「明德」和「至善」，是指《大學》裡所說的：「大學之道，在明『明德』，在親民，在止於『至善』。」

「明德」是「光明之德」，又稱「天德」，「天德」源自於「恆星的德」，屬於自發光體，具有永恆、惟一性；「至善」是「最崇高的善」。

「惟微之心」出自於《尙書．虞書．大禹謨》：「人心惟危，道心惟微；惟精惟一，允執厥中。」

意思是說：「人心」是危險難安的，變化莫測；「道心」卻是微妙難明，中正入微；「惟精惟一」是「道心」的心法，我們要眞誠地保持「惟精惟一」之道，不改變、不變換自己的理想和目標，惟有精心體察，專心守住，才能堅持一條不偏不倚的正確路線，最後使「人心」與「道心」和合，執中而行。

這十六個字，是「儒學」乃至「中國文化傳統」中，著名的「十六字心傳」。據傳，這十六個字源自於「堯、舜、禹」「禪讓」的故事。當「堯」把「帝位」傳給「舜」，以及「舜」把「帝位」傳給「禹」的時候，所託付的是「天下」與「百姓」的重任，而諄諄囑咐，代代相傳的，便是以「心」爲主題的這十六個字。

「王覺一」祖師說，如果「師眞傳嫡」，亦卽得到「明師」的傳承，眞實知道「明德」和「至善」，是「天命（上天所賦予人的稟賦與本性）」的「本性」，也知道「惟微之心（「道心」微妙難明）」，這就是「實法、眞空」。

「王覺一」祖師說，若「修道者」能依照「明師」的教導，「寡慾（去除內心的雜念，減省對外物的欲求。）」、「養心（鎮定、安寧心神。）」、玩心（專心致志）神明（神是人的本質本源；明，則是明白透徹。指玄關處。），也就是時時刻刻，專心修習「意守玄關」的功夫。「修道者」就能夠「物慾（對物質的欲望）全消」，「肢體如墮（喪失）」。一旦「氣稟」悉化，則聰明若黜（ㄔㄨˋ，廢除）。「明德虛靈之性（本性）」，脫然無累（舒展不受牽累的樣子）。「放彌（充滿）六合（上下和東南西北）」，大包天地；「卷藏於密（隱藏）」，隱於毫端（毫毛的末端，比喻極微小的部分。）。

這個境界，正是「顏回」「墮肢體、黜聰明、離形去智、同於大通（通於大道。謂順應自然。）」的境界。

這裡要補充說明一個重點「氣稟」，和兩個典故，一個出自於《莊子》；另一個出自於《中庸》。

先說明「氣稟」，「氣稟」的意思是「人生來對氣的稟受。」，宋「理學家」如「二程、朱熹」等都宣揚「氣稟」說。「程頤」在《二程語錄》裡說：「才稟於氣。氣有清濁，稟其清者爲賢，稟其濁者爲愚。」

「朱熹」在《朱子語類》裡說：「稟氣之清者，爲聖爲賢。」又說：「稟氣之濁者，爲愚爲不肖。」

「朱熹」強調「後天道德修養」的重要性，也認爲「氣稟」決定「人之初」的「先天道德」差異性，認爲「人之初」，人的「秉性」之差異，就是因爲所稟之「氣」的「昏、明、厚、薄」之別而造成。

「朱熹」認爲「氣稟濁」偏成爲「惡」之根源，主要是因爲「昏濁之氣」造成對「本性」的隔蔽，從而影響了人的「善的本質」，在某些方面的表現。

另外兩個典故，一個是「顏回」的「墮肢體、黜聰明、離形去智、同於大通」；另一個是「放彌六合」和「卷藏於密」。

「顏回」的「墮肢體、黜聰明、離形去智、同於大通」，出自於《莊子·內篇·大宗師第六》，敍述「顏回」的「坐忘」境界。

●《莊子·內篇·大宗師第六》原文：

顏回曰：「回益矣①。」

仲尼曰：「何謂也？」

曰：「回忘仁義矣。」

曰：「可矣，猶未也。」
他日復見，曰：「回益矣。」
曰：「何謂也？」
曰：「回忘禮樂矣。」
曰：「可矣，猶未也。」
他日復見，曰：「回益矣。」
曰：「何謂也？」
曰：「回坐忘矣②。」
仲尼蹴然曰③：「何謂坐忘？」
顏回曰：「墮肢體④，黜聰明⑤，離形去知⑥，同於大通⑦，此謂坐忘。」
仲尼曰：「同則無好也，化則無常⑧也，而果其賢乎！丘也請從而後也。」

【註釋】

①益：多，增加，進步。
②坐忘：「道家」謂「端坐靜心」而「物我兩忘」、「與道合一」的精神境界。
③蹴（ㄘㄨˋ）然：驚奇不安的樣子。
④墮（ㄏㄨㄟ）：毀壞。
⑤黜（ㄔㄨˋ）：退除。
⑥去知：拋棄智慧。

⑦大通：通於「大道」。
⑧無常：不執滯於常理。

【白話翻譯】

顏回說：「我進步了。」

孔子問道：「你的進步指的是什麼？」

顏回說：「我已經忘卻『仁義』了。」

孔子說：「好哇，不過還不夠。」

過了幾天「顏回」再次拜見「孔子」，說：「我又進步了。」

孔子問：「你的進步指的是什麼？」

顏回說：「我忘卻『禮樂』了。」

孔子說：「好哇，不過還不夠。」

過了幾天，「顏回」又再次拜見「孔子」，說：「我又進步了。」

孔子問：「你的進步指的是什麼？」

顏回說：「我『坐忘』了。」

「孔子」驚奇不安地問：「什麼叫『坐忘』？」

「顏回」答道：「毀壞了強健的『肢體』，退除了靈敏的『聽覺』和清晰的『視力』，脫離了『身軀』，並拋棄了『智慧』，從而與『大道』渾同相通為一體，這就叫『靜坐心空』，『物我兩忘』的『坐忘』。」

孔子說：「與『萬物同一』就沒有『偏好』，『順應變化』就不『執滯常理』。你果眞成了『賢人』啊！我作爲老師也希望能跟隨你學習，而步你的後塵。」

◆解析：

「莊子」提出「道家」的修行心法「坐忘」，方法是「墮肢體，黜聰明，離形去知，同於大通。」

「坐忘」是指「靜坐」時，達到「物我兩忘，與道冥合。」的境界。要達到「物我兩忘」的狀態，必須要停止第七識「末那識」的作用，因爲「外物」和「自我」，都是第七識「末那識」所產生的「妄想執著」。

要讓第七識「末那識」停止作用的方法是：透過「靜坐禪定」的修習，停止自己第六識「意識」的分析判斷功能，讓第六識「意識」無法傳達分析判斷的結果，給第七識「末那識」做決定，第七識「末那識」就會停止作用，「自性」自然顯現，此時與「大道」渾同相通爲一體。

另一個「放彌六合」和「卷藏於密」，出自於《中庸》。

●原文：

子程子曰：「不偏之謂中，不易之謂庸；中者，天下之正道，庸者，天下之定理。此篇乃孔門傳授心法，子思恐其久而差也，故筆之於書，以授孟子。其書始言一理，中散爲萬事，末複合爲一理。放之則彌六合，卷之則退藏於密。其味無窮，皆實學也。善讀者玩索而有德焉，則終身受用之，有不能盡者矣。」

【白話翻譯】

不偏於一邊的叫做「中」，永遠不變的叫做「庸」。「中」是「天下的正道」。「庸」是「天下的定理」。這一篇《中庸》，是「孔門」傳授的「心得法要」，「孔子」之孫「子思」，恐怕年代久了，傳授會有誤差，所以把它寫成書，傳授給「孟子」。

《中庸》這本書，開始時只說一個道理，中間分散爲「萬般事體」，最後又匯歸到「一個道理」上，這個道理放開來，可以遍滿「天地四方」，歸納的時候，可以收藏在隱密的「方寸」之間。它的意思無有窮盡，都是實實在在的學問。善於讀書的人，仔細思量，用心研究，自然能體會出心得，用在做人處事，就是一生也用完。

【重點十一】

人自有生而後，「天理之性（本性）」拘（受束縛）於「氣稟（人生來對氣的稟受）」，「氣質之性（指每個人生成之後，由於稟受陰陽二氣的不同而形成的特殊本性）」牽於「物累（外物給予人的拖累）」。是物至而人化物也，始則不知有天，再則不知有「性（本性）」，繼則不知有身，唯嗜欲之肆縱，惟物引之是從，迷惑愈深，去道愈遠。

認「逆旅（比喻人生匆遽短促）」爲「故鄉」，抱「他姓」爲「己兒」。戀「鬼關禽關（餓鬼道、畜生道）」之污下，忘「賢關（賢人的境界）聖域（聖人的境界）」之高明。自「大道」既隱而後，不惟「性（本性）」出之「天」，未有至者，卽「本性天君」之「眞正主人」，亦未有識者。

蓋因「降生」之時，地一聲，「後天之氣」從而入之。「識神、人心」用事，「氣（後天氣）」顯「理（性理）」隱，而「理性、元神」之「道心」昧（隱藏）矣。

「大學之道（天學之道）」，必須「眞師」指點「理天、氣天、象天」之源，「理性、氣性、質性」之分，然後知得之「理天」者，乃「惟微之道心」。「道心」卽「明德」，「明德」卽「至善」。

得之「氣天」者，爲「惟危之人心」；得之「象天」者，爲「血肉之心」。「道心」者，「無極之眞」也。「眞心」不隨死無，不因生有，光明寂照，無所不通，寓乎一身，超乎有象。放之在外，則豎窮「三界」，「大而無外，卷之在內」，則藏於一身。

【賞析】

「王覺一」祖師說，人自從出生之後，「本性」就受到後天「陰陽二氣」的束縛，被「外物」給拖累。所以，人不知道有「天」，也不知道有「本性」，也不知道這個「肉身」的存在短暫。唯有愛好世間的「物欲」，大肆的貪戀執著，迷惑愈深，就離「道」愈遠。

凡人認「短促的人生」爲「故鄉」，不知道要脫離「六道輪迴」，大多輪迴到「餓鬼道」和「畜生道」，忘記了「賢人」和「聖人」的境界。自從「大道」隱沒之後，凡人就不認識自己「眞正的主人」，就是自己的「本性」。

「王覺一」祖師說，因爲人出生的時候，「哇」的一聲，「後天之氣」從口鼻進入體內。從此，以「識神、人心」做主人，自己的「本性、理性、元神、道心」隱沒。

要學習「儒家」的「大學之道（天學之道）」，還必須要有「眞師」指點「理天、氣天、象天」的來源，了解「理性、氣性、質性」的分別，明白「理天」就是「惟微的道心」，「道心」就是「明德」，「明德」就是「至善」。

得到「氣天」者，是「惟危的人心」；得到「象天」者，是「血肉之心」；得到「理天」者，是「惟微的道心」，就是「周敦頤」在《太極圖說》裡，所說的「無極之眞」。「眞心」是不生不滅的，是光明寂照的，是無所不通的，是「大而無外，卷之在內，藏於一身」的。

【重點十二】

卽此「無極理天」，「明德」「至善」也，「賢」不加增，「愚」不少減，人人本有而不知其有者，「眞師」傳授，講透言明，實得於心，然後遵「陸子」「格除物慾之格」，先格「富貴財色昏性之物」，以制其外，再格「淫念雜念亂性之物」，以安其內。若待「物慾格盡」，自然「天理」純全。「天理」卽「明德」「至善」之地也。功夫至此，「天君（本性）」雖貴，舉目卽在眼前，「理天」雖遠，不移一步卽至。

【賞析】

「王覺一」祖師說，「無極理天」就是《大學》裡所說的「明德」和「至善」，人人與生俱來，本有而不自知。只有遇到「眞師」傳授，講清楚說明白。

知道這個道理之後，再遵循南宋「陸九淵」的「格除物慾之格」，先格「富貴財色昏性之物」，以制其外，再格「淫念雜念亂性之物」，以安其內。等到「物慾格盡」，自然「天理」純全。「天理」卽「明德」和「至善」之地，功夫至此，「天君（本性）」雖貴，舉目卽在眼前，「理天」雖遠，不移一步卽到。

南宋「陸九淵」的思想，接近「程顥」，偏重在「心性的修養」，他認爲「朱熹」的「格物致知」方法過於「支離破碎」。「陸九淵」是「心學」的創始人，其主張「吾心卽是宇宙」，

「明心見性」，「心卽是理」，重視「持敬」的「內省工夫」。

「朱熹」言「理」，側重於探討「宇宙自然」的「所以然」，「陸九淵」言「理」，則更偏重於「人生倫理」，明代「王陽明」贊賞「陸九淵」的學說，使得「陸九淵」的「心學」得以發揚，因此學界稱之爲「陸王」學派，實際上「王陽明」是「心學」的集大成者。

這一段提到「『眞師』傳授，講透言明」，這個「眞師」之說，就是今日「一貫道」「點傳師」的由來。要加入「一貫道」，一定要有「眞師（點傳師）」「點道」傳授，再講透言明「三寶心法」和「理天、氣天、象天」的道理。

【重點十三】

而天下之人，皆能「格除物慾」，復還「天理」，「知至、意誠、心正、身修」，則天下平矣。「家齊、國治、天下平」，此「成物之學，新民之事」也。……………。

行道「奉天承命」，「三界十方」悉通，下度「有情萬類」，上度「河漢辰星」，鹹通「無極至理」，「大學之功」完成。

【賞析】

「王覺一」祖師的「修道概念」根本，源自於「儒家淤想」，尤其是「宋明理學」。

「宋明理學」，卽爲「兩宋」至「明代」的「儒學」。雖然是「儒學」，但同時借鑒了「道家」，甚至是「道教」和「佛學」的思想。所以，「宋明理學」是融合「儒、釋、道」三教合一的學派，已經不是純粹的「儒學」。

「北宋」嘉祐治平年間，「儒學」發展形成了「王安石」的「荊公學派」、「司馬光」的

「溫公學派」、「蘇軾」的「蜀學」等派。

後來，談兼「性理」而著名者，有「周濂溪」的「濂學」、「張載」的「關中學派」、「二程（程顥、程頤）」兄弟的「洛學」。

後來，「洛學」由「朱熹」發揚光大，在「福建」創出「閩學」，成爲居正統之位的「程朱理學」。「濂、洛、關、閩」四學派，人稱「理學四派」。

「程朱理學」是「宋明理學」的一支流派，有時會簡稱爲「理學」，以便與「陸象山（陸九淵）、王陽明」的「心學」相對。

【重點十四】

迨（ㄉㄞˋ，等到）至「子會」星宿之性，奉命開「天理」，「理」至則生「氣」，「氣」行則生「象」，「氣」盛「象」成，流行運御，「前劫之灰」摶成一塊，而生「地」矣。地形成，山川草木之性下降，「理」復生「氣」，「氣」復生「象」，則地辟於「丑」矣。天動於上，地靜於下，兩間空虛，人物之性下降，「理」復生「氣」，「氣」復生「象」，人生於「寅」，而「世界」立矣。

迨（ㄉㄞˋ，等到）至「午會」十一運六世二十年癸未六月望前，「東山人（北宋理學家謝良佐）」又在「荊門（王安石的荊公學派）」解「大學」，闡明自「象」還「氣」，自「氣」還「理」，「末後之道」，天人交接，而「辦收圓」矣，此「格物致知」之大略也。

【賞析】

這一段說明「理、氣、象」之間的關係，「子會」和「午會」是「元會運世」的術語。

「元會運世」是北宋「邵雍」的用語，是「邵雍」虛構的計算「世界歷史」年代的單位，出自《觀物外篇》上。「邵雍」把「世界」從「開始」到「消滅」的週期稱做「元」，一元復始，萬象更新，「一元」有「十二會」，「子會」和「午會」是其中的兩會。有關「元會運世」，我們在後面「一貫探原」這個單元再詳述。

「一貫道」常用的術語「收圓」，第一次出現在這裡。

二、中庸解

【重點一】

「天」者何？「理」也，「氣」也。「氣天」上運星斗，下貫大地，寒來暑往，運行不息。積厚有色，謂之「碧落（天空；道家稱東方第一層天，碧霞滿空，叫做碧落）」，未厚無形，謂之「虛空」。「碧落、虛空」莫非天也，「氣」無不在卽「天」無不在也。

人自降生之時，然一聲「此氣」由口鼻而入，「虛空之氣」天也。「此氣」由口鼻分而與人，謂之「命」；人稟（承受）「天之所命」者以有生（生命），謂之「性」；故曰「天命之謂性」。「此氣數」之命，「氣質之性（指每個人生成之後，由於稟受陰陽二氣的不同而形成的特殊本性）」也。天之與人皆同此也。

【賞析】

「王覺一」祖師說，什麼是「天」？就是「理、氣」。「氣天」的範圍，向上到星斗的運行，向下通達到大地，寒來暑往，春去秋來，運行不息。「象天」就是指我們人世間的物質世界，而「理天」包含了「氣天」和「象天」，無所不包。

「王覺一」祖師說，人在誕生之時，哇的一聲「氣天」的「氣」由「口鼻」而入體內，「虛空之氣」源自於「天」。「此氣」由「口鼻」分而與人，稱之爲「命」；人承受「天所給的命」，才有「生命」，稱之爲「性」。所以說「天命之謂性（上天所給予的命，稱爲性。）」。

這個「氣數（命運）」的「命」，是屬於「氣質之性（指每個人生成之後，由於稟受陰陽二氣的不同而形成的特殊本性）也。天與人的「氣數（命運）」都是同樣的道理。

【重點二】

而人有「智慧」「賢否」，「壽夭」「窮通（窮困與顯達）」，「萬有（萬物）」不齊者，何也？「此氣」雖「渾然一團」，而有「陰儀、陽儀」之分。…………………。

此「陰陽互根（相成）」之義也，而「四象」分矣！由是而推之，而「八卦」，而「六十四卦」，而「三百八十四爻」，衍之而爲「萬有（萬物）」「一千五百二十策數（卜筮術數）」，而「天度（周天的度數。古代天文學劃分周天區域的單位。）」鑿（確實）矣！「化原彰（變化原本的性質並且彰顯新的變化樣貌）」矣！「智愚賢否、壽夭窮通」：從此而分矣。

【賞析】

「王覺一」祖師說，爲什麼人有「智慧、愚笨」、「長壽、夭折」和「窮困、顯達」的區別呢？「萬物」也都不同呢？這是因爲「此氣」雖然「渾然一團」，但是有「陰儀、陽儀」的分別。…………。

這稱爲「陰陽互根（相成）」，卽相互對立的陰陽雙方，又相互依存、相互化生、相互爲用、相互吸引地共處於一個統一體中。

「太極」分爲「陰陽兩儀」，「陰陽兩儀」分爲「四象」，而「四象」分爲「八卦」，而「八卦」分爲「六十四卦」，再分爲「三百八十四爻」，再分爲「一千五百二十策數（卜筮術數）」，而「周天的度數」確實，變化原本的性質，並且彰顯新的變化樣貌，「智慧、愚笨」、「長壽、夭折」和「窮困、顯達」的區別，從此區分開來。

這是「王覺一」祖師用《周易》來解釋「萬物」的不同，以及人類「智慧、愚笨」、「長壽、夭折」和「窮困、顯達」的區別。

【重點三】

「王覺一」祖師說，再加「二十八宿（星宿）」附（依傍）天而動，其人「降生受命」之時，正當「某宿某度」之氣，適值其會而入之，則「其人之性」各肖（相似、相像）其「宿（星宿）之性」。

宿（星宿）有吉也，故人有「善惡」。其命則參（摻雜）之「春秋寒暑、晦朔（早晚）弦望（半月圓月）、日時干支（天干地支）」之「生剋（相生相剋）制化（制伏傷我者，逢凶化吉）」，而「氣質之性（（指每個人生成之後，由於稟受陰陽二氣的不同而形成的特殊本）」所以「萬有（萬物）」不齊（不同）也，此降生而後得之「氣天者」也。

【賞析】

「王覺一」祖師說，再加上「二十八星宿」依傍「天體」而運行，其人「降生受命」的時候，正當「某星宿、某天度」之氣顯現，剛好遇上相會，「此氣」就進入「其人」體內，則「其人之性」就各自相似那個「星宿之性」。

所謂「二十八星宿」，「上古時代」的「中國古人」，在靠近「黃道面」的一帶仰望星空，將「黃道」附近的「星象」，劃分成若干個區域，稱之爲「二十八星宿」，又將這「二十八星宿」按照「方位」，分爲「東、南、西、北」四宮，每宮七宿，分別將各宮所屬的七宿，連綴想像爲一種動物，東方「青龍」、南方「朱雀」、西方「白虎」、北方「玄武（烏龜）」，以爲是「天之四靈，以正四方」。

「星宿」有「吉、凶」之分，所以人有「善、惡」之別。其命則摻雜「春秋寒暑、晦朔（早晚）弦望（半月圓月）、日時干支（天干地支）」的「生剋（相生相剋）制化（制伏傷我者，逢凶化吉）」，而「氣質之性（指每個人生成之後，由於稟受陰陽二氣的不同而形成的特殊本）」所以「萬物」不同，這是誕生之後，所得到的「氣天之氣」。

【重點四】

若夫（至於）「「本然之性（本性）、天賦之命（性命）」，則來自「理天」。「氣天」上運星斗下貫大地，十二萬九千六百年爲一終始，流行不息，變而有常之天也。「理天」則貫乎氣天之內，而爲「欲界、色界」之主。雖不離乎氣而實不雜乎氣，超乎「欲界、色界」之外，則委（託付）氣獨立，而爲「無色之界」，此靜而不動、常而不變之天。

【賞析】

「王覺一」祖師說，「本然之性（本性）、天賦之命（性命）」，來自於「理天」。「氣天」上運星斗下貫大地，十二萬九千六百年爲一終始，流行不息，是變而有常的天。

「理天」貫乎「氣天」之內，而爲「欲界、色界」之主。「理天」不離開「氣天」，也不參雜在「氣天」裡，超乎「欲界、色界」之外，託付在「氣天」卻是獨立的，而爲「無色之界」，「理天」是「靜而不動、常而不變」之天。

在這一段，「王覺一」祖師解釋「理天」和「氣天」的關係。

【重點五】

「三界（欲界、色界和無色界）」內外，徹上徹下，四維八方，莫非（無不、都是）「理」也，「理」卽所謂「無極之眞」也。天地相交，天地卽「二五（指陰陽與五行）」也；雌雄相交，雌雄卽「二五」也。「二五」相交，而「無極之眞」，無不渾合其內。「二五」有形，生「有形之質」，「無極」無形，作「無形之性」，「性者」以「人物」稟受而言也。

【賞析】

這一段，是「王覺一」祖師在解釋「無極之眞」和「二五」的意思。「無極之眞」和「二五」出自於「周敦頤」的《太極圖說》。

《太極圖說》云：「『無極』而『太極』。『太極』動而生陽，動極而靜，靜而生陰，靜極複動。一動一靜，互爲其根。分陰分陽，『兩儀』立焉。陽變陰合，而生『水火木金土』。『五氣』順布，『四時』行焉。『五行』一『陰陽』也，『陰陽』一『太極』也，『太極』本『無極』也。『五行』之生也，各一其性。

『無極之眞』，『二五』之精，妙合而凝。『乾道成男』，『坤道成女』。二氣交感，化生

『萬物』。『萬物』生生而變化無窮焉。」

「王覺一」祖師說，「三界（欲界、色界和無色界）」的內外，徹上徹下，四維八方，都包含在「理」裡面，「理」就是所謂的「無極之眞」。「天地」就是「二五（指陰陽與五行）」；「雌雄」相交，「雌雄」就是「二五」。「二五」相交，而「無極之眞」，無不渾合在其內。

【重點六】

「無極」不落「陰陽」，不分「五行（水、火、木、金、土）」，渾然粹然。故「天賦之命（天命）」，「本然之性（本性）」，「堯舜」不異衆人，此「未生以前」得之「理天者」也，此亦曰「天命之謂性」。

得之「理天」者，神爲「元神」，心爲「道心」，開竅（人受到開導啟發，終於領悟。）於「目（暗指天目，卽玄關竅）」。得之「氣天」者，神爲「識神」，心爲「人心」，開竅於口鼻。故人之目通「理天」，口鼻通「氣天」，如魚之在水焉，然通而不知其通，不得「大通（通於大道。謂順應自然。）」終通與之合而爲一者，「物慾（對物質的欲望）之引、情思（情緒、心情）之蔽」也。

「本性」蔽於「情思（情緒、心情）」，「情思（情緒、心情）」役於「物累（外物給予人的拖累）」，於是「迷眞逐妄」，流浪生死，而「鬼關禽關（餓鬼道、畜生道）」於是乎入矣！「賢關（賢人的境界）聖域（聖人的境界）」於是乎違（反）矣！

【賞析】

這一段，是「王覺一」祖師在解釋「無極」。「無極」不落「陰陽」，不分「五行（水、

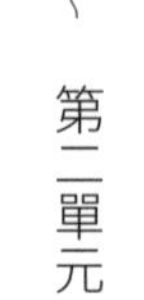

火、木、金、土）」，渾然粹然。「上天授與的命」稱作「天命」，「上天授與人的天然之性」稱作「人的本性」。這種在「未生之前」，從「理天」獲得的「本性」，就是《中庸》裡所說的「天命之謂性」。

下一段，「王覺一」祖師暗示「一貫道」修行的入手之處。「王覺一」祖師說，人從「理天」得到「元神、道心」，開竅（人受到開導啟發，終於領悟。）於「目（暗指天目，卽玄關竅）」。人從「氣天」得到「識神、人心」，開竅於「口鼻」。所以，人的「天目（卽玄關竅）」通達「理天」，「口鼻」通「氣天」。

但是，一般人都不知道自己是可以通於「大道」的，這是因爲人對物質有貪圖的欲望，「情緒」被「外物」所蒙蔽的緣故。於是「迷忘眞理，追逐虛妄」，流浪於「生死輪迴」，而投胎於「餓鬼道、畜生道」，離開「賢人」和「聖人」的境界越來越遠。

【重點七】

「此性（人的本性）」之所以必須乎「率（遵循）」也。「朱子（朱熹）」曰，「率猶循也」。卻欲「循氣」則入「賢關（賢人的境界）」，「息（停止）氣合神（元神）」則入「聖域（聖人的境界）」。入「賢關（賢人的境界）」者，「氣」還（返回）「太極天」也；入「聖域（聖人的境界）」者，「神（元神）」還（返回）「無極天」也。

知其「氣」而養之，塞（充滿）於「天地」，「賢人之道」也；知其「神（元神）」而「凝（聚集、凝集）」也，「範圍（效法）」天地，「聖人之道」也，故曰「率性之謂道（遵循人的本性去做事叫做道）」。

「天命之謂性（上天賦予人的品德叫做本性）」，卽《大學》之「明德（光明之德、天德）」也；「率性之謂道（遵循人的本性去做事叫做道）」，卽《大學》之「明明德（彰明、弘揚光明之德）」也；「修道之謂教（遵循道來修養自身就是教）」，卽《大學》之在「新民（使民更新；教民向善。謂教育人民，開發民智。）」也。《大學》之「三綱領（明德、親民、止於至善）」，卽《中庸》之「三綱領（天命之謂性、率性之謂道；修道之謂教）」也。

【賞析】

「王覺一」祖師說，「人的本性」必須「率（遵循）」。「遵循氣」則入「賢關（賢人的境界）」，停止「氣」合於「元神」則入「聖域（聖人的境界）」。

進入「賢關（賢人的境界）」者，是「氣」還（返回）「太極天」；進入「聖域（聖人的境界）」者，是「神（元神）」還（返回）「無極天」。

知道「養氣」充滿於「天地」，這是「賢人之道」；知道「凝集元神」而效法「天地運行的規則」這是，「聖人之道」，所以說「率性之謂道（遵循人的本性去做事叫做道）」。

「王覺一」祖師解釋說，《中庸》所說的道理，和《大學》是一樣的。《大學》的「三綱領（明德、親民、止於至善）」，就是《中庸》的「三綱領（天命之謂性、率性之謂道；修道之謂教）」。

【重點八】

《大學》者「學大（學天的學問）」也，而「至大者」莫如「天」，故「唐堯」則（效法）天，「孔子」律（遵守）天、參（研究）天、配（符合）天。「率性」之「率」卽「不愆（く一ㄢ，過失）不忘（不要偏差，不要遺漏）」，「率由舊章（遵循先祖舊典章）」之「率」。

「愆」者「過」也，「賢智之過」者，多入「頑空（佛教用語。指一種無知無覺的、無思無爲的虛無境界。）」，「忘」者「不及（不如、比不上、不到、未達）」也。

「性情之卑（品格低劣）者」，多淪「功利（功績和利益）」，此皆「偏而不中者」也。「不愆不忘」，知「上帝」與我之「舊物（指舊日的典章文物）」，而「率由（遵循）」之。「知其體（事物的本質）」則謂「中（不偏不倚）」，「達其用（事物的功能）」則謂「庸（無過無不及）」。

【賞析】

「王覺一」祖師說，《大學》是「學大（學天）」的學問，「率性」的「率」就是「不愆（ㄑ一ㄢ，過失）不忘（不要偏差，不要遺漏）」，「率由舊章（遵循先祖舊典章）」之「率」。

這句語出《詩經．大雅．假樂》：「不愆不忘，率由舊章。」意思是：從不犯錯不迷狂，遵循先祖的舊典章。

「賢智者」的過失，大多是「頑空（佛教用語。指一種無知無覺的、無思無爲的虛無境界。）」，「品格低劣者」，大多淪爲「功利（功績和利益）」主義者，這都是「偏而不中者」的關係。知道「事物的本質（體）」，稱爲「中（不偏不倚）」，達到「事物的功能（用）」，稱爲「庸（無過無不及）」。

【重點九】

蓋「喜怒哀樂之未發」，「體（本體）之中」也，「內聖（內備聖人之德）之學」也；執其兩端，用其中於民，「用（功用）之中」也，「庸」之實（哲學上指內容）也，「外王（外具王者之風）」之學也。

「兩端」，卽「德性（自然至誠的本性）、問學（求知；通過求教、學習，實現自我修養的提升）」之分也。

「道」不可須臾（片刻）離者，離乎「理」則違（反）乎「聖域（（聖人的境界））」，離乎「氣」則入於「鬼關（餓鬼道）」，此以「道體（道的本體）」而言也。

若以「道而用（功用）」言，則操（從事）則存（思念），惟「狂克念（強烈約束念頭）」，可以「作聖」，捨則亡：惟「聖」罔念（不憶念）亦可作「狂（任情恣意、不受拘束）」，而「道」可須臾（片刻）離乎？

【賞析】

「王覺一」祖師說，在「喜怒哀樂」發生之前，處於「體（本體）之中」，這是「內聖（內備聖人之德）之學」；執（持守）其兩端，這是「外王（外具王者之風）」之學。

「兩端」是指「德性（自然至誠的本性）、問學（求知；通過求教、學習，實現自我修養的提升）」的分別。「道」不可以片刻離開，離開「理」就違反「聖域（聖人的境界）」，離開「氣」就進入「鬼關（餓鬼道）」，這是以「道體（道的本體）」來說。

若以「道的功用」來說，只有強烈約束念頭，才可以作「聖人」，所以「道」可以片刻離開嗎？

「憶念」是「佛教」用語，是指將「心念」清楚放在對象上，而不忘失。要修養成爲「聖人」這件事情，必須時時「憶念」，「不憶念」就會任情恣意、不受拘束，還是凡人一個。因此，「道」片刻都不能離開自己。

【重點十】

「愼獨（在獨處中謹愼不苟）」一事，「朱子（朱熹）」則以「人所不知，己所獨知爲獨（一個人的）」，此「入手（著手；開始做）之法」也。「李中孚（明朝的政治家）」則以「無對待、無配偶、萬象之主爲獨」，此「了手（完畢；完了）之法」也。「了手之法」，誠者「天之道」也；「入手之法」，誠之者「人之道」也。

「視之而弗見，聽之而弗聞」，天道之隱（藏匿）也、微（隱匿）也。

「如在其上、如在其左右」，「天道」之費（應用廣泛）也、顯（表露）也。顯者，卽「三達德（智、仁、勇）、五達道（五種基本人際關係，指君臣、父子、夫妻、兄弟以及朋友的交往。）、九經（九部儒家經典的合稱）、三重（制定禮儀，建立制度，規範文字）」之事也；微（隱匿）者，上天之載（充滿），無聲無臭（沒有聲音、氣味）。

【賞析】

《中庸》云：「道也者，不可須臾離也，可離非道也。是故君子戒愼乎其所不睹，恐懼乎其所不聞。莫見乎隱，莫顯乎微。故『君子愼其獨』也。」

【白話翻譯】

這個「天道」，是片刻也不能夠離開的，如果可以離開，就不是「天道」了。因此，「君子」在沒有人看到的地方，更是要「小心謹慎」。在沒有人聽到的地方，更是要「恐懼害怕」。最隱暗的地方，也是最容易被發現的處所，最微細的事物，也是最容易顯露的，因此「君子」在一個人獨處的時候，更是要特別謹慎。

「愼獨（在獨處中謹愼不苟）」是「儒家」的一個重要概念，「愼獨」講究「個人道德水平的修養」，看重「個人品行的操守」，是「個人風範」的最高境界。

「愼獨（在獨處中謹愼不苟）」一詞，最早出於《文子．精誠篇》：「聖人不慚於景，君子愼其獨也，舍近期遠，塞矣。」，「愼獨」的解釋爲「獨處無人注意的時候，自己的行爲也要謹愼不苟。」。

「王覺一」祖師說，「愼獨（在獨處中謹愼不苟）」一事，「朱熹」解釋爲「別人不知道，只有自己一個人知道」，這是「入手（著手；開始做）之法」。明朝的政治家「李中孚」則解釋爲以無對待、無配偶、萬象之主」，這此「了手（完畢；完了）之法」。

「了手之法」是「天之道」；「入手之法」是「人之道」。修行到「無對待」的境界，就是「了手之法」，就是「天之道」。

《中庸》云：「視之而弗見，聽之而弗聞，體物而不可遺。」意思是：看它也看不見，聽它也聽不到，但是它卻體現在「萬物」之中使人無法離開它。「王覺一」祖師認爲這是「天道」的藏匿，「天道」看不見也聽不到，但是「萬物」無法離開它。

《中庸》云：「洋洋乎如在其上，如在其左右。」意思是：無所不在啊！好像就在你的頭上，好像就在你左右。

「王覺一」祖師認爲「天道」的應用非常廣泛和表露，表露在「三達德（智、仁、勇）、五達道（五種基本人際關係，指君臣、父子、夫妻、兄弟以及朋友的交往。）、九經（九部儒家經典的合稱）、三重（制定禮儀，建立制度，規範文字）」等的上面。「天道」雖然隱匿看不見，上天之載（充滿），無聲無臭（沒有聲音、氣味）。

「九經」是九部「儒家經典」的合稱，卽《易》、《書》、《詩》、《春秋》、《三禮》、《孝經》、《論語》、《孟子》、《四書》等。「九經」就是「中庸之道」，用來治理天下國家，以達到太平的九部「儒家經典」。

【重點十一】

或（有人）問：「致中和（達到「中和」的境界），天地位（事物的準則）焉，萬物育（養育）焉。如人不「致中和」，天地將倒置（不按正常的順序運行）乎？

余應（回答）之曰：「天地」者，「陰陽」也。「喜怒哀樂」者，「四時」也。「發而皆中節」者，如「當喜而喜」，則「春行春令」，中（合、正對上）「萬物」發生之節；「當樂而樂」，則「夏行夏令」，中「萬物」暢茂之節；「當怒而怒」，則「秋行秋令」，中「萬物」結實之節；「當哀而哀」，而「冬行冬令」，中「萬物」收藏之節。

故「帝王之治」，「賞行」於春，「刑行」於秋，「迎夏」於南，「接冬」於北。發號出令，各隨其時，勿伐（敗壞，損傷）「天和（天地祥和之氣）」。

【賞析】

《中庸》：「喜怒哀樂之未發，謂之中。發而皆中節，謂之和。中也者，天下之大本也。和也者，天下之達道也。致中和，天地位焉，萬物育焉。」

【白話翻譯】

「喜怒哀樂」沒有表現出來的時候，叫做「中」；表現出來以後，符合節度，叫做「和」。「中」是人人都有的「本性」；「和」是大家遵循的原則，達到「中和」的境界，「天地」便各在其位了，「萬物」便生長繁育了。

「致中和」是指：人的「道德修養」達到「不偏不倚」，不走極端，十分和諧的境界，也就是符合「中庸」的標準。

有人問說：「如果人不達到「中和」的境界，天地將會不按正常的順序運行嗎？」

「王覺一」祖師回答說，人的「喜怒哀樂」情緒，就像「天地」的「春、夏、秋、冬」四季一樣。人要「當喜而喜、當樂而樂、當怒而怒、當哀而哀」，所以「帝王」的統治方法，「行賞」在「春季」，「行刑」在「秋季」，「迎夏」在「南方」，「接冬」在「北方」。

「帝王」的統治，是隨著「天時（天地四時運轉的法則）」而行，不損傷天地祥和之氣。人的「喜怒哀樂」情緒，要「事來則應，事去則靜」，違逆自然，就會損傷人的元氣。

三、三易探原

【重點一】

「易（《周易》）」之爲書，「不易（在一切的必變之中，有一種絕對不變的本體，『老子』無以名之稱它爲『道』。）、變易（天地間的萬事萬物，沒有不變的）、交易（就是上下、尊卑、高低、剛柔之往來，有『來往者』卽有『交易』，『有交易』則是『吉或偏吉』，『無交易』則『凶或偏凶』。）」之義明。

而「理學（就是根據『易卦』的『卦象』及其『數據』，以《周易》的思維所領悟或推論出來的『道理』。）、數學（就是一個『卦』，所包含的各種『陽爻』和『陰爻』的『數據』）、象學（就是一個『卦』，所呈現在你面前的『圖像』。『圖像』的背後，往往蘊著『自然世界』某種基本的『客觀規律』和『道理』，人們通過『觀其像』，可領悟人生處事，應當遵循的基本原則和方式方法。）」之法備。

大而「聖域（聖人的境界）賢關（賢人的境界）」，盡性（徹底洞明人類的心體自性）至命（以達到改變命運），「天道」之微（隱匿）；次而「綱常（指『三綱五常』。『三綱』，君臣、父子、夫婦；『五常』，仁、義、禮、智、信。）」「名教（『名分』與『教化』。指以『儒家』所定的『名分』與『倫常道德』爲準則的『禮法』。）」，持身（修治其身）涉世（經歷世事），人事之顯；再次而「治歷明時（治世的君子，取象於曆法，因時而革。）」，陰陽盈虛，物類消長，吉凶「休咎（吉凶、福禍，美惡。）」之變。「先天下開其物，後天下而成其物（聖人先分析研究了天下的事物，然後歸納出天下萬物的發展規律。）」」。此「易（《周易》）」所以爲「諸經之祖」，「萬法之源」也。

【賞析】

「王覺一」祖師精通《周易》，本文有許多術語，都來自《周易》的經文。例如，《易經．說卦》：「窮理盡性，以至於命。」；《周易．革卦》。「澤中有火，革，君子以『治歷明時』。」；《周易序》：「聖人之憂天下來世其至矣，『先天下而開其物，後天下而成其務』，是故極其數以定天下之象，著其像以定天下之吉凶。」。

「孔子」喜愛《周易》成痴，《史記．卷四七．孔子世家》記載「孔子」晚年對《周易》很有興趣，孔子一次一次地反覆研讀，直到讀懂爲止。《史記》記載這件事是，用「韋編三絕」來形容「孔子」的用功程度。「韋」是熟牛皮。古代還未發明紙的時候，字是寫在「竹簡」上的，然後用「牛皮帶」編起來。「絕」是「斷」的意思。

「孔子」鑽研《周易》時，不斷翻閱，以致於編綴「竹簡」的「皮帶」都斷了好幾次。後來「韋編三絕」就被用來比喻「讀書勤奮努力」。

「孔子」不但喜愛《周易》，還幫《周易》撰寫《繫辭傳》。《繫辭傳》是爲《周易》整體概論，用以闡述《周易》的哲學意義，使之不僅止於占卜，進而成爲一套哲學理論，爲「中國哲學史」上的一大論文。

「繫辭」本指繫於「卦」，「爻」之後的「卦辭」，「爻辭」，而《繫辭傳》的「繫辭」，指的是繫於《周易》之後之詞，《繫辭傳》分作上、下兩篇。

「孔子」是「儒家」的創始人，有喜愛《周易》。因此，研讀「儒學」的人，基本上也會研讀《周易》。難怪「王覺一」祖師會精通《周易》和「儒家」的經典，稱《周易》爲「諸經之祖」，是「萬法之源」。

而且，許多《周易》和「儒學」的專有名詞，經常出現在「一貫道」信徒的口中。比如說：「乾道、坤道」，就是指「男道親、女道親」。

【重點二】

何爲「不易」？「河圖」是也。何爲「變易」？「洛書」是也。何爲「交易」？「日月爲易」是也。「河圖」者「理（事物的規律）」也。「理」主（掌管、統治）「五常（仁、義、禮、智、信）」，「常」則恆久不變。

在「天」謂之「天理」，在「地」謂之「地理」，在「人」謂之「性理」。「理」本無象。天現「河圖」以象之。「河圖」乃「理」之微（隱匿）也。

【賞析】

「王覺一」祖師把《周易》的「易」，有三個意義「不易、變易、交易」，定義爲「河圖、洛書、日月爲易」。「河圖」就是「理」的縮影。

「理」的「概念演變史」，就是一部「儒家思想」融合與發展的歷史。

「理」字最早出現於《詩經》，是當作動詞使用的。《小雅．信南山》中有「我疆我理，東南其畝」的詩句，意思是說：我治理我的疆土，按東南方向變成田畝。所以，「理」字最初是「治理疆界土地」的意思，這裡暗含著一個意思，就是經過治理，使其條理化、規則化。

《說文》從字形上解釋說：「理，治玉也，從玉裡聲。」按照《說文》的解釋，「理」字的本義是「治理玉石，使之成器」。「玉石」有「天然紋理」，按其「紋理」而治之，就是「理」。

進一步引申，就變成「文理、條理」等意思，但是仍然與「具體事物」相聯繫，如「腠理、肌理、膚理、脈理、地理」等用法。這些都是就「具體事物」而言的，還沒有變成「抽象的概念」。

在「儒學」的發展中，首先提出「理的學說」的是「孟子」。他也是第一個從「人性的角度」提出，並且討論「理」的問題的思想家。這一點可說是，爲後來的「儒家道德理性主義學說」，奠定了基礎。

「孟子」認爲，人有共同的「人性」，「人心」也有共同之處，他稱爲「理義」，即「義理」。

●《孟子．告子上》：「心之所同然者何也？謂『理』也，『義』也。聖人先得我心之所同然耳。故『理義』之悅我心，猶『芻豢（牛羊和犬豖的肉）』之悅我口。」

【白話翻譯】

「人心」相同的地方，就是「眞理」與「正義」。「聖人」是「先知先覺」，能夠先得到我們心裡相同的「義理」罷了。所以，我們心裡喜歡「正理」和「正義」，就如同我們嘴巴喜歡吃「牛羊」和「犬豖」的肉一樣。

這裡所說的「理義」，就是「人心」同有的「道德理性」。「孟子」認爲，「仁義禮智根於心」，即根植於「人的內心」。「理義」即「道德理性」，是由人的「內心自我」決定的，不是由「外部對象」決定的，是「自主自律」的這就是「儒家」的「道德自律說」。

後來，「義理」進一步發展成「性理」，這是在《易傳》裡提出的。《易傳》是一部古代的「哲學倫理著作」，是詮釋《易經》的經典著作。屬於「戰國時期」解說和發揮《易經》的論文集。

《易傳》的出現，是由於《周易》的經文深奧簡古，「春秋時期」的學者閱讀起來感到困難，於是出現了「解釋經文的書籍」，稱爲《易傳》。

《易傳》由七篇文章構成，它是解釋說明經文的最原始，最權威的書籍。這七篇文章是：《彖傳》、《象傳》、《繫辭傳》、《文言傳》、《說卦傳》、《序卦傳》、《雜卦傳》。其中，《彖傳》、《象傳》、《繫辭傳》這三篇各分上下，加上另外四篇合成「十翼」。「翼」是「羽翼」的意思，有「輔助」之義。

「十翼」包括《彖傳上》、《彖傳下》、《象傳上》、《象傳下》、《繫辭傳上》、《繫辭傳下》、《說卦傳》、《序卦傳》、《雜卦傳》及《文言傳》等文篇，「傳」是對「經」的解釋。

根據史書，「孔子」作《十翼》，但是也有「學者」認爲，部分篇章可能是集體創作的成果。

《說卦傳》本爲「卜筮之書」的一種，「漢代」時的「儒生」，對其做了改編，加入了部分「儒家思想」的內容，被編入《易經》中的《十翼》。

「孟子」所說的「理義（正理和正義）」，後來在《說卦傳》裡，進一步發展成「性理（性命之理）」。

「性理（性命之理）」不僅包括「理義（正理和正義）」，而且還包括其他方面的內容，是整體性的，並且與「天道」，「天命」有直接的聯繫，具有「宇宙論、本體論」的意義。

●《說卦傳》說：「和順於『道德』而『理於義』，『窮理盡性』以至於『命』。」

【白話翻譯】

順應於「道德」並就著「義理」來治理，「窮盡道理而盡天性」，最終一直通達到「天命」。

●《說卦傳》又說：「昔者『聖人』之『作易』也，將以順『性命之理』，是以『立天之道』曰『陰與陽』，『立地之道』曰『柔與剛』，『立人之道』曰『仁與義』，兼『三才（天地人）』而『兩之（對偶象徵）』，故易六畫而成卦。分陰分陽，迭用柔剛（反覆在地道的柔與剛之間變化運用），故易六位而成章。」

【白話翻譯】

古代的「聖人」是這麼創作《易經》的，爲了要治理「性命的道理」，所以建立了「天道」的象徵符號，稱爲「陰和陽」。建立了象徵「地道」的概念，稱它「柔與剛」。建立了象徵「人道」的常理，稱它爲「仁與義」。「天地人三才」都有這樣的「對偶」象徵，所以《易》經要有「六畫」才會成爲一個「卦」。「天道」分化出陰，又分化出陽，反覆在「地道」的「柔與剛」之間變化運用，所以「易卦」的「六爻」位置就有了一種架構之美。

很明顯的，《說卦傳》作者的意圖，是將「人道」與「天道」聯繫起來，以建立「儒家」的「天人合一論」。

至於「窮理」爲什麼能「盡性」、「盡性」爲什麼能「至命」，《說卦傳》的作者雖然沒有具體闡述，但是他把「性命」和「理」聯繫起來，這就是一個很大的發展。這一個發展，對後來的「宋明理學」產生了很大影響。

這裡所說的「性」，與「孟子」的「人性論」有聯繫，是指「道德人性」；這裡所說的「命」，與「天道」是同一層次的範疇，但是「道」是就「天」而言，「命」則是講「天人之際」，直接與「性」相聯繫，所謂「性命之理」，就是「天人合一的道德理性」。它是由「天命」決定的，內在於「人」而爲「性」，「理」則具有「簡約化」的性質，如《繫辭傳》所說「易簡而天下之理得」。

《易傳》的作者，雖然提出了「理性命」的框架，卻沒有就此展開進一步的論述，眞正完成這一個任務的，是後來的「宋明儒學」。

【重點三】

「無形之理（事物的規律）」，貫（通達）乎「欲界、色界、無色界」之中。上理（處置）「河漢（天河、銀河）星斗（天上的星星）」，「五行（水、火、木、金、土五種物質）」得之而順布（順著所走的路線邁步）；下理「十殿（十殿閻羅）諸司（掌管）」，「九幽（地底的最深處）」得之而秩序（次序、規則、條理）；中理「山河大地」，萬姓（人民、百姓）億兆，飛潛動植（天空飛的鳥類，水中游的魚類，動物，植物。泛指各種生物。），世間「有情（衆生）

無情（植物、礦物）」品類（萬物種類）。得之而各得其所（每個人或每件事物都得到合適的安排）。

「此理」又超乎「欲界、色界、無色界」而外，爲「無極理天」，最上之理。無爲「眞靈（指人的精神與最高意識體現）」，人得之而終古（永恆）逍遙（自由自在、不受拘束。），萬劫（極長的時間，永遠）常存。「理者」無所不理，各得其理，故謂之「至理（至高無上的道理）」。

「此理」卽降衷（施善；降福）之「維皇（唯一至尊之神）」，賦性（天性）之「上天」，「無極之至眞（至高無上的眞理）」也。在「欲界、色界、無色界」之中，則不離乎「氣」，亦不雜（摻雜、混合、摻入）乎「氣」。在「欲界、色界、無色界」之外，則委（放置）氣獨立。

【賞析】

「王覺一」祖師說，「無形之理」通達「欲界、色界、無色界」之中，天上的「河漢星斗」，地上的「五行物質」，地下的「十殿閻羅」和「九幽」，都被「無形之理」所涵蓋。山河大地、人民百姓、各種生物、各種衆生、植物、礦物等，都離不開「無形之理」。

「此理」又超出「欲界、色界、無色界」之，爲「無極理天」，最上之理。無爲「眞靈（指人的精神與最高意識體現）」，人得之就永恆的自由自在、不受拘束，永遠常存。

許多人在問，「一貫道」的「無極理天」在哪裡？許多「一貫道的信徒」也常說，往生之後要「回理天，見老母」。

其實，我們現在就在「無極理天」裡面。因爲，「無形之理」通達「欲界、色界、無色界」

之中，我們人世間就在「欲界」，「欲界」包含在「無極理天」裡面。

「回理天，見老母」是「一貫道」的通俗講法，這句話的意思是「返回無極天，見自性老母」，也就是「佛家」講的「見性成佛」。

「一貫道的信徒」說「回理天，見老母」，這句話並不是假話，而是一個「未來心願」。就像「見性成佛」，是每位「佛家弟子」的「未來心願」一樣。

【重點四】

自「子會」開天，至「戌亥」二會，「天地終窮」之期。「欲界、色界、無色界」，咸歸無有。而「此理」復生「天地」。故「中華」稱之曰「上帝」，「西尊」敬之曰「天王」，合而言之曰「道」，曰「天地三界十方萬靈眞宰」。萬物統體一「眞宰」，物物各具一「眞宰」。

「三教」傳心，卽傳此「眞宰之心」也。「眞宰」萬劫常存，「此心」亦萬劫常存。修「此心」則與「眞宰」同壽，迷「此心」則入「生死輪迴」。

此「不易之易」，所以「不易知、不易言」，而爲「大道之淵源」也。

故「孔子」曰：「易無思也，無爲也，寂然不動，感而逐通天下之故」。又曰：「範圍天地之化而不過，曲成萬物而不遺。通乎晝夜之道而知。故神無方而易無體。」

佛曰：「光明寂照，無所不通，不動道場，遍周沙界。」

老（老子）曰：「大道無形，生育天地。大道無情，運行日月。大道無名，長養萬物。又曰：道可道，非常道。名可名，非常名。無名天地之始，有名萬物之母。」

此皆深知「不易」不易，善用「不易」之易，善言「不易」之易者。

【賞析】

「王覺一」祖師認爲，「此理」復生「天地」。故「中華」稱之曰「上帝」，「西尊」敬之曰「天王」，合而言之曰「道」，曰「天地三界十方萬靈眞宰」。

「一貫道」的最高階神「無生老母」，又稱爲「明明上帝」，祂有一個很長的全名稱呼「明明上帝無量清虛至尊至聖三界十方萬靈眞宰」，後段的「三界十方萬靈眞宰」，就是從這段「天地三界十方萬靈眞宰」節錄出來的。但是，「天地三界十方萬靈眞宰」這個稱號，卻是源自於「道教」。

自「唐、宋」以後，「道教」和「朝廷政權」的關係日益密切，這也影響到其「神仙體系」的建構，於是出現了象徵「人間天子」的「玉皇大帝」。「玉皇大帝」是「三界十方萬靈眞宰」，是「三界十方」所有的「保護神」和「支配者」，而人間的「帝王」，也希望通過這樣的建構，來賦予「王權」以至高無上而亙古不變的含義。

自此之後，「玉皇大帝」就成爲「民間信仰」中，神格至尊的「天神」，祂上掌「三十三天」，統領天地人「三界神祇」，下握「七十二地、四大部洲」，主宰億萬生靈。「天」原本是無形無像的，自古以來敬天畏天的思想，使人們自然的崇奉「天」，並且具體化爲「玉皇大帝」。

在「明、清」時期，每逢過年的時候，中國民間家家戶戶，基本上都會供奉一個「天地三界十方萬靈眞宰」，大多是「貼花紙」和「對聯」，也有直接供奉「牌位」的，只是比較少見。

【重點五】

此「變易之易」，「太極氣天」也。有象之「河圖」爲「地盤」，無形之「河圖」爲「天理」。「無極理天」，包乎「太極氣天」之外，貫乎「太極氣天」之中。包乎「太極氣天」之外，爲「天外天、不動天太極氣天、大羅天、三十三天」。貫乎「太極氣天」之中，爲「天中之天、天地之心、太極之天」。貫乎「大地」之中，包乎「大地」之外。至「星斗天」而止。

【賞析】

「王覺一」祖師說，「河圖」是用來說明「天理」的，就好像「世界地圖」是用來說明「世界」的一樣。

「王覺一」祖師說，「天」有「理天、氣天、象天」之分，這個「理、氣、象」三天之說的概念，來自於《太平經》，《太平經》是「東漢」道教「太平道」的典籍。

《太平經》云：「『大神』人有形，而『大神』與『天』相似，故『理天』。」又云：「上助仙眞元『氣天』治也。」又云：「故『聖人』制法，皆『象天』之心意也。」

「王覺一」祖師把「理天、氣天、象天」之說，融入《周易》的「無極、太極」，以及《尙書．洪範》的「皇極」，創立「無極理天、太極氣天、皇極象天」的「大宇宙三天」。

《尙書．洪範》：「五，皇極，皇建其有極。」《孔穎達．疏》：「皇，大也；極，中也。施政教，治下民，當使大得其中，無有邪僻。」

「皇極」釋義爲「帝王統治天下的準則」，卽所謂「大中至正之道」。

「皇極象天」包含在「太極氣天」裡面，而「太極氣天」包含在「無極理天」裡面，所以

「無極理天」的範圍最大，包含「太極氣天」和「皇極象天」，無所不包。

【重點六】

「本然之性（本性）」，賦（授與）於「有生（生來）之初」，來自「理天」，「理本（理天和本性）」一致，故修「此性（本性）」，聖凡同歸。「氣質之性（指每個人生成之後，由於稟受陰陽二氣的不同而形成的特殊本性）」，稟（承受）於「有生（生來）之後」，來自「氣天」，「氣」有浮沉升降，「星」有吉凶善惡，而「人」生之「智愚（聰明與愚笨）賢否（善惡與良劣）」、「壽夭（長壽與短命）窮通（窮困與顯達）」，亦因而「萬有（萬物）」不齊。囿（ㄧㄡˋ，聚集）於「氣」者，爲凡庸（才能平凡庸碌）之俗流（庸俗短見之輩）。

達於「理」者，爲「聖賢」之嫡派（一個系統傳下的正支）。此「聖人之道」，所以不囿（ㄧㄡˋ，局限）五行（水、火、木、金、土五種物質），超出「三界」也。

「理天」者何？「無極」是也。「氣天」者何？「太極」是也。「無極」之說，出於「老子」，「孔孟之書」，不多概見（概略的記載）。至宋「濂溪周子（周敦頤，號濂溪，是北宋宋明理學理論基礎的創始人之一。）」，著《太極圖說》，始表（宣布）而出（顯露）之。

【賞析】

「王覺一」祖師認爲，「人的本性」來自於「理天」，「氣質之性（指每個人生成之後，由於稟受陰陽二氣的不同而形成的特殊本性）」，來自於「氣天」，「氣」有浮沉升降，「星」有吉凶善惡，所以「人」有「聰明與愚笨、善惡與良劣、長壽與短命、窮困與顯達」的分別。

「王覺一」祖師說，聚集於「氣」者，爲「庸俗短見之輩」。達於「理」者，爲「聖賢」的

傳承。此「聖人之道」，不聚集在五行（水、火、木、金、土五種物），超出「三界」。

「理天」是什麼？就是「無極」。「氣天」是什麼？就是「太極」。「無極」之說，出於「老子」，「孔孟之書」，不多記載。至北宋「宋明理學」理論基礎的創始人之一「周敦頤（號濂溪）」，著《太極圖說》，才宣布而顯露出來。

所以，「王覺一」祖師的，「理天」和「氣天」的觀念，源自於《周易》的「無極」和「太極」。還有「老子」的《道德經》和周敦頤」的《太極圖說》。

【重點七】

「本然之性（本性）」，稟（承受）於「有生（生來）之初」，出於「理天」，即「周子（周敦頤）」所謂「無極之眞」，與「二五（指陰陽與五行）之精」，妙合而凝也。未生以前，不須「口鼻之氣」而自生，不假「五穀之食」而自長者。

「無極眞理」，靜用之妙也。迨自「有生」而後，「太極之氣」，由口鼻而入，從此呼吸往來，爲體之充，此時分氣之際，正當「某宿某度」，則斯人得「某宿某度」之氣而生。

【賞析】

「王覺一」祖師說，「本性」出自於「理天」，即「周敦頤」所說的「無極之眞」，與「二五（指陰陽與五行）之精」，妙合而凝。

《太極圖說》：「『五行』之生也，各一其性。『無極之眞』，『二五之精』，妙合而凝。『乾道成男，坤道成女』。二氣交感，化生萬物。萬物生生而變化無窮焉。」

「王覺一」祖師說，人未出生以前，不需要呼吸，不必食用「五穀」，卻可以自我成長，這是「無極眞理（本性）」的妙用。等到一出生，「太極之氣（空氣）」，由口鼻進入，從此呼吸往來，同時，正當「某星宿某度數」的時候，此人就得到「某星宿某度數」之氣而生，就決定此人一生的命運。

【重點八】

「此命」「此性」之發現，乃「惟危之人心（人心是危險難安的）」，而非「惟微之道心（道心是微妙難明）」也。人心何以危（危險）？因其源出於「氣天」，動而難靜，甘食（貪圖食物）悅色（喜愛美色），交物而引（耳目受外物的引誘），縱情（盡情放縱）役志（用心），遮蔽本來（本性）。其歸流於污下（卑下，鄙陋）。

「氣天」之陽（陽氣），在人爲「魂」。醒則營營（內心煩躁不安）而亂思，寐（睡）則夢夢（昏亂不明）而遊蕩（閒遊不務正業）。「氣天」之陰（陰氣），在人爲「魄」。動則「慾火」燔灼（焚燒），靜則魔狸（著魔的野貓）昏沉。

致使「四門（眼耳鼻舌）」不閉，九竅（兩眼、兩耳、兩鼻孔、口、排尿口、肛門）下流（向下流注），六欲（色欲、形貌欲、威儀恣態欲、言語音聲欲、細滑欲、人相欲）奔馳，七情（喜、怒、哀、懼、愛、惡、欲）紛擾，嗚呼！「道心」一點，幾微（細微、一點點）靈明（明潔無雜念的思想境界），幾何（多少）不被其遮蔽，爲其拖累，流浪生死，常沉苦海者哉！

「道心」出自「理天」，不入「陰陽」，不落「五行」，故純而不雜，靜而能明，神以致妙。

【賞析】

「王覺一」祖師說，「此命」「此性」之發現，是「惟危之人心（人心是危險難安的）」，而不是「惟微之道心（道心是微妙難明）」。

這句話出自於《尚書．虞書．大禹謨》的「人心惟危，道心惟微，允執厥中。」意思是：人心是危險難安的，道心卻微妙難明。惟有精心體察，專心守住，才能堅持一條不偏不倚的正確路線。

「王覺一」祖師說，「人心」爲什麼危險？因爲「人心」源出於「氣天」，喜歡動而難以安靜，貪圖食物，喜愛美色，耳目受外物的引誘，全心盡情放縱。因此，遮蔽「本性」，歸流於卑下，鄙陋。

「道心」出自於「理天」，不入「陰陽」，不落「五行」，故純而不雜，靜而能明，神以致妙。

「人心」出自於「氣天」，入「陰陽」，落「五行」，故雜而不純，流浪生死，常沉苦海。

【重點九】

人之「道心」，出於「氣表（氣天之表面）」，貫乎「氣中（氣天之中）」，號曰「元神」。「此神（元神）」無時不與「理天」相通。惟神（元神）能通（通達），然通而不知其通，不得「大通（通於大道。謂順應自然。）」「終通（終久通泰）」者，氣累（被氣天之氣綑綁）之也。

人之「人心」，處於「身中」，號曰「識神」。「此神（識神）」無時不與「氣天」相通。

惟氣能通，亦通而不知其通，不得大通（通於大道。謂順應自然。）」「終通（終久通泰）」者，欲累（被慾望綑綁）之也。

【賞析】

「王覺一」祖師的「元神」和「識神」之說，出自於「道教」的學說。

「元神」者，乃「先天之性」，亦稱「先天神」，「父精母血」結成「胚胎」時，即已存在，「元神」不同於「思想意識活動」。

「識神」者，乃後天「氣質之性」，亦稱「欲神」或「識神」。「胎兒」脫離母腹後，乃「後天」用事。人的「七情六慾、意識思維活動」，皆為「欲神」或「識神」的作用。

「道教」對於「元神」非常重視，許多經典都在說明「元神」。

《道樞》云：「虛無生性，謂之『元神』。」

《金丹四百字序》說：「煉神者，煉『元神』，非心意思慮之神。」

《黃庭外景經》「石和陽」注：「『元神』者，心中之意，不動不靜之中活活潑潑時是也。」

《性命圭旨全書》說：「父母媾精之後，一點靈光……元從『太虛』中來者，我之『元神』也。」

《青華祕文》云：「夫『神』者，有『元神』焉，有『欲神』焉。『元神』者，乃先天以來『一點靈光』也；『欲神』者，乃後人所染氣稟之性也。」

這裡的「欲神」又稱為「識神」，在《太乙金華宗旨》裡，對「元神」和「識神」說明的最詳細。

《太乙金華宗旨》第一章《天心》：「自然曰『道』，『道』無名相，一『性』而已，一『元神』而已。『性命』不可見，寄之『天光』，『天光』不可見，寄之『兩目』。」第二章《元神、識神》：「凡人投胎時，『元神』居『方寸（心）』，而『識神』則居『下心』。」

「道教」認爲人在少、長、壯、老的過程中，質性日彰，元性日微，結果「識神」將掩蓋「元神」，此乃「氣質之性（識神）」勝「本元之性（元神）」；若「雜念」紛擾則「元神」卽退，「摒除雜念」則「元神」卽現，此乃「念止神卽來，念動神卽去。」

一般人的「先天元神」被「後天識神」所蒙蔽，晝思夜夢如雲遮月，因而「元神」隱退，「識神」常日主事。若能「靜定歸一、無思無念」，「識神」自然隱退，「元神」眞性顯現。

【重點十】

有志之士（有志氣、有抱負的人），如不得「聖人心法之嫡傳」，若能爲善去惡，積德累功，消除冥愆（ㄑㄧㄢ，不明事理的罪過），然後「去欲調息」，久久功純，所稟（承受）之氣，來自「氣天」者，仍與「氣天」相合。

凡「氣天」中事，有感悉通，脫於「四大（地、水、火、風）」，還於「太虛（天道）」，則爲「氣中之神」，可以與「天地同壽，日月齊年」。若應運（順應時運）降生，可爲「公候將相，聰明智慧，出類超群」。

若「奇緣」幸遇，得聞「大道」，知「道心元氣」之所在，亦須「積德（福德）累功（功德）」，「除葷茹素（吃素）」，「息念凝神（意守玄關竅）」，久久「氣化理純」，所受之

「理」，仍與「理天」相合。

凡「理天」中事，有感悉通，脫去「四大（地、水、火、風）」，還於「無極」，任他滄桑改變，天地終始，與「無極法身」無關。超過「三界」，不囿（ㄧㄡˋ，局限）「五行」，獲「大安樂」，永不退轉，故能與「仙佛」並肩，「聖賢」爲伍，主持造化，壽齊「無極」。其奈「理微（隱匿）道大，非人（有緣人）不傳」。更兼「天律（上天的法令、法則）森嚴（嚴肅、嚴密），妄洩（胡亂、任意洩漏）必譴（責備）」。

【賞析】

「王覺一」祖師在這兩段裡，提到一個重點，就是：得聞「大道」，知「道心元氣」之所在。

想要修行的人，若不得聞「大道」，不知「道心元氣」之所在。那他再怎麼修行，頂多就是「氣中之神」，可以與「天地同壽，日月齊年」。若應運（順應時運）降生，可爲「公候將相，聰明智慧，出類超群」，這表示他沒有脫離「六道輪迴」。

想要修行的人，若「奇緣」幸遇，得聞「大道」，知「道心元氣」之所在。那他可以超過「三界」，不囿（ㄧㄡˋ，局限）「五行」，獲「大安樂」，永不退轉，故能與「仙佛」並肩，「聖賢」爲伍，主持造化，壽齊「無極」，這表示他已經脫離「六道輪迴」。

「一貫道」強調的特色，就是「奇緣幸遇、得聞大道、知道心元氣之所在」，你有緣分遇到親友向你介紹「一貫道」，就是「奇緣幸遇」；你加入「一貫道」，經由「點傳師」的講解，就是「得聞大道」；你經由「點傳師」的「點道儀式」傳你「三寶心法」，就會知「道心元氣」之

所在。

你加入「一貫道」之後，想要開始「發心修道」，那你必須在平時就要「累積福德和功德、除葷茹素（吃素）、息念凝神（意守玄關竅）」，久久「氣化理純」，所受之「理」，仍與「理天」相合。

「王覺一」祖師特別囑咐說，因爲「理微（隱匿）道大，非人（有緣人）不傳」的原因，加上「天律（上天的法令、法則）森嚴（嚴肅、嚴密）」，假如妄洩（胡亂、任意洩漏）「三寶心法」，必遭天譴（上天的責備）。

【重點十一】

此「正法」之所以難也。「三教傳心（心法）」，有「正法、相法、末法」之分，而造詣（造成）果報，有「欲界、色界、無色」之別。

「易（《周易》）」有「交易、變易、不易」之殊（區別），「學」有「理學、數學、象學」之異（不同），「道」有「下乘、中乘、上乘」，「藥」有「上品、中品、下品」，「果」有「玉清、上清、太清」，「清淨法身、圓滿報身、千百億化身」，「大人、聖人、神人」等等稱號，不可枚舉。

究（探尋、推求）不出「交易、變易、不易」之外，達（通曉）乎「交易、變易、不易」之源，則「體（本體）用（功用）」合一，「本（宇宙本源）末（天地萬物）」兼該（兼備），「有無」不二（一致），「顯微（顯著和隱微）」無間（不分別），「靜聖動王（清靜而成爲玄聖，行動而成爲帝王。）」，「執兩用中（掌握過與不及的兩面情況，而取其中道。）」，此謂

「正法」。

若達（通曉）「交易、變易」，而不達（不通曉）「不易」，則「有用（功用）無體（本體）」，知「有」而不知「無」，知「顯」而不知「微（隱匿）」，有「動王（行動而成爲帝王）」而無「靜聖（清靜而成爲玄聖）」，囿（ㄧㄡˋ，局限）於「欲、色界」，而不達（不通曉）「無色界」之外，謂之「相法」。再次則達（通曉）於「交易」，而不達（不通曉）「變易、不易」，則囿（ㄧㄡˋ，局限）於「欲界」，而「輪迴生死」，此謂「末法」。

【賞析】

「王覺一」祖師說，「三教傳心（心法）」，有「正法、相法、末法」之分，而造詣（造成）果報，有「欲界、色界、無色」之別。

從這段文章的敘述，內容充滿「《周易》、儒家、佛家、道家」和「道教」的術語，就可以推測「王覺一」祖師精通《周易》和三教的經典，是一位主張「三教合一」的「修道者」。

【重點十二】

「儒（儒家）」有「存心養性」，「一貫」之道；「佛（佛家）」有「明心見性」，「歸一」之道；「道（道家）」有「修心煉性」，「守一」之道，躬行（親自實踐）實踐，「儒（儒家）」能成「聖」，「釋（佛家）」能成「佛」，「道（道家）」能成「仙」，謂之「正法」。

千年而後，「正法」失傳，「儒」則執（偏執）於「訓詁（指解釋古書中詞句的意義）」，失意以傳言；「釋、道」則囿（ㄧㄡˋ，局限）於「焚誦（焚香誦經）」，誦言而忘昧（忘記）。執（偏執）於顯而不達於微（精妙幽深），囿（ㄧㄡˋ，局限）於人而不達於天，足以爲「善

人」，而不足以爲「聖人、神人」，此之謂之「相法」。

千年而後，「相法」式微，「儒者」淪於辭藻（經過修飾的精美詞語），以「四書（《大學》、《中庸》、《論語》、《孟子》）、六經（《詩》、《書》、《禮》、《樂》、《易》、《春秋》）」，作利祿（利益與爵祿）之階梯（途徑）；「僧（僧人）、道（道士）」則專爲衣食（指生活所需），借「仙經、佛典」爲乞食之文憑，至此則「三聖（釋迦牟尼佛、老子、孔子）」遺言，亦在「若存若亡（似有若無）」之間，即「善人」亦不易見矣，此則謂之「末法」。

「如來（釋迦牟尼佛）」當寂滅（涅槃、圓寂）之時，曾言「吾道正法一千年，相法一千年，末法一千年」。「末法」之後，「正法」又來。

【賞析】

「王覺一」祖師的「正法一千年，相法一千年，末法一千年」之說，來自於「佛教」的經典。其中「相法」，在「佛經」裡是「像法」，寫法不同。

在「佛教」的經典，中有「正法、像法、末法」之說，爲「正法時期、像法時期、末法時期」的簡稱，又稱爲「三時」。亦即將「佛法」住世的時期，劃分爲「正法、像法、末法」三個時期。

「正法時期」即指「教法、實踐、得證」具現的時期；「像法時期」是雖然沒有「得證者」，但是仍然存有「教法、實踐」的時期；至於「末法時期」，則是僅存「教法」而缺乏「實踐、得證」的「佛教衰微期」。經過此三時期之後，「佛教」即進入「教法、實踐、得證」均無的「法滅時代」。

關於「正法、像法」的時限，諸經論有四種說法，即：

⑴「正法」五百年，「像法」一千年；

⑵「正法」一千年，「像法」五百年；

⑶「正法」、「像法」皆五百年；

⑷「正法」、「像法」皆一千年。

但是，對於「末法」的年限爲「一萬年」，此點則無異議。又，一般多採用「正法五百年，像法一千年，末法一萬年」之說。

這裡要注意的是，「王覺一」祖師說：「『末法』之後，『正法』又來。」，這一點諸「佛經」可沒有這麼說，都只說從此進入「法滅時代」。

因此，「王覺一」祖師說：「『末法』之後，『正法』又來。」這個說法，應該是擷取自「元會運世」的概念。

「元會運世」是北宋「邵雍」的用語，是「邵雍」虛構的計算「世界歷史」年代的單位，出自《觀物外篇》上。「邵雍」把「世界」從「開始」到「消滅」的週期稱做「元」，一元復始，萬象更新，「一元」有「十二會」，「子會」和「午會」是其中的兩會。「世界」從「開始」到「消滅」之後，又重新「開始」，不斷的周而復始。

【重點十三】

「末法」之世，亦有以「內修」惑人心者。「道」不於達（通曉）「三易（不易、變易、交易）」，昧（違背）天人性命之大源，言不根（根源）於「三聖（釋迦牟尼佛、老子、孔子）」，亂綱常（指『三綱五常』。『三綱』，君臣、父子、夫婦；『五常』，仁、義、禮、智、信。）名教（『名分』與『教化』。指以『儒家』所定的『名分』與『倫常道德』爲準則的『禮法』。）之大本。

乘（趁、藉著）「凡庸（形容才能平凡庸碌而不突出）」之無知（沒有知識、不明事理），肆（放縱，不加拘束）無稽（無可考信、沒有根據）之狂言（誇大放肆的言辭），亂之以「鬼神」，誘之以「禍福」。

大概以「吐納口鼻之氣」爲「率性（依循天性的所感而行）」，以因心（親善仁愛之心）造像（鑄造的像）爲「有得」。不遵「戒律」，分「內外」，不分「善惡」，肆意（任意）亂傳。

豈知「戒律」不嚴，卽「修養（修治涵養使學問道德臻於精美完善）無益」；傳授不眞，則「揠苗助長（比喻爲求速成而未循序漸進，結果不但無益，反而有害。）」；孤造獨詣（獨自的修養），爲害猶小，傳徒引衆，流毒（留傳散布的禍害）滋蔓（如草木蔓延生長），甚至人衆勢大，則妄冀（荒誕不合事實的希望）非分（非本分所應有的），不思漢（漢朝）之「黃巾（黃巾之亂）」百萬，終歸破滅。元明之間，則有「韓林兒、劉福通」之輩，亦常聚衆數十萬，其究（最後）喪身亡家，以「妖人」判逆結果。嗚呼！此輩害人，狠於虎狼，甚於洪水。

【賞析】

「王覺一」祖師感嘆地說，在「末法時代」，亂象不斷，有人惑亂平凡庸碌之輩，亂之以「鬼神」，誘之以「禍福」。傳授不眞，反而有害。

甚至，有人利用宗教來糾衆造反，想要推翻朝廷。例如：「東漢」的「黃巾之亂」，「黨錮之亂」後，政治黑暗，社會不安，鉅鹿人「張角」組織「太平道」作亂，因爲參加亂事的人都在頭上裹著「黃巾」，作爲標幟，故史稱爲「黃巾之亂」。

元明之間，則有「韓林兒、劉福通」之輩，也聚衆數十萬，最後喪身亡家，此輩害人，狠於虎狼，甚於洪水。

「王覺一」祖師痛批這些以「宗教之名」，行「造反作亂之實」的分子。結果，早期的「一貫道」，還被認爲是「白蓮教」的一個支派，遭到「一貫道」的極力否認。

「白蓮教」是唐、宋以來流傳民間的一種「祕密宗教結社」。淵源於「佛教」的「淨土宗」，相傳「淨土宗」的始祖東晉「釋慧遠」，在廬山「東林寺」與「劉遺民」等結「白蓮社」，共同唸佛，後世信徒以爲楷模。

到了「北宋」時期，「淨土宗」唸佛結社盛行，多稱「白蓮社」或「蓮社」。「南宋」紹興年間，吳郡崑山（今江蘇崑山）僧人「茅子元（法名慈照）」，在流行的「淨土結社」的基礎上，創建新教門，稱爲「白蓮宗」，即「白蓮教」。

「白蓮教」是跨越多個中國史上朝代的一個「祕密民間宗教組織」，發展過程中，融入了包括「彌勒教」在內的其他組織，但是一般都認爲主源是源於「東晉」，由「慧遠」創立的「淨土宗」而來。

因其「教徒」禁食「葱乳」，受持「五戒」，不殺生不飲酒，其派神職人員不出家，多娶妻生子，常被視爲「附佛外道」和「邪教」，而遭「朝廷」查禁。「白蓮教」在歷史上，發動多次

「民變」，屢次受到「朝廷」鎮壓。

在「元朝」時，「白蓮教」與「明教、紅巾軍、彌勒教」有關。在「明朝」以後，接受了「羅思孚」的「無生父母」思想，成爲了「羅教系統」的祕密宗教。

「清兵」入關統一中國後，「白蓮教」又與許多「民間宗教」融合，其名目繁多，竟高達百餘種，教義更加蕪雜。「清朝」的「白蓮教徒」以「反清復明」爲己任，從而遭到「清朝」鎮壓。

「清朝」的「順治、康熙、雍正、乾隆」時期，「白蓮教」活動頻繁。到了「乾隆」後期，「清朝」國力開始下降，是「白蓮教」鼎盛時期，在東北和南方各省廣泛流行，其中又以「大乘教」流行最廣。

「嘉慶」年間，「白蓮教」引發「川楚教亂」頗傷「清朝」國力，之後在嘉慶十八年（公元一八一三年），發生的「天理教之亂」，是最後一次以「白蓮教」名義的叛亂，之後逐漸消失於歷史之中。

「光緒」二十四年（公元一八九八年），山東「義和團」之「扶清滅洋運動」的主要團隊，有部分追溯起源於「白蓮教」的分支派「八卦教」。

【重點十四】

虎狼、洪水，害人之身，而「異端邪說」，初則「傳授小道」，壞人心術；繼則「亂人倫常」，敗人名節，終則「妄冀非分」，害國亡家。

其「惑人之術」，大概以「引人靈性上天，見甚仙佛，住甚宮殿」。在那八天，穿戴甚樣衣冠，豈不聞《中庸》云：「聲色之於以化民，末也。德輶如毛，毛猶有倫。上天之載，無聲無臭。至矣！」

《金剛經》云：「若以色見我，以音聲求我，是人行邪道，不能見如來。」又曰：「凡所有相，皆是虛妄。」

老曰：「大道無形。」

三教聖人，皆未嘗（不曾）言「空中樓閣（比喻脫離現實的幻想，不能實現，沒有意義。）」，靜裡榮華（華美的辭藻）之事。此言非妖卽妄。

【賞析】

「王覺一」祖師痛批「異端邪說」，初則「傳授小道」，壞人心術；繼則「亂人倫常」，敗人名節，終則「妄冀非分」，害國亡家，又舉出三教的經典來說明。

●《中庸》原文：子曰：「聲色之於以化民，末也。」《詩》曰：「德輶（ㄧㄡˊ，輕）如毛。」毛猶有倫（條理、順序）。「上天之載（充滿），無聲無臭（ㄒㄧㄡˋ，氣味的總稱）。」至（完善）矣。

【白話翻譯】

孔子道說：「如果用『大聲』與『厲色（怒容）』來教化百姓，那是『枝葉末節』，最下流的功夫。」《詩經》上說：「以德來化人，使人人都能夠接受，不著任何痕跡，好像毛髮般的輕巧。」以「毛髮」拿來相比，還不能完全形容「德性」的妙諦。

《詩經．文王篇》又說：「上天能夠生化『養育萬物』，實在太奇妙的了，既沒有聲音，也沒有氣味。」只有這句話，才可以將「君子的德性」，形容的淋漓盡致，盡善盡美。

●**《金剛經》原文：「若以色見我，以音聲求我，是人行邪道，不能見如來。」又曰：「凡所有相，皆是虛妄。若見諸相非相，卽見如來。」**

【白話翻譯】

《金剛經》說：「如果只看見我的『形色外表』，或是只執著我的『聲教』，欲以此二者求見我的『眞性』，那麼這種人，只是執於『色身四相（生、住、異、滅）』見佛。便是捨去正途，不知『卽心卽是佛』。而『向外求佛』的人，是人行『外道』，絕對不能見到『如來眞正的面目』。」

《金剛經》又說：「凡是世間所有的相，都是『虛無不實』的。若是識破了『諸相』都是『虛空』的道理，就可以見到『如來的法相』了。」

●**老子《清靜經》原文曰：「大道無形。生育天地。大道無情。運行日月。大道無名。長養萬物。吾不知其名。強名曰道。」**

【白話翻譯】

「大道」沒有形體，卻能生成天與地。「大道」沒有私情，卻能讓日月不停的運行。「大道」本來沒有名稱，卻能不斷的讓「萬物」得到滋養。我不知該如何來稱呼祂，因此只能暫時稱祂爲「道」。

三教聖人，都不曾說過「空中樓閣（比喻脫離現實的幻想，不能實現，沒有意義。）」，靜裡榮華（華美的辭藻）之事。此言非妖卽妄。

【重點十五】

「小道之術」，亦有「煉出識神」，遊歷（考察遊覽）四出（到各處去），知人禍福者，如《悟眞篇》云：「閉目鑒形思神法，初學艱難後坦途，倏忽縱能游萬國，奈何屋破更移居。」屋破移居者（比喻死亡後重新投胎入世），學此之人。身謝（消逝；死亡）仍入「輪迴」。如一念有差，終歸墮落。又曰：「投胎『奪舍（指將自我靈魂遷移到另一個已死亡的屍體中，以延續生命，繼續修行。）』及移居（投胎），舊住名爲『四果徒』，何不回頭修『大藥』，『眞金』起屋幾時枯。」此言「旁門小道」，非無效驗，但入手差錯，難成正果。故「孔子」曰：「雖小道，必有可觀者焉；致遠恐泥，是以君子不爲也。」

【賞析】

「王覺一」祖師解說，學習「小道之術」，仍然不能脫離輪迴，不是究竟。並且舉例北宋「張伯端」和「孔子」所說爲證。

《悟眞篇》是北宋「張伯端」撰寫的道教典籍，該書以詩、詞、曲等體裁闡述「內丹理論」。

●《悟眞篇》原文：「鑒（審察）形閉息思神法，初學艱難後坦途。倏忽（疾速）縱（卽使）能游萬國，奈何屋破（人死亡）卻移居（投胎）。」

【白話翻譯】

觀察形象，「閉息思神」的方法，初學艱難，後來就比較容易。雖然，卽使能夠運用神通，很快的暢遊萬國，奈何死亡之後，卻需要重新投胎入世。

●《悟眞篇》原文：「投胎『奪舍』及移居（投胎），舊住（原來的身體）名爲『四果徒（須陀洹果、斯陀含果、阿那含果、阿羅漢果）』，何不回頭修『大藥（指修煉內丹的精氣神）』，『眞金（金丹；凝聚精、氣、神三者所煉成之丹）』起屋幾時枯。」

【白話翻譯】

能夠「投胎奪舍」以及「投胎轉世」，原來的身體名爲「四果徒（須陀洹果、斯陀含果、阿那含果、阿羅漢果）」。何不回頭修煉內丹的精氣神，由「金丹（凝聚精、氣、神三者所煉成之丹）」建造的身體，是不會枯竭的。

「王覺一」祖師舉《悟眞篇》的兩首詩，作爲說明「旁門小道」，不是沒有效果，但是入手差錯，難成「正果」。

這裡要說明一件事情，《悟眞篇》的作者「張伯端」，認爲修學「佛法」，證「小乘四果」的人，是屬於「奪舍投胎」，身有敗壞。所以他在《悟眞篇》中說：「投胎奪舍及移居，舊住名爲四果徒。若會降龍並伏虎，眞金起屋幾時枯。」

可是，依據「佛經」的解釋，「小乘四果」是指「南傳佛教」的四種果位，即「須陀洹果、斯陀含果、阿那含果、阿羅漢果」，說明如下：

(1)初果「須陀洹」：譯爲「入流」，意卽「初入聖人之流」；死後「七往來」；

(2)二果「斯陀含」：譯「爲一來」，意卽修到此果位者，死後生到天上去做「一世天人」，再生到我們此世界一次，便不再來「欲界」受生死了；

(3)三果「阿那含」：譯爲「無還」，意卽修到此果位者，不再生於「欲界」；

⑷四果「阿羅漢」：譯爲「無生」，意即修到此果位者，解脫生死，不受「後有（未來之果報）」，爲「南傳佛教」的最高果位。

所以，依據「佛經」的解釋，證「初果須陀洹」的人，於「欲界」之「天上人間」往返七次「受生」；證「二果斯陀含」名「一來」，即由天上至人間一度「受生」，這還可以說是「有投胎」這回事。

可是，當證到「三果阿那含」時，已名「無還（不來）」，亦即不再來「欲界」受生；證到「四果阿羅漢」，則「見惑、思惑」皆已斷盡，不受「後有（未來之果報）」，具足「三明（宿命明、天眼明、漏盡明）六通（神足通、天眼通、天耳通、他心通、宿命通、漏盡通）」，號稱「阿羅漢」，又哪裡還需要「奪舍（指將自我靈魂遷移到另一個已死亡的屍體中，以延續生命，繼續修行。）」呢？

北宋的「張伯端」，又號「紫陽眞人」，對「仙學」確有超群拔類的造詣。然而，從他的這種「見解」來看，似乎他對於「佛經」並沒有深入研究。

「王覺一」祖師又另舉「孔子」的話，來加強佐證。但是，「王覺一」祖師誤解了一件事情，這句話的確是出自於《論語．子張》，但不是「孔子」說的話，而是「孔子」的學生「子夏」說的。

●《論語．子張》原文：子夏曰：「雖小道（指各種農工商醫卜之類的技能），必有可觀者焉，致遠恐泥（阻滯，不通，妨礙），是以君子不爲也。」

【白話翻譯】

「子夏」說：「卽使是小的技藝，也一定有可取之處，但是對於遠大的事業，恐怕就行不通了，所以君子不從事這些小技藝。」

【重點十六】

上古「傳道之書」，首寄於《易》。達（通曉）「不易之易（易道恆久不息）」，則範圍（界限）造化（化育萬物的大自然），謂之「聖域（聖人的境界）」；達（通曉）「變易之易（易道卽變化之道）」，則明（通曉）於造化（化育萬物的大自然），謂之「賢關（賢人的境界）」。

「聖域（聖人的境界）」「無爲（不從事人爲干預，而任萬物自然生長之意。）」，是爲「天德（上天化育萬物的恩澤）」；「賢關（賢人的境界）」「有爲（有所作爲）」，是爲「王道（一種以仁義治天下的政治思想）」若只知道「交易之易」（易道卽變化之道），則知「顯（顯著）」而不知「微（隱微）」。知「有象（事物的形象）」而不知「無象（玄微難測的義理）」者，未足以言「道」也。

【賞析】

「王覺一」祖師說，上古「傳道之書」，首寄於《周易》。通曉「不易之易（易道恆久不息）」，稱爲「聖域（聖人的境界）」；通曉「變易之易（易道卽變化之道）」，稱爲「賢關（賢人的境界）」。

「聖域（聖人的境界）」是「無爲（不從事人爲干預，而任萬物自然生長之意。）」，稱爲「天德（上天化育萬物的恩澤）」；「賢關（賢人的境界）」是「有爲（有所作爲）」，稱爲

「王道（一種以仁義治天下的政治思想）」。

若知道「有象（事物的形象）」而不知道「無象（玄微難測的義理）」者，就不足以談論「道」。

【重點十七】

「交易（陰陽交感）」若人之「形質（外貌與內涵）」，「陰陽交」則「易（《易經》）」也。「變易（變化）」若人之「氣稟（人生來對氣的稟受）」，自少而壯，自壯而老，自然而變也。「不易（恆久不息）」若人之「元神（不生不滅，無朽無壞之眞靈，非思慮妄想之心。）」，「形」有生死，「氣」有變遷，而「神（元神）」則無生死、無變遷。出捨（放下）入捨（放下），不增不減，故曰「不易（不變）」。不但是也，佛之「金剛」，道之「金丹」，悉皆本於「三易」。

佛曰「南無」。「南」者乃「先天乾位」。「乾」爲「天」，「天」則大無不包，此「變易之易」也。又爲後天「離位」。「離」爲「日」，「日」則明無不照，此「交易之易」也。大無不包，明無不照，猶不足以盡（詳盡）「佛法之妙」，惟「無」則「微無不入」，此「不易之易」也。

【賞析】

「王覺一」祖師把《周易》裡的「不易、變易、交易」的概念，融入「道家」和「佛家」，認爲「佛家」的「金剛」，「道家」的「金丹」，都出自於「三易」。

但是，「王覺一」祖師解釋「佛家」的「南無」，就太牽強了。因爲，「佛家」的「南無」，是「梵語」的「音譯」，「意譯」作「敬禮、歸敬、歸依、歸命、信從」，意思是「禮拜」之意。但是，大多使用於「禮敬之對象」，表示「歸依信順」，含「救我、度我、屈膝」之意。例如：稱「南無阿彌陀佛、南無妙法蓮華經」等，將「南無」兩字冠於「佛名」或「經名」前，亦表「歸依之意」。

【重點十八】

「道（道家）」之「金丹（凝聚精、氣、神三者所煉成之丹）」。「先天」以「乾坤」爲「性命」，自十月胎足，瓜熟蒂落，的一聲，「乾」失「中爻之陽」，虛而成「離」；「坤」得「乾之中爻」，實而成「坎」。「乾坤交」則變爲「坎離」。日上月下，水火未濟。

「金丹（凝聚精、氣、神三者所煉成之丹）」工夫，知「坎離」樞機（比喻事物的關鍵）之所在，運「虛無神火」，下降「坎宮」，則「海底眞金」，化而爲「氣」，逼「氣」開關，倒轉「黃河」，上升「崑崙」，落於「離中」，氣聚神凝，復還「乾元」，「法輪」自轉，謂之「變易」。

迨（等到）至「九轉丹」成，「神（元神）」升「上界」，與「道」合「眞」，還於「無極」，爲之「不易」。「不易」則「不生不滅，不垢不淨」。「佛」曰「金剛」，「道」曰「金丹」，皆以「金」爲喻者。

言「本然之性（本性）」，來自「理天」，至精至粹，無垢無塵。靜而能應，虛而能明。自降生而後，「氣質之性（指每個人生成之後，由於禀受陰陽二氣的不同而形成的特殊本性）」，來自「氣天」。入於「口鼻」，充乎一身，混沌鑿破，「四門（眼耳鼻舌）」大開，「情識（感覺與知識）」漸開，「天眞（心地純眞，性情直率，沒有做作和虛僞。）」漸沒，及至「六欲（見欲、聽欲、香欲、味欲、觸欲、意欲）」奔馳（快速的奔跑），「七情（喜、怒、哀、懼、愛、惡、欲）」紛擾（混亂、淩亂），雲霧迷空，「青天（本性）」若亡矣。

「青天（本性）」卽不壞之「金性」也。人人有此「不壞金性」，因拘於「氣稟（人生來對氣的稟受）」，蔽（遮蓋）於物慾（對物質的欲望），迷眞逐妄，背覺合塵，不盡孽報，萬變輪迴。

【賞析】

「王覺一」祖師在這裡，把《周易》和「道教」的「金丹之說」融合在一起解釋。「王覺一」祖師的「金丹之說」，出自於「道教」，詳情請參閱拙作《看懂道教》裡的第六單元「道教」的《太乙金華宗旨》。

另外，「王覺一」祖師說，「本性」來自「理天」，原本是「至精至粹，無垢無塵。靜而能應，虛而能明。」，但是自降生而之後，稟受來自「氣天」的「陰陽二氣」，入於「口鼻」，充乎一身，「情識（感覺與知識）」漸開，「本性」就逐漸隱沒。等到，「七情六欲」的紛擾，「本性」就完全隱沒，人從此不斷的「六道輪迴」。

這是「一貫道」的核心理念，加入「一貫道」的目的，就是「往生」之後，要返回「王覺一」祖師所說的「理天」，不再受「六道輪迴」之苦。

【重點十九】

故「虞廷（指古代的聖明之主『虞舜』的朝廷）」以「人心、道心」，辨（分別）危（人心危險）微（道心微弱）。「西周」以「敬勝（敬畏勝怠忽，國必興昌）、怠勝（怠忽勝敬畏，國必滅亡）」，斷（判定）興亡（興旺與滅亡）。

　而孔（孔子）顏（顏回）以「克己復禮（克制自己，使自己的行爲合於禮。）」爲功夫。「氣質之性（指每個人生成之後，由於稟受陰陽二氣的不同而形成的特殊本性）」，發（現露）爲「人心」；「本然之性（本性）」，發（現露）爲「道心」。

　「人心」居「臟腑」之裹（ㄍㄨㄛˇ，包羅、囊括），「道心」現（顯現）「乾元（天道）」之表（外表）。在裹（指身體）則「昏濁（污穢難看）蒙昧（愚昧，不通事理）」，爲「七情六慾」之領袖；在表（外表）則虛明（空明）光耀（光輝照耀），作「三華（指精、氣、神）五氣（心之火氣、肝之木氣、脾之土氣、肺之金氣、腎之水氣）」之總持（總地掌握）。

　「裡（內部）」則「近泉（人死後所在的地方。如：「黃泉」）」，入於「污下（卑下，鄙陋）」，故「危（危險）」。「危（危險）」者「迷眞逐妄」。「迷眞」則「永失眞道」，「逐妄」則「苦惱輪迴」。「表（外部）」則「通天」，進於「高明（秉性高亢明爽）」，故「微（精妙幽深）」。「微（精妙幽深」者「返妄歸眞」「返妄」。則「苦惱全平」，「歸眞」則「誕登道岸」。

　此二者（「裡」和「表」）同寓（寄居）「四大（指地、水、火、風，乃組成宇宙、人身的基本元素。）」，苦樂不同，聖凡迥異（不相同）。「知之眞」則不疑，故精。「守之固」則不二（忠誠無二心），故一。「精」則情慾胥（皆、都）泯（消除、消滅），已克（制服、約束）淨盡（一點都不剩）；一則三五（天、地、人凡三而各懷五行）咸融（諧和），禮復（使言行舉止合乎禮節）渾圓（比喻圓融周到，不露稜角、痕跡。）。己克（克制自己的私欲）淨盡（一點都不剩），則迷雲（貪嗔癡）消散；禮復（使言行舉止合乎禮節）渾圓（比喻圓融周到，不露稜角、痕跡。），則青天（本性）顯露。萬物各具一天。

【賞析】

「王覺一」祖師說，「人心」危險，「道心」微弱。而「孔子」和「顏回」以「克已復禮（克制自己，使自己的行爲合於禮。）」爲功夫。可見，「王覺一」祖師深受「儒家思想」的影響。

「王覺一」祖師說，後天的「氣質之性（指每個人生成之後，由於稟受陰陽二氣的不同而形成的特殊本性）」，發展出「人心」；「本性」現露爲「道心」。

「人心」在身體內，則「污穢愚昧，不通事理）」，爲「七情六慾」的領袖；在外表則空明光輝照耀，作「三華（指精、氣、神）五氣（心之火氣、肝之木氣、脾之土氣、肺之金氣、腎之水氣）」的「總管」，這是「道教」的概念。

「王覺一」祖師說，人體內同時具有「人心」和「道心」。順從「人心」，則危險，「迷眞逐妄」，永遠「苦惱輪迴」。所以，要「求道修道」，「返妄歸眞」，則「苦惱全平」，「歸眞」則「誕登道岸」。

【重點二十】

「天」卽「乾」，「乾」卽「金」，「金」卽「性」，「性」卽「理」，「復理」卽「復性」，「復性」卽「復金」。「佛」曰「金剛」，取其「能斷」。「道」曰「金丹」，取其「渾圓（比喻圓融周到，不露稜角、痕跡。）」」。

己克禮復（克制自己的私欲，使言行舉止合乎禮節。），「孔子」不曰「復天理之理」，而曰「復禮樂之禮」者，懼「後世」之遺脫（遺漏；亡佚。）倫常（人與人相處的常道），「棄人求天」也。天人合一，執兩用中，故高不入於「虛空之無用（虛空爲無用，無用之用，才是大用。）」，下不淪於「功利之器小（容器狹小；器局狹隘。）」，此所謂「允執厥中（指不偏不倚，無過與不及。）」也。

以「禮樂之禮」，代「天理之理」，使後之學人，得其「精（細緻、細密）」者，則「盡性（完全發揮天賦的本性）至命（達到生物生存的機能）」，大之可爲「聖賢」；得其粗（不精緻、不細膩）者，則「孝弟忠信」，次亦無愧（沒有什麼可以慚愧的）「名教（名分與教化。指以儒家所定的名分與倫常道德爲準則的禮法。）」。

【賞析】

「王覺一」祖師把《周易》「五行（水、火、木、金、土）」的概念，融入「三教（儒、釋、道）」之中。

但是，「佛」曰「金剛」，取其「能斷」。「道」曰「金丹」，取其「渾圓（比喻圓融周到，不露稜角、痕跡。）」」。把「金剛」和「金丹」的「金」，說成取自五行（水、火、木、金、土）」中的「金」，有點牽強附會。

「佛教」所說的「金剛」，即「金中最剛」之義。「經論」中常以「金剛」比喻「武器」及「寶石」，較常用於比喻「武器」。以「金剛」比喻「武器」，乃因其「堅固、銳利」，而能摧毀一切，且非「萬物」所能破壞，例如：「帝釋天」所持之武器，稱爲「金剛杵」。

「金丹」是中國古代「煉丹術」的名詞，包括「外丹」和「內丹」兩種。「外丹」是用「丹砂（紅色硫化汞）」與「鉛、硫黃」等原料燒煉而成的「黃色藥金（還丹）」，其成品叫「金丹」。「道教」認爲服食以後，可以使人「成仙、長生不老」。

「唐代」以前，「金丹」多指「外丹」。「唐宋」以後，「金丹」多指修「煉內丹」，卽把「人體」當作「爐鼎」，以體內的「精、氣」當作「藥物」，用「神」燒煉，「道教」認爲使「精、氣、神」凝聚，可結成「聖胎」，卽可脫胎換骨而成仙。

「王覺一」祖師說，「孔子」不說「復天理之理」，而說「復禮樂之禮」者，是因爲懼怕「後人」遺漏倫常（人與人相處的常道），「棄人求天」。所以，「孔子」以「禮樂之禮」，代「天理之理」，提倡「克己禮復（克制自己的私欲，使言行舉止合乎禮節。）」，達到「允執厥中（指不偏不倚，無過與不及。）」的境界。

【重點二十一】

釋氏（釋迦牟尼佛）之道，自「志公（寶誌禪師）」之時，分爲「青衣、黃衣」。

「青衣」在南，持受「戒律」，以「宗教律」爲「道規」，以「戒定慧」爲造詣（學業或技藝達到的程度），以「明心見性」「頓超涅槃」爲究竟，眞傳實授，故能「成佛作祖」。通「宗（禪宗，偏實修的）」合「教（學教理的，偏聞思的）」，辭理（指文章的內容和表現形式）兼優，豎拂（高僧談禪說理時豎起拂塵，顯示禪機。）迎機（順應意向），荷擔（擔負、承受）正法（眞實的佛法），代不乏人（指每一個世代都有同類的人出現），是爲「實法（指永久不變之

究極眞實法門）」。

「黃衣」在北，飲酒茹葷，仍「漠北之俗」。不斷「殺孽」，其間偶有「達（通曉事理）者」，不過「玩空（研習空理）無爲（非造作）」，不昧（糊塗）前生，出胎入胎，難免「輪迴」。由經（佛經）悟入，無「眞（明師）」指點，是謂「權法（指爲一時之需所設之方便法門）」。

「實法」優者，超佛越祖。「權法」優者，止於「消孽（惡因、罪過）」。「青衣」自「五祖（弘忍）」而後，分爲「南頓、北漸」。「南宗慧能」，掃除文字，直指人心。見性成佛，謂之「頓教」。其道多傳「火宅（比喻迷界衆生所居住之三界）」，而「比丘僧尼」，鮮有「得其眞（眞道）」者。

「北宗神秀」，傳授衣缽，執於「講誦（講授誦讀）」，不達本源（指自性清淨心）。其間「優者」，亦可以「消冤解孽」，獲「人世之福壽」，享顯代（榮耀的世代）之榮華，不能「超生了死（脫離輪迴）」，報（福報）盡終墜（輪迴）。

如果皈清戒淨，法財兩施，福慧雙圓，因其宿慧（先天的智慧），不退初心（指初發心願學習佛法者），亦可「得遇眞傳」，漸入「眞宗（指明示眞如法相實理之宗）」。荷擔（擔負、承受）如來。大振宗風（原指佛教各宗系特有的風格、傳統，多用於禪宗）。道本無私，有感必通，不限倫類（同類）也。

【賞析】

「王覺一」祖師說，「釋迦牟尼佛」之道，自「志公（寶誌禪師）」之時，分爲「青衣派」

和「黃衣派」。

這裡要介紹一下「志公（寶誌禪師）」。

「志公」卽「寶誌禪師」，南北朝「齊、梁」時期的僧人，是「梁武帝」非常禮遇的佛教高僧，又稱「保志、保公、志公」。俗姓「朱」，金城（在今甘肅蘭州）人。

「志公」與「達摩、傅大士」合稱「梁代三大士」，「志公」與「傅大士」被認爲是「禪宗」的先驅人物。「志公」在民間有「神通廣大的形象」，後世流傳的「濟公傳說」，起初的原型可能就是來自於「志公」。

相傳「志公」還設計了「海青（爲佛門僧俗二衆禮佛時所穿的衣服）」的「縫合袖」，民間傳說「梁武帝」的皇后「郗（ㄒㄧ）氏」對「衆僧」惡作劇，假意布施僧用齋，但是悄悄在「齋食」中，放入「肉包」，「志公」先知後，爲「僧人」常服的「海青」，設計了縫合的袖袋，命「僧侶」在內中盛放「白饅頭」，伺機把「肉包」藏到袖子中，只食「白饅頭」。

又相傳「郗（ㄒㄧ）氏」因爲時常嗔怒「後宮妃子」，死後靈魂墮入「蟒蛇」之身，「梁武帝」請求「志公」等僧超度，現代流傳的《梁皇寶懺》，卽是「志公」與十位高僧爲超度「郗（ㄒㄧ）氏」所作。

另外，相傳「志公」曾經向「梁武帝」引薦「菩提達摩」，但是「梁武帝」與「菩提達摩」話不投機，後來「菩提達摩」東渡至「北魏」的「嵩山少林寺」。

「王覺一」祖師說，「青衣派」在南方，持受「戒律」，以「宗教律」爲「道規」，以「戒定慧」爲造詣，以「明心見性」「頓超涅槃」爲究竟，眞傳實授，故能「成佛作祖」。通「宗

（禪宗）」合「教（教理）」，辭理兼優，豎拂迎機，荷擔正法，代不乏人，是爲「實法」。

所謂「通宗合教」，是指通達「宗門」和不違背「教下」，是指「宗門」和「教下」兩件事情。

「漢傳佛教」在「唐朝」以後，分爲「宗門」和「教下」，「宗門」專指「禪宗」，「教下」通指其他宗派。到了「宋明時代」，「教下」意指「天台、法相、賢首」三個宗派，又稱「教下三家」；而「禪宗」，則自認爲是「教外別傳」，仍然自稱「宗門」。至近代，「淨土宗」則自稱爲「教下」。

「宗門」和「教下」的「教學方式」完全不同，以「各層級的學校」來做比喻。「教下」是從「小學、中學、大學、研究所」，把「佛經」由淺入深，循序漸進的修行，慢慢的把自己的德行、智慧、境界提升；而「宗門」就像「天才班」，不需要循序漸進的依據「佛經」深淺的修行，十歲就跳級「念研究所」。

所以，「宗門」不是「普通人」所能學習，要「上根的人」才有能力學習。「宗門」的特色是「悟後起修」，大徹大悟，明心見性之後，才起修行。

「六祖惠能」就是個很好的例子，他在《金剛經》裡，只抓住兩句話，「應無所住，而生其心」，他就抓住了綱領，枝枝葉葉統統不管，都不理會，從這個地方眞的去實踐。「六祖惠能」不識文字，但是聞《法華經》，便能夠解得。

總的來說，「宗門」就是「禪宗」，偏實修的；「教下」就是「學教理」的，偏聞思的。

「宗門」和「教下」的「修行者」，一般來說是「互相看不起」的。實修的「宗門」，認爲「學教理的教下」，只會「耍嘴皮子功夫」；而學教的「教下」，則認爲「實修的宗門」是在「盲修瞎練」。

所以，「佛門」有喔句話說：「通宗不通教，開口便亂道。通教不通宗，恰如獨眼龍。」又說：「通宗不通教，開口被人笑，通教不通宗，長蟲鑽竹筒；宗教兩俱通，慧日耀天空。」「宗門」和「教下」，一般能通一個，已經是難得，二個都通那是世上稀有，那一定是多世修行或累劫修行，或菩薩再來。

「王覺一」祖師說，「黃衣派」在北方，飲酒茹葷，仍「漠北之俗」。不斷「殺孽」，其間偶有「達者」，不過「玩空無爲」，不昧前生，出胎入胎，難免「輪迴」。由經（佛經）悟入，無「眞（明師）」指點，是謂「權法（指爲一時之需所設之方便法門）」。「青衣」自「五祖（弘忍）」而後，分爲「南頓、北漸」。「南宗慧能」，掃除文字，直指人心。見性成佛，謂之「頓教」。其道多傳「火宅（比喻迷界衆生所居住之三界）」，而「比丘僧尼」，鮮有「得其眞（眞道）」者。

這段文章有個「伏筆」，就是「其道多傳火宅，而比丘僧尼，鮮有得其眞者。」在《一貫道道統源流》裡說：「六祖之後衣鉢不傳，道降火宅，白馬續爲七祖，羅尉群繼任八祖。……………。至民國十九年，始由張天然繼任十八代祖，辦理末後一著三曹普渡。民國三十六年，張祖歸空，續由孫慧明掌理道盤，辦理收圓大任。民國四十三年，由香港遷居台灣。張祖歸空，續由孫慧明師母掌理道盤，辦理收圓大任。」

這說明了，「王覺一」祖師認爲「一貫道」的道統，是從「南宗慧能」接續過來的。而且，

其道多傳「火宅」，而「比丘僧尼」，鮮有「得其眞」者。意思是說：從禪宗「六祖惠能」之後，「大道」轉傳入「民間」，而不在「寺廟」。所以，才要加入「一貫道」，得到「明師指點」，獲得「三寶心法」，然後在家裡設置「家庭佛堂」，在家修行。

【重點二十二】

「太上之道（道教稱至上至高的神）」，「魏伯陽眞人（東漢著名煉丹家，是最早有著作傳世的煉丹家。）」以前，《清靜》《道德》，爲「老子」正傳，金丹（道教認爲使精、氣、神凝聚可結成聖胎又稱金丹）爐火（謂道士煉製體內的內丹藥），未嘗（不曾）言及。此時「三聖（孔子、釋迦牟尼佛、老子）同源（來源相同）」，「相視莫逆（語出《莊子．大宗師》，謂彼此友誼深厚，無所違逆於心。）」，乃最上「一乘法（卽指佛乘。乘，載運之義。佛說一乘之法，爲令衆生依此修行，出離生死苦海，運至涅槃彼岸。）」也。

《金剛經》曰：「以無爲法而有差別」。《道德經》曰：「無爲而化」。「孔子」亦曰：「無爲而治者，其舜也與，夫何爲哉。恭已正南面而已。」

《清靜經》以「清靜」爲主，《金剛經》亦言「清靜」，《大學》以「定靜」爲入手（著手、下手）。

道曰「虛無」，佛曰「寂滅」，而《中庸》亦曰：「上天之載，無聲無臭。」

道曰「守一」，佛曰「歸一」，而儒亦曰「貫一」。

佛曰「色空」，道曰「有無」，儒曰「顯微」。

佛曰「觀音」，道曰「觀心」，儒曰「顧（關注）諟（明辨）天之明命（聖明的命令）」。

道曰「覆命（復命：復歸本性）」，儒曰「復禮（恢復禮儀）」，佛曰「亦復如是」。佛曰「明心見性」，道曰「修心煉性」，儒曰「存心養性」。

下手（著手）之法，究竟之處，三聖同源。融金作器（熔化金子製作器具），化冰為水，原無異同（不同），豈分彼此？

【賞析】

「王覺一」祖師說明，「三聖（孔子、釋迦牟尼佛、老子）同源（來源相同）」，他是「三教合一」的擁護者。

文章中的「道曰守一，佛曰歸一，而儒亦曰貫一」以及「佛曰明心見性，道曰修心煉性，儒曰存心養性。」這兩句話經常被引用，出現在「一貫道」的文章裡。

【重點二十三】

自「魏伯陽」，借易（《周易》）闡道，性命之理，合之「天道」陰陽，參之卦爻「河洛（《河圖》、《洛書》）」，仰觀俯察，近取諸身，遠取諸物。因寒暑之升降，日月之盈缺，物類（萬物的總稱）之牝牡（動物的雌性與雄性），參而同之，契而同之，印證人身，若合符節。以「性命」稟（承受）於天。天在「大易《周易》」為「乾（乾卦）」，「乾（乾卦）」在「五行（水、火、木、金、土）」為「金」，故以「元性（本性）」之體，喻之為「金」。因神凝氣聚，萬脈歸源。情智（情緒智力）胥泯（都消除），渾融（融會不顯露）一團。故以「元性（本性）」之用，喻之為「丹」。

【賞析】

「王覺一」祖師很推崇「魏伯陽」，先簡介一下「魏伯陽」的來歷。

「魏伯陽」，名「翱（ㄠˊ）」，字「伯陽」，號「雲牙子」，會稽上虞（今屬浙江）人，尚書「魏朗」之子，「東漢」著名「煉丹家」，是「中國」最早的一位有「著作傳世」的「煉丹家」。

「魏伯陽」出身高門望族，生性好道，不肯仕宦，閒居養性，時人莫知。曾率三弟子「周燮（ㄒㄧㄝˋ）、馮良、虞巡」入上虞「鳳鳴山」的「鳳鳴洞」煉丹服食，「曹魏」黃初二年去世。

「魏伯陽」所著的《周易參同契》，五行相類，共三卷，全書共約六千餘字，基本是用四字一句、五字一句的韻文及少數長短不齊。《參同契》是一部用《周易》理論、「道家哲學」與「煉丹術（爐火）」三者參合而成的「煉丹修仙」著作，是現存最早系統闡述「煉丹理論」的著作。

「魏伯陽」所著的《周易參同契》，來源於「黃老」與《周易》，並參考古代「煉丹術」及「煉丹古書」，假借「爻象」，以論「作丹」之意，後世奉爲「萬古丹經之王」，奠定了「道教丹鼎學說」的理論基礎，在世界科技史上也占有重要地位。美國、英國、前蘇聯等國「教科書」和「百科全書」中，均提及此書並有譯本，英國學者「李約瑟」在《中國科學技術史》中，更稱它爲「全球第一本這方面的書籍」。

「魏伯陽」認爲「修丹」與「天地造化」是同一個道理，認爲「萬物」的產生和變化都是「五行錯王（指逆運五行，以成丹道。）」，相據（倚靠）以生」，是陰陽相須（必須相互依賴），彼此交媾，使「精氣」得以舒發的結果。

「王覺一」祖師說「『參』而『同』之，『契』而『同』之」，就是指《周易參同契》的內容。「王覺一」祖師接著說，印證人身，若合符節。以「性命」稟（承受）於天。天在「大易《周易》）」爲「乾（乾卦）」，「乾（乾卦）」在「五行（水、火、木、金、土）」爲「金」，故以「元性（本性）」之體，喻之爲「金」。因神凝氣聚，萬脈歸源。情智（情緒智力）胥泯（都消除），渾融（融會不顯露）一團。故以「元性（本性）」之用，喻之爲「丹」。

「王覺一」祖師的論說，受到「魏伯陽」所著《周易參同契》理論的影響很大，這是在「三教合一」中，「道教」的部分。

【重點二十四】

「神（元神）居於「離（離卦）」，「先天」在「東」。「東」爲「蒼龍」，「七宿分野（指二十八宿按東、南、西、北，分爲四象，四象在中國傳統文化中指青龍、白虎、朱雀、玄武，分別代表東西南北四個方向。）」，故曰「青龍」。「氣」居於「坎（坎卦）」，「坎（坎卦）」先天在「西」，「西」爲「白虎」，七宿分野，故曰「白虎」。「離（離卦）」火生於「東」，旺於「南」，故「離（離卦）」火自東而南，代「先天之乾（乾卦）」。「南」爲「朱雀七宿」之分，故又謂之「赤龍」。「坎（坎卦）」水生於「西」，而旺於「北」，故「坎（坎卦）」水自西而北，代「先天之坤（坎卦）」。「北方」爲「玄武七宿」分野，故又曰「黑虎」。

「離（坎卦）」在「南方」，「先天」變爲「後天」，「元神」蔽於「識神」。「識神」易放而難收，故喻之爲「汞」。「坎（坎卦）」在「北方」，亦爲「後天元氣」，累於「濁精」，

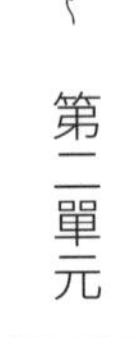

易沉而難升，故喻之爲「鉛」。

此「藥物」之由來也。「離（離卦）」火爲「日」，「坎（坎卦）」水爲「月」。「離（離卦）」中納「己」，「坎（坎卦）」中納「戊」。日月爲「易」，交則爲「明」，化則成「丹」。「戊己」交則爲「刀」，二土交則爲「圭」。此「金丹刀圭」之由來也。

「離（離卦）」宮爲九，「乾爻」爲九，「離（離卦）」轉爲「乾（乾卦）」，故曰「九轉」。「坎（坎卦）」中一陽，化氣上升，仍還「乾（乾卦）」體，故曰「還陽」。成「乾（乾卦）」則「陽還」，「陽還」則「九轉」，「九轉」則「金純」，「金純」則「陰陽合一」，「合一」則「丹成」。

「丹成」於「離（離卦）」。「離（離卦）」在「後天」爲「九紫」，故曰「九轉還陽丹」。「九轉金丹」，「九轉紫金丹」，種種譬喻，種種名號，層見疊出，萬變不窮。

【賞析】

「王覺一」祖師這段精彩的「丹道」敘述，出自於「魏伯陽」所著的《周易參同契》，這是在「道教」部分，影響「王覺一」祖師論述的重要來源。

【重點二十五】

「三聖（釋迦牟尼佛、老子、孔子）」立教之初，以「存心養性、明心見性、修心煉性，抱元守一、萬法歸一、執中貫一」爲標準；以「清靜無爲、定靜無爲」爲入手；以「慈悲、感應、忠恕」爲功夫；以「三皈五戒、六度萬行」，「三華五氣、五百大戒」，「三綱五常、非禮勿視、聽、言」爲行持；以「盡性至命、歸根覆命、亦復如是」爲究竟。

【賞析】

「王覺一」祖師把「三聖（釋迦牟尼佛、老子、孔子）」的「教理重點」，「修行法門」，以及「修行目標」，都條列出來，這些都是「一貫道」信徒的「修行準則」。

【重點二十六】

當時「三教（儒、釋、道）」分門（分家），互相牴牾（牛角相抵觸。引申為相互衝突。），各執其見，不能歸一者，囿（ㄧㄡˋ，侷限，被限）於人不達於天。各據枝葉，迷忘根本也。

「老子」乃「傳道之祖」，故東渡「孔子」成「至聖」，闕傳「猶龍之歎」，「西化胡王捂眞經（卽《老子化胡經》）」，「函關」現「紫氣」之祥。「青牛」西去，道傳「天竺（印度）」。「白馬」東來，佛興「震旦（中國）」。

「孔孟之道」，有資（取用）於「老聃（老子）」。「周程（周敦頤、程顥、程頤）之學」，實本於「希夷（陳摶）」。柱下吏官，華山道士，皆有益於儒，無害於儒。

【賞析】

「王覺一」祖師說，「三教（儒、釋、道）」本是同源，當時「三教」分門（分家），互相衝突，各執其見，不能歸一者，侷限於人不達於天。各據枝葉，迷忘根本。

「王覺一」祖師又說，「老子」是「傳道之祖」，故東渡「孔子」成「至聖」，根據「西化胡王捂眞經（卽《老子化胡經》）」，「函關」現「紫氣」之祥。「青牛」西去，道傳「天竺（印度）」。

「孔子」曾經問禮於「老子」，所以說「老子」東渡「孔子」成「至聖」，這說得通。但是，根據「西化胡王捂眞經（卽《老子化胡經》）」，「老子」騎著「青牛」西去，道傳「天竺（印度）」之說，是錯誤的理解。

《老子化胡經》的作者不詳，傳說是「西晉」道士「王浮」所作。「東晉」時成書，至「唐代」增益至十卷本。經中記載「老子」與弟子「尹喜」到「西域」及「天竺」，化身爲「釋迦牟尼佛」，創立佛法，故「佛教」是起源於「老子」。

自「東漢」以來，卽有「老子化胡」之說。在《史記．老子韓非列傳》曾經記載有「老子西行」的傳說：「『老子』修『道德』，其學以自隱無名爲務。居周久之，見周之衰，乃遂去。至關，關令『尹喜』曰：『子將隱矣，強爲我著書。』於是『老子』乃著書上下篇，言『道德』之意五千餘言，而去，莫知其所終。」

不過，關於「老子」出關而「莫知其所終」，在原文的記載中，與「佛教」並無任何關係。但是，後來有人將其與「佛教」搭上關係。

在《後漢書．襄楷傳》說：「或（有人）言，『老子』入『夷狄』爲『浮屠（佛陀）』。『浮屠（佛陀）』不『三宿桑下（僧人不在同一棵桑樹下連宿三個夜晚，不然則會因時日既久而心生留戀情意。）』，不欲久生恩愛，精之至也。『天神』遺（留下）以好女（與女子彼此親愛），『浮屠（佛陀）』曰：『此但革囊（人的軀體）盛血，遂不眄（ㄇㄧㄢˋ，看）之。其『守一（專守定法）』如此，乃能成道。』」

在這段記載中，就將「老子」出關而不知所終，變成了「老子」出關後，在「天竺」，變成

「釋迦牟尼佛」，並創立「佛教」。

「佛教」認爲，道士「王浮」編寫《老子化胡經》，目的是「道教」用「老子化胡說」來貶低「佛教」。

「王覺一」祖師又說，「白馬東來，佛興震旦（中國）」。這是說，在「東漢」時期，因爲漢明帝「劉莊」夢見「丈六金人」自西而來，普放金光。所以，遣人西去尋訪「佛法」。後來，迎「天竺」兩位「高僧」回到「洛陽」，這兩位高僧隨行帶來的「佛經」，由「白馬」馱運至此。

後來，才有了中國第一座寺廟，卽「白馬寺」。「白馬寺」是「中國佛教」興起的源頭，隨後才有了「佛法昌盛」的現今氣象。

「王覺一」祖師說，「孔孟之道」，取用於「老聃（老子）」。這是根據「孔子」曾經多次造訪「老子」，所以言之有理。

「王覺一」祖師又說，「周程（周敦頤、程顥、程頤）之學」，實本於「希夷（陳摶）」。柱下吏官，華山道士，皆有益於儒，無害於儒。這是說明，「宋明時期」的「儒家理學」，把「道教」華山道士「陳摶」的學說，融入「儒家學說」，這是正確的。

「陳摶（ㄊㄨㄢˊ）」，字「圖南」，號「扶搖子」，賜號「白雲先生、希夷先生（「夷」指視而不見，「希」指聽而不聞）」，亳州眞源（今河南省鹿邑縣）人。「陳摶」是「五代」末「宋朝」初期人，知名「占卜師」，常被「道教」視爲「神仙」，尊稱爲「陳摶老祖、希夷祖師」等。

「陳摶」主張以「睡眠」，休養生息，時常一眠數日，辟穀（一種道術。指不吃五穀以求成仙。）斷食，人稱「睡仙」。相傳《紫微斗數全書》及《無極圖說》皆爲「陳摶」之創作。

「宋明理學」，即爲「兩宋」至「明代」的「儒學」。雖然是「儒學」，但是同時借鑒了「道家」，甚至是「道教」和「佛學」的思想。

「北宋」嘉祐治平年間，「儒學」發展形成了「王安石荊公學派、司馬光溫公學派、蘇軾的蜀學派」等。

後來，談兼「性理」而著名者，有「周濂溪（周敦頤）的濂學、張載的關中學派、二程（程顥、程頤）兄弟的洛學」。後來，「洛學」由「朱熹」發揚光大，在「福建」創出「閩學」，成爲居正統之位的「程朱理學」。「濂、洛、關、閩」四學派，人稱「理學四派」。

「程朱理學」，是「宋明理學」的一個支流，有時會簡稱爲「理學」，以便與「陸象山（陸九淵）」、「王陽明」的「心學」相對。

【重點二十七】

天地之間，「萬物」雖多，不出動植（動物、植物）；動植（動物、植物）雖多，不外「五行（水、火、木、金、土五種物質）」；「五行」雖多，不離「陰陽」；「陰陽」本於「太極」，「太極」本於「無極」。

「無極之理」本「無形」，「龍馬出」「河現圖」，借「天地生成之數」以形之。「太極」本無象，「神龜出洛」，負「一氣流行之數」以象之，於是「羲皇（伏羲）」會「天地之數」，本「河圖」對待之「靜體」，畫「先天八卦」之象。「文王（周文王）」會「一氣流行之數」，翻「先天之靜體」，作「後天動用之象」。「易」未畫時，「易」在「天地」。易既畫後，「天地」在「易」。

【賞析】

「王覺一」祖師精通《周易》，他把《周易》的「無極」，融合「宋明理學」的「理」，變成「無極之理」，「無極之理」就成爲了「一貫道」的核心。

四、一貫探原

【重點一】

「氣天」「象天」。雖分「九重」。而「造歷之法（制訂曆法）」。實本於三。蓋「宗動天」爲「乾（乾卦）」。而「恆星天」爲「乾（乾卦）之中」。「土星天」爲「乾（乾卦）之下」。此三重合而爲「天行健（天的運行剛強勁健）」。

蓋「宗動天」之行度（運行的度數）不可見。而以「恆星天」、每日繞地一周所過者爲度。歷三百六十五日。四分日之一。繞地一周。復還於初起之度。爲一歲之周。

向下「木星天」爲「離（離卦）之初」。「火星天」爲「離（離卦）之中」。「日輪天」爲「離（離卦）之成」。木（木星天）火（火星天）一家。合而成「離（離卦）」。中含一陰。故次健（運行剛強勁健）於天。一日不及「恆星天」一度。歷三百六十五日。四分日之一。不及「恆星天」一周。而復起於「初起之度」。謂之「一歲」。此氣盈（氣滿）之所自出（自己創

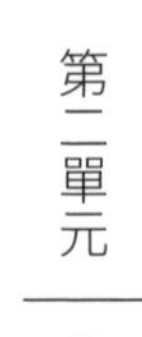

建）也。

向下「金星天」。爲「坎（坎卦）之始」。「水星天」爲「坎（坎卦）之中」。「月輪天」爲「坎（坎卦）之成」。「坎卦一陽」。陷於二陰之中。故行遲。每日不及「恆星天」十三度。十九分度之七。不及「日輪天」十二度。十九分度之七。

歷二十七日半。而與「恆星天」。復會於「初起之度」。二十九日半與「日輪天」復會於「初起之度」。謂之「一月」。此「朔（農曆每月初一日）虛（空）」之所自出（自己創建）也。

合「氣盈（氣滿）」與「朔（農曆每月初一日）虛（空）」。而閏（由於曆法中年、月、日的劃分與回歸年的長度不能配合，爲調整曆法與天象間的差距，在適當年分中增加完整的一日或一個月，稱爲「閏」）余生焉。

故「乾（乾卦）」爲「純陽」。動中動。而「行健（運行剛強勁健）」。「離（離卦）」爲「動中靜」、而「次健」。「坎（坎卦）」爲「靜中動」、而「行遲」。坤「坤（坤卦）」爲「靜中靜」爲正矣。

「宗動天」雖「一氣渾圓」。上貫（通達）「星斗（天上的星星）」。下貫（通達）「大地」。中貫（通達）「人物」。屈伸往來。默（沉靜無聲）。而以不動運「四時（春、夏、秋、冬四季）」。終始（開始和結局）萬類（萬物）。

然（可是）「上者」輕清而行速。「下者」重濁而行遲。雖虛空寥廓（寂寥空闊）。渺無際涯（茫無邊際）。氣這所至。以數推之。不遺累黍（絲毫不差）。此「七政（北斗七星）」之所以分。「八卦」之所以判。閏余之所由起也。

【賞析】

「王覺一」祖師認爲「天」有「理天、氣天、象天」之分，「王覺一」祖師的「理、氣、象」三天之說的概念，來自於《太平經》，《太平經》是「東漢」道教「太平道」的典籍。

《太平經》云：「大神人有形，而大神與天相似，故『理天』。」又云：「上助仙眞元『氣天』治也。」又云：「故聖人制法，皆『象天』之心意也。」

「王覺一」祖師再結合《二十四史通俗演義》裡，「天凡九重」的說法，就形成一個更完整的「宇宙觀」。

「王覺一」祖師認爲，「宇宙」分爲「理、氣、象」三天，「理天」在最外層，「氣天」在中層，「象天」在下層。「氣天」包含「象天」，「理天」又包含「氣天」，所以「理天」無所不包。

「王覺一」祖師又認爲，「氣天」和「象天」又分爲「九重」，就是「九重天」。「九重天」的概念，來自於《二十四史通俗演義》。

《二十四史通俗演義》是清代「呂撫」編寫，取材於《二十四史》和《通鑑綱目》，實際上是一部通俗的「歷史綱要」，既具有「歷史演義小說」的可讀性，又具有「很高的史料價值」。

從《二十四史通俗演義》這本書中，我們可以了解到，中國「明代」以前歷史的一個大概輪廓，特別是對「歷朝大政」及其「盛衰得失」，能有一個概括的了解。

這本書的「第一回盤古王一出世初分天地」中，講的是中國「清代時期」的「天文學」概念，節錄書中的重點如下：

《二十四史通俗演義．第一回盤古王一出世初分天地》原文：

從來言「天地」者，曰形如「雞卵」，誠哉斯言。第以爲悉如「雞卵」，則又與「雞卵」不同。蓋「雞卵」只「一重」，而「天凡九重」。

其第一重「宗動天」，無星轉動，有氣無形。爲「黑罡風」，瞬息千里，其力甚猛，帶「三垣二十八宿天」，以至「土、木、火、日、金、水月輪」諸重天，自東而西，一日繞地一周，而過一度。其外則「渾淪一氣」，衝穆無際矣。又曰「宗動天」之外，爲「元際天」，爲「常靜天」，元遠「無極」，「宗動天」之內。

其第二重爲「經星三垣二十八宿天」，與「宗動天」甚近，帶轉甚速，其自西而東轉也，一歲只差得一分，六十年只行得一度，七千年作一周。此以下「八重天」，俱自西而東行。然（可是）爲「宗動天」所帶轉，故在下望之，俱升東而沒西也。

第三重「塡星」，即「土星天」，去「宗動天」稍遠，帶轉稍遲，其自西而東行也，二十八日差一度，二十八年一周天。

第四重「歲星」，即「木星天」，去「宗動天」漸遠，帶轉漸遲，其自西而東行也，一日差一度，十二年一周天。

第五重「熒惑」，即「火星天」，去「宗動天」較遠，帶轉較遲，其東行也。二日差一度，二年一周天。

第六重「日輪天」，去「宗動天」遠，帶轉遲，其東行也，一日差一度，一年一周天。

第七重「太白」，即「金星天」。

第八重「辰星」，卽「水星天」，去「宗動天」遠，帶轉俱遲，其東行也，一日差一度，一年一周天。

第九重「月輪天」，去「宗動天」愈遠，且以近地，帶轉極遲，其東行也，一日差十三度有奇，一月一周天。

「王覺一」祖師結合《二十四史通俗演義》的「天文學」概念，他的「理、氣、象」三天，「理天」又稱爲「元際天、常靜天、無極天」；「氣天」又稱爲「宗動天」；「象天」就是我們所居住的「地球」。

另外，解釋一下什麼是「三垣二十八宿天」？

「三垣（ㄩㄢˊ）」指的是「北天極」附近三個較大的天區：紫微垣、太微垣、天市垣。「三垣」與「黃道帶（卽地球繞太陽公轉的軌道）」上之「二十八宿」合稱「三垣二十八宿」。

中國古代爲了「認識星辰」和「觀測天象」，把天上的「恆星」幾個一組，每組合定一個名稱，這樣的「恆星組合」稱爲「星官」。各個「星官」所包含的星數多寡不等，少到一個，多到幾十個，所占的天區範圍也各不相同。

在衆多的「星官」中，有三十一個占有很重要的地位，這就是「三垣二十八宿」。在「唐代」，「三垣二十八宿」發展成爲中國古代的「星空劃分體系」，類似「現代天文學」中的「星座」。

「二十八宿」是「黃道」附近「二十八組星象」的總稱。上古時代的華夏族先人，根據「日、月、星辰」的運行軌跡和位置，把「黃道」附近的「星象」劃分爲二十八組，俗稱

「二十八宿」。

古人選擇「黃道」赤道附近的「二十八個星象」作爲「座標」，以此作爲觀測「天象」的參照物。因爲它們環列在日、月、五星的四方，很像日、月、五星「棲宿的場所」，所以稱作「宿」。

「二十八宿」分爲東、南、西、北四方，各分爲「七宿」，稱爲「四象」：「東方蒼龍，南方朱雀，西方白虎，北方玄武」，「二十八宿」簡介如下：

⑴東方「蒼龍」七宿：角、亢、氐（ㄉㄧ）、房、心、尾、箕（ㄐㄧ）；

⑵南方「朱雀」七宿：井、鬼、柳、星、張、翼、軫（ㄓㄣˇ）；

⑶西方「白虎」七宿：奎、婁（ㄌㄡˊ）、胃、昴、畢、觜（ㄗ）、參；

⑷北方「玄武（烏龜）」七宿：鬥、牛、女、虛、危、室、壁。

【重點二】

「黃帝」之時。「神龜」出洛（洛水）。「風後（黃帝的宰相）」則（效法）之。以演（推算）奇儀（法則）。「大禹」則（效法）之。而演（推算）「洪范（卽《洪範》，《尚書》篇名，統治大法，近似於國家憲法）」。「文王（周文王）」則（效法）之。而翻卦象。或得其數。或得其象。踵事增華（因襲前人所爲，而更加增添補益。）。

而「後天之大用」彰（宣揚）矣。天現《洛書》。卽現「宗動天（氣天）」之大用（很大的用處）也。「易（《周易》）」曰。「參伍以變。錯綜其數（交互錯雜）」。卽言《洛書》之數也。嗟（ㄐㄧㄝ，文言感嘆詞）自「孔子」逝。而微言（精妙的言論）絕（斷絕）。其文雖存。

而解（了解）者鮮（少）矣。

【賞析】

「王覺一」祖師精通《周易》，他把《洛書》，視爲「宗動天之大用（很大的用處）」，也就是「氣天之大用（很大的用處）」。

句中的「參伍以變。錯綜其數」出自《周易．繫辭上》，「參」表示「次序」，是「陰數」二、四、「六」、八、十的第三個，也就是「六」；「伍」表示「次序」，是「陽數」一、三、五、七、「九」的第五個，也就是「九」；「錯」是「交錯交叉」；「綜」是「合起」，形容頭緒多，情況復雜。

「參伍以變」，就是通過「陰爻」和「陽爻」進行「變卦」，九六變，七八不變。「錯」，是陰陽換爻。「陽爻」變「陰爻」，「陰爻」變「陽爻」。

【重點三】

「一貫」者何。「宗動天」「一氣」流行（散布、傳播）。默（沉靜無聲）運（運行）四時（春、夏、秋、冬四季）。上貫（通達）星斗（天上的星星）。下貫（通達）大地。中貫（通達）人物（人和物）。氣旺則壯。氣衰則老。氣絕則死。有形之「天地（天空與地表）」尚然（依舊、仍然）。況（何況）人與物乎。

「此氣」升降浮沉於「太虛（古代哲學概念，指宇宙的『原始的實體氣』。實際上是指『老子、莊子』所說的『道』）」之中。雖視不見。聽不聞。而「實體物」不遺（漏掉）。體物（描述事物）不遺（漏掉）。則無物不貫（通達）也。

【賞析】

這是「王覺一」祖師對「一貫」的解釋，「一貫」是指「宗動天」的「一氣」散播在「天地（天空與地表）」之間，沉靜無聲的運行春、夏、秋、冬四季。「此氣」上貫（通達）星斗（天上的星星）。下貫（通達）大地。中貫（通達）人物（人和物）。氣旺則壯。氣衰則老。氣絕則死。

「此氣」升降浮沉於「太虛（古代哲學概念，指宇宙的『原始的實體氣』。實際上是指『老子、莊子』所說的『道』）」之中，雖然看不見，聽不到，卻是無物不貫（通達）。「此氣」來自「宗動天」，而「宗動天」的「一氣」，源自於「無極理天」，也就是「老子、莊子」所說的「道」。

所以，「一貫道」的意思是：我們人的靈性（本性），是來自「宗動天」的「一氣」的「貫（通達）」通，「此氣」源自於「無極理天」，也就是「道」。

因此，人得「宗動天」的「一氣」而生，氣旺則壯，氣衰則老，氣絕則死。假如不知道自己的靈性（本性），必須返回「無極理天」，那就會永遠墮入「六道輪迴」的苦海。

依照《一貫道道統源流》的記載，清光緒十二年（公元一八八六年，第十六代祖「劉清虛」掌道，旋將道門改稱「一貫道」。但是，「劉清虛」祖師並沒有說明，為什麼將道門改稱「一貫道」？

當後世有人問起「一貫道」是什麼時？「一貫道」的「前輩們」，往往不知道如何回答是好。後來，有人節錄《論語．里仁》的一句「孔子」的話，來做為答案。

《論語．里仁》：子曰：「參乎！吾道一以貫之。」曾子曰：「唯。」子出。門人問曰：「何謂也？」曾子曰：「夫子之道，忠恕而已矣。」

從此，「一貫道」各組線的信徒，都以「吾道一以貫之」來作爲「一貫道」的意思。我在網路上查詢，幾乎都是這個答案，已經成爲「一貫道」各組線信徒的標準答案。

殊不知，雖然「一貫道」這個名稱是第十六代祖「劉清虛」所改稱，但是眞正「一貫道」的實質創始人，是第十五代祖「王覺一」。「王覺一」祖師在他的著作《一貫探原》裡，就清楚的解釋「一貫者何」，這才是正確的答案。

不過，對於非「一貫道」信徒而言，這個「吾道一以貫之」的答案，似乎也不錯。因爲，簡單、明瞭、容易記、有學問，又是「孔子」說的話，還可以掛保證。

但是，希望「一貫道」的信徒都要知道，「吾道一以貫之」這個答案，是「望文生義（指沒弄懂字句眞正含義，只從字面上做想當然的解說。）」來的，不是正確的答案。

【重點四】

只知「虛空卽氣」。「虛空」非空。而不知主宰「虛空之氣」者。猶有「理」在也。「理者不動天」也。「氣者宗動天」也。

「理靜」爲「經」。「氣動」爲「緯」。「經」者「靜而不動。常而不變」。故曰「五常（父義、母慈、兄友、弟恭、子孝等五種倫常道德）」。「緯」者「流行不息。變而有常」。

故曰「五行（水、火、木、金、土五種物質）」。此兩者同塞（充滿）「宇宙」。同貫（通達）「萬物」。同在「無臭（ㄒㄧㄡˋ，氣味）無聲之表」。盡入「不睹不聞」之中。而有「可道

（說）可名（稱呼）」。「不可道不可名」之分。

「可道可名」者。「宗動之氣」。流行不息。有跡可尋也。「不可道不可名」者。「不動之理」。靜而能應。神妙莫測也。「不動之理」。卽「河圖」之所從出。此「不易之易」。「理學」也。「宗動之氣」。卽「洛書」之所從出。

【賞析】

「王覺一」祖師說，一般人只知道「虛空卽氣」。但是，「虛空」非空，一般人不知道主宰「虛空之氣」者，還有「理天」在。「理天」是「不動天」，「氣天」是「宗動天」。

「人間」的「五常（父義、母慈、兄友、弟恭、子孝等五種倫常道德）」來自於「理天」，「世間」的「五行（水、火、木、金、土五種物質）」來自於「氣天」。「五常」和「五行（水、火、木、金、土五種物質）」同時充滿在「宇宙」裡，也同時通達「萬物」之中。

「氣天」是「可道（說）可名（稱呼）」，「理天」是「不可道（說）不可名（稱呼）」；「理天」是「不動之理」，出自「河圖」，「氣天」是「宗動之氣」，出自「洛書」。

【重點五】

「宗動（宗動天；氣天）」之氣。流行不息。有跡可尋也。「不可道（說）不可名（稱呼）」者。「不動之理」。靜而能應。神妙莫測也。「不動之理」。卽「河圖」之所從出。此「不易之易」。「理學」也。

「宗動（宗動天；氣天）」之氣。卽「洛書」之所從出。此「變易之易」。「數學」也。

「七政（北斗七星）天」之日月。「交易之易」也。乃「卦象」之所從出。「象學」也。

「象學、數學、理學」，卽「上、中、下、三乘」之分。「不動之理」。至妙至神。不疾而速。不行而至。無爲而成。入水不溺。入火不焚。穿金透石而無礙。

【賞析】

「王覺一」祖師把《周易》裡的「象學、數學、理學」，和「佛學」裡的「上乘、中乘、下乘」，融入他的「理天、氣天、象天」之說。

在《周易》中，「象學、數學、理學」是進入「易門」後，片刻都不可離手的三件最重要事情，「學易者」不可不熟練掌握。

「象學、數學、理學」是《周易》把「物象」「符號化」和「數量化」，用以推測事物關係與變化的一種學說。

《周易》六十四卦，不管如何變，我們都可以通過「象學、數學、理學」三個方面，來進行理解和闡述。

「象學」是指「卦象、爻象」，卽「卦爻」所象之事物及其「時位（時間位置）關係」。「象」，就是一個「卦象」，所呈現在你面前的「圖像」。「圖像」的背後往往蘊著「自然世界」，某種基本的「客觀規律」和「道理」，人們通過「觀其像」，可以領悟「人生處事」，應當遵循的「基本原則」和「方式方法」。

「數學」就是一個「卦」，所包含的各種「數據」。「數」，是指「陰陽數、爻數」，是「占筮求卦」的基礎。最基本的「數據」是「陰、陽」，「長橫代表陽」，其數「爲一爲奇」，「短橫代表陰」，其數「爲二爲偶」。

「理學」就是根據《周易》的「卦象」及其「數據」，以《周易》的思維，所「領悟」或「推論」出來的「道理」。卦「象」跟「數據」合在一起，它背後一定有說得通的「理」，如果說不通的話，那就要重新考慮你的解釋一定有問題。

一個「卦」，有什麼樣的「象」，它背後一定有什麼樣的「數」，兩者沒有誰先誰後的問題，自然生在一起，融合在一起，有「數」必有「象」，有「象」必有「數」。

【重點六】

「理」、即「周子（周敦頤）」所謂「無極之眞（天道）」也。當「二五之精（陰陽二氣和五行（水、火、木、金、土五種物質）。另解爲父精母血）」。妙合之際。「無極之眞（天道）」。卽與之妙合而凝（聚集、凝集）。「二五之精（陰陽二氣和五行（水、火、木、金、土五種物質）。另解爲父精母血）」。生「有形之身」。「無極之眞（天道）」。作神妙「無形之性」。「此性」乃人生而靜之性。

「性善之性」。「恆性之性」。亦卽《中庸》所謂、「天賦之命」。「本然之性（本性）」。「虞廷（指虞舜的朝廷）」所謂。「惟微之道心」。「西竺（西方印度）」所謂、「涅槃之妙心」。「太上（《道德經》）」所謂、「谷神不死。眞常之性」。古人所謂、「三教（儒、釋、道）歸一。萬法歸一」者。

【賞析】

「王覺一」祖師說，他所謂「理天」的「理」，就是「周敦頤」所謂的「無極之眞（天道）」。當「二五之精（父精母血）」妙合之際，「無極之眞（天道）」。卽與之妙合而凝集，才能形成「母胎」翁的「胎兒」。

「理天」的「無極之眞（天道）」進入人體，變成「性善之性、恆性之性」，亦卽《中庸》所謂的「天賦之命、本然之性（本性）」，亦卽「虞舜」所謂的「惟微之道心」，亦卽「西方印度佛」所謂的「涅槃之妙心」，亦卽《道德經》所謂的「谷神不死、眞常之性」，亦卽「古人」所謂的「三教（儒、釋、道）歸一、萬法歸一」，所謂「歸一」，就是歸回「理天」的「無極之眞（天道）」。

【重點七】

蓋謂「至靜不動天」。神妙不測之「理」。包羅天地。養育群生。雖無聲而無臭（ㄒㄧㄡˋ，氣味）。實無在而無不在。「此理」無所不理。「萬物」統體（全體）一理。物物各具一理。故「天有天理。地有地理。物有物理。人有性理」。三教（儒、釋、道）皆人也。卽皆有「性」也。

「性」卽「理」也。此「至靜不動之理」。猶「大海之水」也。物物各具一理。猶「魚腹之水」。息息與「大海」相通。所不同者。「水有形」而「理無形」。「水無知」而「理有知」。水有在亦有所不在。「理」則「無所不在」也。

【賞析】

「王覺一」祖師說，物物各具「一理」。故「天有天理。地有地理。物有物理。人有性理」。

「王覺一」祖師解釋說，「性」卽「理」。此「至靜不動之理」。猶「大海之水」也。物物各具一理。猶「魚腹之水」。息息與「大海」相通。

【重點八】

「無極天」。「大羅天（『道教』認爲最高最廣之天，是『三清天』之統稱。）」。「天外天」。生天生地之天。欲通「天外天」。必須「化神（明心見性）」。試問「四大部洲（『佛教』認爲，在『須彌山』周圍『鹹海』中的『四大洲』，分別爲『東勝神洲』；『西牛賀洲』；『南贍部洲』；『北俱蘆洲』。）」之人。人誰無「性」。「有性」卽「有理」。物物各具之理。未有不通「萬物」統體（全體）之理者也。

【賞析】

「王覺一」祖師說，「無極理天」就是「大羅天」，就是「天外天」，是「生天生地之天」。欲通「無極理天」，必須「化神（明心見性）」。

【重點九】

然（可是）「通（想要到達）」而「不知其通（不知道要如何到達）」。不得「大通（大道）」「終通（終久通泰）」者。氣稟（人生來對氣的稟受）之拘（受束縛）。物欲（對物質的欲望）之蔽（遮蓋）也。

迷眞逐妄。流浪生死。不得「明善復初（明白並且回復我們最初的善良本性）」。「盡人合天（要求人道與天道相吻合）」。還歸聖域（聖人的境界）者。此其故（原因）也。

三代而上。主傳斯道者。「堯、舜、禹、湯、文王、周公」也。三代而下。主傳斯道者。「三教聖人（孔子、釋迦牟尼佛、老子）」也。故「人心惟危。道心惟微。惟精惟一。允執厥中」。一十六字之傳。出自唐虞（虞舜）。

故世躋（ㄐㄧ，登）仁壽（德高而長壽）。治臻（統理達到）上理（最高層次）。此中天（天運正中。有頌揚盛世之意。）大同（最和平安樂的盛世。）之盛（興旺）也。

【賞析】

「王覺一」祖師說，一般人想要到達「無極理天」，可是不知道要如何到達？這是因爲人一生來，受到「後天氣」的束縛，人對物質的欲望，遮蓋了「本性」的緣故。迷眞逐妄，在「生死輪迴」中流浪，不明白如何回復我們最初的善良本性。

上天慈悲，降下返回「無極理天」的方法，「老子」稱爲「道」，傳給「堯、舜、禹、湯、文王、周公」，再傳給「三教聖人（孔子、釋迦牟尼佛、老子）」。

所以，上天降下返回「無極理天」的方法，也就是「道」，就有一個「道統傳承」。在《一貫道道統源流》裡，把伏羲、堯、舜、禹、湯、文王、周公，和「三教聖人（孔子、釋迦牟尼佛、老子）」連貫起來。再來，「道」就流入「火宅（比喻迷界衆生所居住之三界）」，也就是「民間」，才有今日的「一貫道」。

《一貫道道統源流》原文：「一貫道」「道統沿革」自「伏羲」見「龍馬負圖」，創造「八卦」，揭開「天地奧祕」，是爲「大道降世」之始。「伏羲」爲第一代道統祖師，其後聖聖相緒，「神農」爲第二代，第三代「軒轅黃帝」，第四代「少昊」，第五代「顓頊」，第六代「帝嚳」，第七代「帝堯」，第八代「帝舜」，第九代「夏禹」，第十代「伊尹」，第十一代「商湯」，第十二代「姜尙」，第十三代「文王、武王、周公」，第十四代「老子」，第十五代「孔

子」，第十六代「顏子、曾子」，第十七代「子思」，第十八代「孟子」，是爲東方十八代。「孟子」以後，道脈西遷，「心法」失傳，「儒道道脈」泯滅，究未得繼續道統，良以「孔子」時，業經盤轉「西域」，「釋門」接衍，「釋迦牟尼」得道後，「眞法」傳大弟子「摩訶迦葉」爲「禪宗初祖」，單傳至二十八代「達摩尊者」。「梁武帝」時，「達摩」西來「中土」，「眞機妙法」，復還於「中國」，是謂「老水還潮」。自「達摩」入「中國」，「眞道」乃一脈相傳，「達摩」爲初祖，單傳給「神光二祖」，「三祖僧燦」，「四祖道信」，「五祖弘忍」，「六祖惠能」。「六祖」之後「衣〇不傳」，道降「火宅（比喻迷界衆生所居住之三界）」，……………………。

【重點十】

「維皇上帝（偉大的上帝）」。降衷（善良的天性）於下民（下界人民）。若有恆性（若順從人民恒常善良的本性）。出自《湯誥（ㄍㄠˋ）》。克明峻德（高大美好的道德）。出自《堯典》。《大學》之「明德（崇高顯明的德性）」。《中庸》之「率性（依循天性的所感而行）」。其本於此乎。

「文王（周文王）」演卦（推算後天八卦）。「周公」明爻（作爻辭）。「孔子」作傳（《繫辭傳》）。「洙泗（卽洙水和泗水，代稱孔子及儒家）」心法。祖述（祖述堯舜：遵循堯舜二帝的道統）憲章（憲章文武：效法周文王、周武王所定制的典範）。上律天時（上依據天時變化規律）。下襲水土（下符合地理環境）。良（確實）不虛（不假）也。

《系辭傳》曰。范圍天地之化而不過。曲成萬物而不遺。通乎晝夜之道而知。故神無方而易無體。又曰。易無思也。無爲也。寂然不動。感而逐通天下之故。「范圍天地之神」。卽「至靜不動」天。

【賞析】

「王覺一」祖師說，「偉大的上帝」，降下「善良的天性」給下界的人民。若順從人民恒常善良的「本性」，這句話出自《湯誥（ㄍㄠˋ）》。

「高大美好的道德」這句話出自《堯典》，《大學》的「明德（崇高顯明的德性）」，《中庸》的「率性（依循天性的所感而行）」，這些道理根本於此乎。

「周文王」演卦（推算後天八卦），「周公」明爻（作爻辭），「孔子」作傳（《繫辭傳》）。「洙泗（卽洙水和泗水，代稱孔子及儒家）」心法，遵循「堯舜二帝」的道統，效法「周文王、周武王」所定制的典範。上依據天時變化規律，下符合地理環境，確實不假。

《繫辭傳》說：「《易經》概括了對天下的治理，並且不會有錯誤，多方面成就了天地間的一切事物，並且不會有遺漏。通曉晝夜變化道理的人，才能知道此中之奧妙，所以《易經》的玄妙神奇，沒有與之相提並論的，並且替代它也沒有類似體裁的作品。」

《繫辭傳》又說：「《易經》本身是沒有思慮的，是沒有作爲的，是很安祥寂靜不動的，人若能感發興起而運用之，終能通達天下一切的事故。」

「王覺一」祖師解釋說，《繫辭傳》所說的「范圍天地之神」就是「至靜不動天」，就是「無極理天」。

【重點十一】

「無極之理」。「理者神之體」。「神者理之用」。「神理者」何。「聖域（聖人的境界）之一貫（指以一種道理貫通萬事萬物）」也。「聖域（聖人的境界）」者何。「至靜不動」。「無極理天」也。

故「聖」稱「至聖」。「理」稱「至理」。「道」稱「至道」。「善」稱「至善」。「人」稱「至人」。「神」號「至神」。如學不至此。見不及此。行不到此。「得少輒（ㄓㄜˊ，即）足」者。皆非「到家之學（形容到達非常專業化的程度）」也。何至（完善）之有。

佛曰。「一合理相（指由眾緣和合而成之一件事物）」。老曰。「大道無形。生育天地」。釋玄（佛家和道家）二聖。皆深造「聖域（聖人的境界）」。優入「聖域（聖人的境界）」者也。故稱「天人師表」。

【賞析】

「王覺一」祖師說，「佛家」的「釋迦牟尼佛」和「道家」的「老子」，都知道「無極之理」的內涵，都明白「無極之理」是「聖域（聖人的境界）」，來自於「至靜不動」，也就是「無極理天」。所以，「釋迦牟尼佛」和「老子」，都被稱爲「天人師表」。

【重點十二】

蓋「至靜不動天」而下。爲「宗動天」也。此天之氣。雖彌綸（統攝、綜括、貫通）兩間（謂天地之間，指人間）。而「陰陽」迭勝（交替、輪流）。五行（水、火、木、金、土五種物質）錯雜。動而難靜。駁（事務紛雜）而難純。

人自降生之時。地一聲。「此氣」由口鼻而入。此「後天之性命」也。故「命」曰「氣數（命運）之命」。「性」曰「氣質之性（指每個人生成之後，由於稟受陰陽二氣的不同而形成的特殊本性）」。「心」曰「人心」。

「神」曰「識神」。作「七情（喜、怒、哀、懼、愛、惡、欲）」之領袖。而「後起之欲（見欲、聽欲、香欲、味欲、觸欲、意欲）」有其「根」矣。若不明乎其理。囿（一ㄡˋ，局限）於「氣」中。卻欲（拒而不受欲望）調息（調節呼吸）。終身不怠。可成此天之果。

縱（卽使）能「飛云走霧」。感而逐通。「宗動天」流行（散布、傳播）之氣。十二萬九千六百年。終歸窮盡（竭盡）。此天既盡。成此天之果者。能不隨之而盡乎。釋（釋迦牟尼佛）曰。饒（任憑、儘管）經八萬劫。終須「落空而亡（墮入輪迴）」。仰箭射虛空。力盡終歸墮。

蓋謂「修此天之果者」而廢（衰敗、毀壞）也。「此天」之下。「七政（北斗七星）」「象天」。「取坎塡離」之法。本於「象」。取「坎中之陽」。塡「離中之陰」。補「離（離卦）」成「乾（乾卦）」。日月會合。結而「成丹」。木火一家。「離（離卦）」日爲「性」。金水一家。

坎「坎（坎卦）」月爲「命」。「坎離顚倒」「簇五合三（聚集五行（水、火、木、金、土五種物質），合併陰氣、陽氣、元氣。）」。「會三爲一（聚合陰氣、陽氣、元氣爲一理）」。「性命雙修（指身心全面修煉，達到至高完美的境界。）」。亦大近「理」。

【賞析】

「王覺一」祖師說，「至靜不動天（無極裡天）」的下面是「宗動天（氣天）」，「宗動天（氣天）」綜括、貫通天地之間，而「陰陽」交替，五行（水、火、木、金、土五種物質）錯雜，動而難靜，事務紛雜而難純。

人自降生之時，「哇」一聲，「宗動天（氣天）」的「氣」由口鼻而入，形成「後天之性命」。所以，「命」稱爲「氣數（命運）之命」，「性」稱爲「氣質之性（指每個人生成之後，由於稟受陰陽二氣的不同而形成的特殊本性）」，「心」稱爲「人心」，「神」稱爲「識神」，作「七情（喜、怒、哀、懼、愛、惡、欲）」的領袖。而後來生起的「六欲（見欲、聽欲、香欲、味欲、觸欲、意欲）」有其「根源」，就是「識神」在作主。

若不明白這個道理，就被局限於「氣天」之「氣」中。懂得拒絕不受欲望，懂得調息（調節呼吸）的功夫，終身不鬆懈，就可以成就「宗動天（氣天）」的果位。

但是，卽使能夠練到「飛云走霧」的神通，「宗動天（氣天）」流行（散布、傳播）之氣，只有十二萬九千六百年的期限，終有結束的一天。一旦此「宗動天（氣天）」旣盡，成此「宗動天（氣天）」之果者，照樣要「六道輪迴」。

此「宗動天（氣天）」之下，是「七政（北斗七星）」「象天」。懂得運用「取坎塡離」之法，取「坎中之陽」，塡「離中之陰」，補「離（離卦）」成「乾（乾卦）」，結而「成丹」。「離（離卦）」日爲「性」，坎「坎（坎卦）」月爲「命」，「坎離顚倒」，聚集五行（水、火、木、金、土五種物質），合併「陰氣、陽氣、元氣」爲「一理」。這種「性命雙修（指身心全面修煉，達到至高完美的境界。）」之法，也接近「理」了。

【重點十三】

《中庸》曰。天命（天所賦予人的稟賦與本性）之謂也性。賦畀（ㄅㄧˋ，給予）爲「命」。稟受（天所賦予人的體性）謂「性」。賦畀稟受。「一理」而已。原非有二也。故曰、「率性（依循天性的所感而行）之謂道」。

「宋儒」釋之曰。「性卽理也」。「理」卽「五常（父義、母慈、兄友、弟恭、子孝等五種倫常道德）」。「五常」卽「至靜不動」。「常而不變」之「理天」也。

修「理天之果」者。則「以性爲理」。修「氣天之果」者。則「以性爲氣」。修「象天之果」者，則「以性爲離」。爲日。爲汞（人身的元神）。爲龍。爲鼎。爲「奼女（ㄔㄚˋ，少女，水銀，道家所煉的丹汞。）」」。

「以命爲坎」。爲月。爲鉛（天地之間的靈氣）。爲虎。爲爐。爲「嬰兒（鉛）」。千名萬號。不騰枚舉（事物太多，不能一一舉出。）。

【賞析】

「王覺一」祖師說，《中庸》所說的「天命之謂性」，意思是說：天所賦予人的「稟賦」與「本性」，其實就是「一理」而已。

《中庸》所說的「率性之謂道」，意思是說：依循天性的所感而行，稱爲道。「宋儒」解釋說：「性卽理也」，「理」卽「五常（父義、母慈、兄友、弟恭、子孝等五種倫常道德）」，「五常」就是「至靜不動」，「常而不變」的「理天」所降下。

修行的方法不同，結果就不同。修「理天之果」者，則「以性爲理」；修「氣天之果」者，則「以性爲氣」；修「象天之果」者，則「以性爲離」，爲日，爲汞（人身的元神），爲龍，爲鼎，爲「奼女（ㄔㄚˋ，少女，水銀，道家所煉的丹汞。）」。「以命爲坎」，爲月，爲鉛（天地之間的靈氣），爲虎，爲爐，爲「嬰兒（鉛）」。千名萬號，名號太多，不能一一舉出。

這裡要特別說明，「嬰兒」意思是「鉛」，常常與「奼女」連用。「奼女」在「丹學」中指「汞（水銀）」。「丹學」中所說的「嬰兒奼女交媾」，實際上指的是「鉛」和「汞（水銀）」的「化合過程」。在「內丹學說」中，指身體內「陰陽交合」的過程。

【重點十四】

愚（自稱的謙詞）初「立志學道」之時。亦自「象天」入手。用至「水升（寡欲）火降（剋制忿怒）」。「法輪常轉（指佛法無邊，普濟衆生。）」而後。

曾有詩曰。「坐到忘時（指靜坐時，物我兩忘，與道冥合。）萬有（萬物）空（虛無所有；佛教認爲一切事物的現象都有各自的因緣，並無實體的概念。）。冥冥（昏暗）杳杳（一ㄠˇ，渺茫）一眞宗（正宗）。太虛（指宇宙的原始的實體氣）廓落（空寂）難導（指引）找。彷彿冰壺（借指月亮）水月（水中月影，形容明淨。）中。」

又云。「水月（水中月影）冰壺（借指月亮）亦消融（消失、融化）。靈明（精神）體合（與道的本體合一）大虛空（心中無物，眞正的什麼也不存在的狀態，卽無的狀態。）。色空（謂一切事物皆由因緣所生，虛幻不實。）始見空（虛無所有）空色（無形和有形）。認得無皇（天）萬象（一切景象）宗（根本）。」）

到此、境界。「無極、太極」。「理天、氣天」。了然（清楚、明瞭）心目（想法和看法）。始知「三教聖人（孔子、釋迦牟尼佛、老子）」。皆以「理天」爲最上一乘之天。回視（回顧、回頭看）「氣天、象天」。盡成糟粕（比喻粗劣無用的東西）。但願「同志諸友」。在「象者（象天的境界）」莫囿（ㄧㄡˋ，局限）於「象（象天的境界）」。

至「氣者（氣天的境界）」莫囿（ㄧㄡˋ，局限）於「氣（氣天的境界）」。挽起眉毛（睜大眼睛）洞觀（透徹地瞭解；深入地觀察）無礙（佛教語。謂通達自在，沒有障礙。）。必到無極理天。與「三教聖人（孔子、釋迦牟尼佛、老子）」。齊肩（指兩者在成就上造詣相同）同壽而後已（才停止）。

【賞析】

「王覺一」祖師說，他剛「立志學道」的時候，也是從「象天」入手，修練到「水升（寡欲）火降（剋制忿怒）」的境界，然後「法輪常轉（指佛法無邊，普濟衆生。）」。

有一首詩說，靜坐到「坐忘（物我兩忘，與道冥合。）」的境界時，會領悟到「萬物」是空的，是虛無所有的，一切事物的現象都有各自的因緣，並無實體。在昏暗渺茫的靜坐境界中，你才知道什麼是「眞宗（正宗）」。在太虛（指宇宙的原始的實體氣）之中，很難尋找你的「本性」，就好像你只看到水中的「月影」一樣，你找不到眞實的「月亮（比喻本性）」。

又有一首詩說，當你靜坐到「見性」的境界時，你才會領悟到「水中月影」和「眞實月亮」也一起消失。這是因爲當「精神」與「道的本體」合而爲一時，你的心中處於「無物」，眞正的什麼也不存在的狀態，卽「無的狀態」，所以連「見性」的想法也沒有了。你才會明白，原來「一切事物」皆由「因緣」所生，虛幻不實。這時候，你才認得「萬象的根本」。

到了這個境界，什麼是「無極、太極」，什麼是「理天、氣天」，你的心中都清楚、明瞭。你才知道「三教聖人（孔子、釋迦牟尼佛、老子）」爲什麼都以「理天」爲最上乘的天。

回頭再看「氣天、象天」，都是粗劣無用的東西，但願「同修」，在「象天的境界」時，不要局限於「象天的境界」。達到「氣天的境界」不要局限於「氣天的境界」。你們要睜大眼睛，透徹地瞭解，深入地觀察「無礙（佛教語。謂通達自在，沒有障礙。）」。你們必須修行到「無極理天」，與「三教聖人（孔子、釋迦牟尼佛、老子）」在修道成就上的造詣相同才停止。

【重點十五】

「一貫」者、「至靜不動天」。以「理」貫「萬物」。乃「河圖」之所從出。爲人生「本然之性（本性）」。「道心、元神」之源。

欲回此天。必遵「孔門」之「四勿（非禮勿視、非禮勿聽、非禮勿言、非禮勿動）」。無「佛門」之「四相（我相、人相、衆生相、壽者相）」。習「玄門（道家）」之「清靜（指意境不煩擾，清心寡欲，無爲和靜，爲修煉內丹的基本原則。）」。功行圓滿。杆頭進步。「一靜」卽超「三界」外。不勞彈指（比喻很短暫的時間）了（完畢、結束）修行。

【賞析】

「王覺一」祖師解釋說，什麼是「一貫」？就是「至靜不動天」，以「理」貫（通達）「萬物」，是從「河圖」出來的，爲人生「本然之性（本性）」，「道心、元神」之源。

「王覺一」祖師說，想要返回「至靜不動天（無極裡天）」。必須遵守「孔門」之「四勿（非禮勿視、非禮勿聽、非禮勿言、非禮勿動）」。這是「孔子」教「顏回」的「四誡」，見

《論語·顏淵》。

又要無「佛門」之「四相（我相、人相、衆生相、壽者相）」，見《金剛經》。

⑴我相：凡是以「我」爲立場，爲出發點，所看見、想到和感覺到的各種形形色色的事物，都是「我相」，如自己的姓名、金錢、名譽等都是。而「我相」是一切「煩惱」生起的根本。

⑵人相：我們的「生命體」以「人的形式」出現，稱爲「人相」，如人有黑白、國別、種族等不同。而站在別人的立場去感受和想事情，就是「人相」。

⑶衆生相：「生命」是由「五蘊」假合，依此「因緣」成「生命體」，故稱爲「衆生」。「衆生」有各種形式，如胎生、濕生等；天道、人道等；男、女；富貴、貧窮等，這些都是「衆生相」。

⑷壽者相：「有情衆生」隨著「業力」所招感，從「生」到「死」之間的壽命，長短不一，因人而異，此卽是「壽者相」，也卽是時間的種種「因果變化相」。

此「四相」囚禁我們的心，使得我們無法如實知見「實相」，而證得「般若空性」。若能破除「四相」，去除身心的執著，便能得解脫。

又要學習「玄門（道家）」之「淸靜（指意境不煩擾，淸心寡欲，無爲和靜，爲修煉內丹的基本原則。）」。功行圓滿。杆頭進步。「一靜」卽超「三界」外。不勞彈指（比喻很短暫的時間）了（完畢、結束）修行。

【重點十六】

「宗動天（氣天）」、以「氣」貫（通達）「萬物」。乃《洛書》之所從出。爲氣數（命運）之命。「氣質之性（指每個人生成之後，由於稟受陰陽二氣的不同而形成的特殊本性）」。「人心、識神」之源。其爲「氣」也，至大至剛（極其正大、剛強）。以「直養而無害（不偏離自然規律，不過分干涉，不刻意追求。）」。則塞（充滿）於天地之間。此「賢關（賢人境界）」一貫（指以一種道理貫通萬事萬物）之源也。七政（北斗七星）象（象天）也。

「河（黃河）」出圖（《河圖》）者。現（顯現）「不動天（理天）」。「無極眞理」之「一貫（指以一種道理貫通萬事萬物）」也。而「本然之性（本性）」。有其源矣。「洛（洛水）」出「書（《洛書》）」者。

現（顯現）「宗動天（氣天）」。「太極元氣（大化之氣，天地未分前的混沌之氣。）」之「一貫（指以一種道理貫通萬事萬物）」也。而「氣質之性（指每個人生成之後，由於稟受陰陽二氣的不同而形成的特殊本性）」。有其源矣。

「伏羲」畫卦（八卦）。現（顯現）「七政天（北斗七星）」。懸象（天象，多指日月星辰）著明（顯明）。自氣（氣天）入象（象天）之一貫（指以一種道理貫通萬事萬物）。

【賞析】

「王覺一」祖師說，「宗動天（氣天）」，以「氣」貫（通達）「萬物」，是從《洛書》出來的，是一種「氣質之性（指每個人生成之後，由於稟受陰陽二氣的不同而形成的特殊本性）」，是「人心、識神」的來源。

這股「宗動天（氣天）」的「氣」極其正大、剛強，不偏離自然規律，不過分干涉，不刻意追求，充滿於天地之間。這是「賢關（賢人境界）」的來源，充滿在七政（北斗七星）象（象天）裡。

《河圖》顯現「不動天（理天）」，是「無極眞理」的「一貫（指以一種道理貫通萬事萬物）」，是「本性」的來源。《洛書》顯現「宗動天（氣天）」。「太極元氣（大化之氣，天地未分前的混沌之氣。）」之「一貫（指以一種道理貫通萬事萬物）」也，而「氣質之性（指每個人生成之後，由於稟受陰陽二氣的不同而形成的特殊本性）」有其源頭。

「伏羲」畫八卦，顯現「七政天（北斗七星）」，顯明「日月星辰」的「天象」，說明自「氣天」進入「象天」的一貫（指以一種道理貫通萬事萬物）過程。

【重點十七】

聊（姑且）舉（舉例）一二（一點兒、少數）。以發（現露）「理氣象（理天、氣天、象天）」之來源焉耳。一元十二會。六會開物（開通萬物之理）。六會閉物（終結萬物之理）。自「子會」開天（天地初開。神話傳說中天地是由盤古所分開。）。爲「自無入有」之漸（事情逐步發展的過程）。

「天地人物」之性（人或物自然具有的本質、本能）。「子會」入「理（理天）」。「丑會」入氣（氣天）。「寅會」入象（象天）。歷（經過）「卯，辰、巳」，六會而萬象（一切景象）全（完備、不缺）矣。

「午會」傳道。爲「自有還無」之漸（事情逐步發展的過程）。故「由象悟氣（由象天領悟氣天）」。「自氣還理（自氣天返還理天）」。此「盡人合天（要求人道與天道相吻合）」。賢關（賢人的境界）聖域（聖人的境界）。造詣（學業或技藝達到的程度）之次第（次序、依次）也。人之「恆性（本性）」。皆自「無極理天」而來。

「自理入氣（自理天進入氣天）」則拘（局限、受束縛）於「氣稟（人生來對氣的稟受）」。「自氣入象（自氣天進入象天）」。則蔽（遮蓋、擋住）於物欲（對物質享受的慾望）。而「來路迷（分不清方向）矣」。而「自性」昧（隱藏）矣。開天（天地初開。神話傳說中天地是由盤古所分開。）收天（世界末日）。「維皇帝（偉大的上帝）」之事也。

【賞析】

「王覺一」祖師解釋，「理氣象（理天、氣天、象天）」的來源，這套理論源自於北宋「邵雍」創立的「元會運世」。

「元會運世」，簡稱「元會」，是北宋「邵雍」的用語，是「邵雍」虛構的計算「世界歷史年代」的單位，出自《觀物外篇》上。

「邵雍」把「世界」從「開始」到「消滅」的週期叫做「元」，「一元」依「十二地支」排列，因而有「十二會」。「一元」結束後，接著「下一元」的開始，「宇宙」中又開創「新天地」。謂之「一元復始，萬象更新」。

「邵雍」按照一年十二月，一月三十日，一日十二時辰，一時辰三十分的數目來附會（牽強湊合）計算「天地歷史時間」。

「邵雍」推算出「一元」有「十二會」，「一會」有「三十運」，「一運」有「十二世」，

「一世」有「三十年」。故「一元」之年數爲「十二萬九千六百年」，公式如下：「一元」等於「十二會」，「十二會」乘以「三十運」乘以「十二世」乘以「三十年」等於「十二萬九千六百年」。

「邵雍」認爲「世界的歷史」，就是如此「始而終、終而復始」地不斷循環。故在《觀物外篇》上，「邵雍」得出「天地亦有始終乎？曰：既有消長，豈無始終。」的結論。「邵雍」的觀點認爲，整個「自然界」的「一切事物」，都是「從無生有」，又「由有歸無」。

「邵雍」以《先天六十四卦方位圖》爲本，作《皇極經世》所適用的「象數法則」，大至「元、會、運、世」，小至「年、月、日、時」，用以推演「天道的消長」與「人事、朝代國運的治亂興廢」。

按照「邵雍」的推算：

⑴「一世」統合三十年。

⑵「一運」統合十二世，共三百六十年。

⑶「一會」統合三十運，共「一萬零八百年」。

⑷「一元」統合「一元會」，共「十二萬九千六百年」。

此一週期「十二萬九千六百年」，剛好相近於現代「冰河時期」的週期（大約十三萬年）。衆所週知，「六十秒」爲「一分鐘」；「六十分鐘」爲「一小時」。可是，中國人原來所稱的「時」乃是指「時辰」，而不是「小時」。

古人依「八卦」的觀念，將「一時辰」刻劃爲八等分，每一等分稱爲「一刻」，約有「十五分鐘」。所以，「一時辰」合計爲「一百二十分鐘」。後來，爲了與「時辰」有所區別，就將「西洋」合「六十分鐘」的「Hour」稱爲「小時」，因此「一時辰」等於「二小時」。

「無極」而「太極」，「太極」生「兩儀」，「兩儀」生「四象」。「兩儀」分「陰陽」：子、丑、寅、卯、辰、巳，爲「六陽」；午、未、申、酉、戌至亥，爲「六陰」。

「天地萬物」生於「子會」，極於「巳會」；衰於「午會」，而終於「亥會」，這是陰陽「兩儀」互爲「消長」的關係。當「陽升」時，「自無入有」，而化生「萬物」；在「陰升」時，則「自有返無」，「萬物」返還「無極」，如此循環不已。

「四象」，天地循環分爲「四古」：太古、上古、中古、下古。

⑴太古：爲亥、子、丑三會，是天地之「分」。

⑵上古：爲寅、卯、辰三會，是天地之「化」。

⑶中古：爲巳、午、未三會，是天地之「關」。

⑷下古：爲申、酉、戌三會，是天地之「闔（閉）」。

「太極」自生陰陽「兩儀」，「天地」爲「兩儀」之大者。天地間的「萬物」，無一不是「兩儀」所生，無一不是「負陰抱陽」，「四象」變通，「八卦」成形。

如「一日」之中，自「子時」到「午時」謂之「上午」，爲「陽」；從「午時」到「子時」謂之「下午」，爲「陰」。其中又分「晨、午、夕、夜」，爲「一日」之「四象」。

又如「一年」中，自「冬至」後的「春生」、「夏長」爲「陽」；「夏至」後的「秋收」、「冬藏」爲「陰」。而「春、夏、秋、冬」即爲「一年」之「四象」。

「大道」的「隱顯」，更依「兩儀、四象」之「自然規律」而運行。由「子會開天」、「丑會闢地」、「寅會原靈降世」，「道應隱」；從「午會」天道降世，午未交替之際「普渡三曹」，「原靈」收回，繼而「象天還無」、「氣天還無」，「道應顯」。此乃「維皇上帝」生化之妙用。

「王覺一」祖師依據「邵雍」創立的「元會運世」，再依照《大學》云：「物有本末，事有終始，知所先後，則近道矣。」，認為當「一元會」數盡，「天地」結束，「大混沌」以後，「一元復始，萬象更新」。「子會」再開天，「丑會」再闢地，「寅會」再生人，又開創「新紀元」。如此，週期性之循環，乃是「宇宙」間，「自然規律」的功能。

而今，正是「午未交替」，為天地之「關」，如「四季」之「末三秋」、如一「日」之「夕陽黃昏」。「維皇上帝」特命「三佛」共辦收圓，「明師」降世普傳「天道」，「諸天仙佛」一齊打幫助道，歷時一會（未會），引領大地「原佛子」，在天地衰殘之前，同返「無極」。同時上有「河漢星斗」、下有「十殿陰靈」，也都須一同依「明師」指引，而就路返鄉。

【重點十八】

「本然之性（本性）」。來自「理天」。人人本有。然（可是）迷（困惑、惑亂），則「有而不知其有」。「覺（覺悟）」、則「有而各知其有」矣。歷代「諸聖」。教人之法。不過使之「覺其固有之性」。「明善復初（明白並且回復我們最初的善良本性）」。「返本還原（返回原來的地方，比喻恢復本性。）」而已。

「明善復初」者、盡人（任人、由著人）也。「返本復原」者、合天（合乎天道）。還歸聖域（聖人的境界）也。盡人（任人、由著人）者、「由象（象天）悟氣（氣天）」。「由氣（氣天）悟理（理天）」也。合天（合乎天道）者、人人各具之理。還於「萬物統體（全體）之理」也。「萬物統體（全體）之理者」何。「至靜不動天（理天）」也。「天地人物之性」。降下「無極理天」者。爲「自無入有」。

【賞析】

「王覺一」祖師說，「本性」來自「理天」，人人本來就有。可是，人被「物慾」所迷惑，所以「有而不知其有」，只有「覺悟者」，才「有而各知其有」。

歷代「諸位聖人」，教人之方法，不過是使人們「覺悟到他固有的本性」。「明善復初（明白並且回復我們最初的善良本性）」，「返本還原（返回原來的地方，比喻恢復本性。）」而已。

「萬物統體（全體）之理者」是何物？就是「至靜不動天（理天）」。「天地人物之性」，都是「無極理天」所降下，爲「自無入有」。

【重點十九】

開物（開通萬物之理）之世（時代）。歷代「諸聖」。奉。「上帝」之命。降下塵寰（人間罪惡太多，故佛家稱人間爲「塵寰」。）各立「宗旨（主要的意旨）」。教化（教導感化）愚蒙（愚蠢無知）。

如「孔子」以「克己復禮（克制自己的私欲，使言行舉止合乎禮節。）」立教。「老子」以「歸根復命（返回根本，復歸虛寂的道體。）」立教。「釋迦」以「離一切相（不起心、不動念）」。「一合理相（指由衆緣和合而成之一件事物）」立教。

老（老子）曰、「大道無形」。孔（孔子）曰、「上天之載（裝運）。無聲無臭（ㄒㄧㄡˋ，氣味）」。佛曰、「凡所有象。皆是虛妄。」

三教（儒、釋、道）究竟（窮盡、推求到完全明白）。皆教人「由象（象天）返氣（氣天）」。「自氣（氣天）返理（理天）」也。然（可是）非久居「無極理天」之人。不能知「無極理天」之道。非奉「無極理天」之命。不敢傳復還「無極理天」之法。不敢評「無極理天」之品（等級）。

故「儒」至「理天」而「成聖」。「釋」至「理天」而「成佛」。「道」致「理天」而「成仙」。三教（儒、釋、道）歸一者。歸於「理」也。縱使各據枝葉。不肯歸一。天定勝人。終歸於一也。

一散萬殊（同一本源，撒出千差萬別的不同事物。）。「自無入有」。「由理（理天）入氣（氣天）」。「由氣（氣天）入象（象天）」。六會開物（開通萬物之理）之世也。萬殊歸一（不同事物雖然千差萬別，其實本源同一。）。

自有還無。「由象（象天）入氣（氣天）」。「由氣（氣天）還理（理天）」。六會閉物（終結萬物之理）之世也。此「一（理）」之無所不貫（通達）。而原出自「無極理天」。

【賞析】

「王覺一」祖師說，「開通萬物」的時代，歷代的聖人，奉「維皇上帝」之命降下人間，各立「宗旨（主要的意旨）」，教導感化愚蠢無知的人類。

三教（儒、釋、道）的目的，都教人「由象（象天）返氣（氣天）」，再「自氣（氣天）返理（理天）」。

故「儒」至「理天」而「成聖」。「釋」至「理天」而「成佛」。「道」致「理天」而「成仙」。三教（儒、釋、道）歸「一」，「一」就是「理」。

一散萬殊（同一本源，撒出千差萬別的不同事物。），「自無入有」，「由理（理天）入氣（氣天）」，「由氣（氣天）入象（象天）」。六會開物（開通萬物之理）的時代。萬殊歸一（不同事物雖然千差萬別，其實本源同一）。

末法時代，自有還無，「由象（象天）入氣（氣天）」，「由氣（氣天）還理（理天）」。六會閉物（終結萬物之理）的時代。

此「一（理）」之所不貫（通達），而原出自「無極理天」。

【重點二十】

「無極」之號。出自「道經」。「孔孟之書」。未常多見。至宋代「周敦頤（號濂溪）。著《太極圖說》。始曰。「無極」而「太極」。又曰、「無極之眞」。「二五之精」。妙合而凝。「乾道成男。坤道成女」。終曰、主靜立人極。《樂記》曰。「人生而靜。天之性也」。故《大學》以「定靜」入手。「佛老」以「清靜」爲宗。

「無極」者何。「理」而已矣。後之學者。大都以「太極」爲「理」。以「無極」爲「無關緊要之道」。

【賞析】

「王覺一」祖師說，「無極」之號，出自《道德經》第二十八章：「復歸於無極」。到了宋代「周敦頤（號濂溪）著《太極圖說》，才說：「無極而太極」，又說：「無極之眞、二五之精、妙合而凝、乾道成男、坤道成女」。

《太極圖說》原文：「無極而太極。太極動而生陽，動極而靜，靜而生陰，靜極複動。一動一靜，互爲其根。分陰分陽，兩儀立焉。陽變陰合，而生水火木金土。五氣順布，四時行焉。五行（水、火、木、金、土五種物質）一陰陽也，陰陽一太極也，太極本無極也。

五行（水、火、木、金、土五種物質）之生也，各一其性。無極之眞，二五之精，妙合而凝。乾道成男，坤道成女。二氣交感，化生萬物。萬物生生而變化無窮焉。唯人也得其秀而最靈。形既生矣，神發知矣。五性感動而善惡分，萬事出矣。聖人定之以中正仁義而主靜，立人極焉。」

南宋理學家「朱熹」，他是「程朱理學」集大成者，學者尊稱爲「朱子」。「朱熹」盛推「周敦頤」的《太極圖說》，還著述《太極圖解》，來解釋「周敦頤」的《太極圖說》。

「朱熹」在《太極圖解》中說：「此所謂『無極』而『太極』也，所以動而陽、靜而陰之『本體』也。」

「朱熹」還自注：「太極，理也，陰陽，氣也。氣之所以能動靜者，理爲之宰也。」

「朱熹」朱子認爲「太極」是一個「理」，是在經驗事物以上的；「陰陽」是「氣」，是經驗事物。「太極」和「陰陽」的關係是，經驗事物之所以有動有靜，是因爲有一個「理」，作爲背後的根據。這個「理爲之宰」是說，「理」是活動背後的根據。

「王覺一」祖師說，「無極」者何，「理」而已矣，後之學者，大都以「太極」爲「理」，以「無極」爲「無關緊要之道」。這段話就是在批評「朱熹」，「朱熹」認爲「太極，理也」。而「王覺一」祖師認爲，「無極」者何，「理」而已矣。

所以，「王覺一」祖師的「無極」和「理」的概念，來自於「周敦頤」的《太極圖說》和「朱熹」的註解。

【重點二十一】

殊不知（竟不知道）「天開於子（子會）。地辟於丑（丑會）。人生於寅（寅會）」。既曰「人生於寅（寅會）」。「寅會」以前。未嘗（不曾）有人也可知矣。卽曰「天開於子（子會）」。「地辟於丑（丑會）」。則「子會」以前未嘗（不曾）有天。「丑會」以前。未嘗（不曾）有地也。又可知矣。天既無有。則「太極之氣」。非息（停止、消失）而何。「太極」既息（停止、消失）。惟有「無極」在也。

【賞析】

「王覺一」祖師說，以「元會運世」來看，「天開於子（子會）。地辟於丑（丑會）。人生於寅（寅會）」，所以，「寅會」以前，沒有「人」出生；「丑會」以前不曾有「地」；「子會」以前不曾有「天」。

既然沒有「天」，就沒有「太極之氣」；既然沒有「太極之氣」，就沒有「太極」，只有「無極」存在而已。

【重點二十二】

「太極」如「人呼吸之氣」。「無極」如「人虛靈（心靈）之性」。不但如人。凡「有靈之物」皆然（如此）。「天氣（氣天之氣）」交地。而「萬物」生。「萬物」之「雌雄」亦如「天地」。故「有形」可見。爲「交易之易」。無形有跡。爲「變易之易」。無跡無形。神妙莫測。體物（體察事物）不遺（不漏）。爲「不易之易」。

「交易之易」。「有形（有形體）」則壞速（損毀快速）。「變易之易」。「無質（無形體）」則毀遲（損毀遲緩）。「不易之易」。形質（形體）胥泯（都消除）。則不壞。不壞者、「本然之性（本性）」。來自「無極理天」者也。遲壞者「氣」。質之性、來自「太極氣天」者也。速壞易朽者。其「四大（指地、水、火、風，乃組成宇宙、人身的基本元素。）假合」之身乎。

是故「神」有「氣中之神」。有「理中之神」。「理中之神」。上居「三十三天（爲『佛教』的『宇宙觀』，指在『須彌山』頂的中央，爲『帝釋天』所居，其四方各有八個天城，共三十三天。屬於『欲界六天』之一。）」。在「欲界色界無色界」而上。下照「一十八獄」。統「欲界色界」面下。無所不統。無所不理。不疾而速（看起來動作很緩慢，但實際走得非常快。）。不行而至（看起來都沒有行走，但已經到達了目的地。）。無爲而成。無在而無所不在。爲「無始無終」永劫不壞之神。

【賞析】

《周易》有四個要點，變易、不易、交易、簡易，又稱爲「周易四義」：

(1)變易：「變易」就是「變易生死」，「宇宙萬有」的一切現象，有生有滅，隨時變化，沒有不變的東西。

(2)不易：在一切的「必變」之中，有一種「絕對不變的本體」，永遠不生不死，從來沒有變過，這就是「形而上的道理」，在「基督教」稱之爲「上帝」，「佛教」稱之爲「本性、自性」，「道家」稱它爲「道」。不論其名如何，所代表的是「不變的本體」。

(3)「交易」：「交易」就是「變易」中有「交變的、交叉的、感應的」；這個「交變感應」，是互相感應，相對應的變。

(4)簡易：《周易》是「歸納法」，將「宇宙」間的「現象」與「人事」，歸而納之爲極簡單的必然之理，稱爲「簡易」。一切複雜的變化，都是由「簡易」而來的。只懂「複雜的」，不懂「簡易的」；或者只懂「簡易的」，不懂「複雜的」，都是不通的。

「變易、交易、簡易」，萬變不離其宗，只有一個不變的，就是「不易」。

「王覺一」祖師把「周易四義（變易、不易、交易、簡易）」裡的「變易、不易、交易」，節錄爲「交易之易、變易之易、不易之易」，來解釋「無極理天、太極氣天、象天」的各自特性。

【重點二十三】

何謂「道」。「無極之理」是也。「此理」貫乎「欲界色界無色界」之中。則不離乎「氣」。亦不雜乎「氣」。超乎「欲界色界無色界」之外。則「委氣獨立（託付在氣中，但是個獨立個體）」爲「無極」。

何謂「欲界」。地面上下。飛潛（飛天潛水）動植（動物、植物）。雜居其間。滞（凝聚）於有形（有具體形狀）。謂之「欲界」。因其甘食（貪圖食物）悅色（喜愛美色）。多生六欲（見欲、聽欲、香欲、味欲、觸欲、意欲）故（緣故）也。

何謂「色界」。河漢（黃河和漢水；天河、銀河）星斗（天上的星星）。有象（形狀、樣子、狀態）可見。故謂之「色界」。

何謂「無色界」。「四空天（空無邊天、識無邊天、無所有天、非想非非想天。以其但有定果色，而無業果色，故通號之爲無色界。）」無欲無色。故爲之「無色界」。

「無極界」者。無聲無臭（ㄒㄧㄡˋ，氣味）。而爲「聲聲臭臭」之主。無形無象。而爲「形形象象」之源。高出「欲界色界無色界」上。爲「無極天」。「大羅天」。「生天生地之天」。「天地萬物統體之天」也。貫（通達）乎「欲界色界無色界」而上。爲「天賦之命（天命）」。「本然之性」（本性）。

「道義之心（道心）」。「物物各具之天」也。「萬物統體（全體）之天」。與「物物各具之天」。洞會交連。無間無斷。人物之所以不能頓超「三界」。復還「無極」。

【賞析】

「王覺一」祖師解釋說，何謂「道」？就是「無極之理」。「此理」貫乎「欲界色界無色界」之中。則不離乎「氣」。亦不雜乎「氣」。超乎「欲界色界無色界」之外。則「委氣獨立（託付在氣中，但是個獨立個體）」爲「無極」。

「王覺一」祖師又解釋何謂「欲界、色界、無色界」和「無極界」。

【重點二十四】

所謂「得道者」。知「四大（指地、水、火、風，乃組成宇宙、人身的基本元素。）」假合。其壞甚速。故「貧賤富貴」。自有命在。其來其去。無心（眞心，離妄念）任運（謂聽憑命運安排）。煉形（道家謂修煉自身形體）歸氣。則不囿（一ㄡˋ，局限）於物。可超「欲界」。氣（氣天）中之靈（鬼神）。雖後質（形體）而滅（指在象天之後而滅）。卽壽之大者。難滿「一元（十二萬九千六百年）」。其究終有窮盡（竭盡、盡止）。故「淸靜無爲」。煉氣化神。可超「色界」。

及至「煉神（元神）還虛（無極）」。則「物物各具之天」。與「萬物統體（全體）之天」。混合無間。「生天生地之天」卽「我」。「我」卽「生天生地之天」。如是者謂之「得道」而成。天地有壞。「此神」常在。此卽「理中之神」也。現出一輪「無影日（無極理天之神）」。照滿「三千及大千（三千大千世界）」。此「最上一乘之法」也。

【賞析】

「王覺一」祖師說明，何謂「得道者」？卽無心（眞心，離妄念）任運（謂聽憑命運安排），煉形（道家謂修煉自身形體）歸氣，則不囿（一ㄡˋ，局限）於物，可超「欲界」。

「王覺一」祖師解釋說，「氣天」之「鬼神」，煉氣化神，淸靜無爲，可超「色界」。雖然在「象天」之後才毀滅，但是他們的壽命有限，不會超過「一元（十二萬九千六百年）」。

只有直到「煉神（元神）還虛（無極）」的境界，那時「生天生地之天」卽「我」，「我」卽「生天生地之天」。如是者謂之「得道」而成。天地有壞，「此神」常在，這就是「理中之神」，現出一輪「無影日（無極理天之神）」，照滿「三千及大千（三千大千世界）」，這是「最上一乘之法」。

【重點二十五】

超出「三界」者。蓋因「欲界色界」。難免「劫火（火劫）」。囿（ㄧㄡˋ，局限）於其中。則「靈光（生命光輝）」消滅。此元（這一個元會）滅一「靈光（生命光輝）」。則後元（下一個元會）少一「人物（人和物）」。

惟「無極理天」「劫火（火劫）」不至。故先度（度化）「人物（人和物）」。次度（度化）「鬼魂」。終度「星斗（指氣天的神明）」。三者「靈光（生命光輝）」還於「無極」。而「浩劫」至矣。

迨至「子會開天」。「星斗（指氣天的神明）」之「靈光（生命光輝）」。各降（從上落下）其位。「丑會辟地」。山川之「靈光（生命光輝）」。各降其位。「寅會生人」。「人物（人和物）」之「靈光（生命光輝）」。各降其位。而「世界」立矣。

「貞終元始（指元亨利貞，是乾卦之四德。語出《周易》乾卦的卦辭，古人釋此四字代表了乾卦的四種基本性質，往往引申爲四季（春、夏、秋、冬）」。循環無端（沒有起點和終點）。「元、會、運、世」。猶如「晝夜」。

【賞析】

「王覺一」祖師說，惟「無極理天」「劫火（火劫）」不至。故先度（度化）「人物（人和物）」。次度（度化）「鬼魂」。終度「星斗（指氣天的神明）」。三者「靈光（生命光輝）」

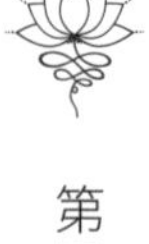

還於「無極」。而「浩劫」至矣。

這一段「惟『無極理天』『劫火（火劫）』不至。」與「三期末劫」結合，成爲「一貫道」度人的口頭禪：「天時緊急，要趕快求道。」。

爲什麼「王覺一」祖師說，「惟『無極理天』『劫火（火劫）』不至。」呢？

「劫火」這兩個字，出自於《碧巖錄．二九》：僧問大隋。「劫火」洞然大千俱壞。未審這箇壞不壞隋云。壞。

「劫火」就是「火災的劫數」，《佛說長阿含經》卷第二十一：佛告比丘：「世有三災。云何爲三？一者火災，二者水災，三者風災。有三災上際。云何爲三？一者光音天，二者遍淨天，三者果實天。若火災起時，至光音天，光音天爲際。

「王覺一」祖師說，惟「無極理天」「劫火（火劫）」不至。意思是說：只有「無極理天」不會到「劫火（火劫）」的破壞。這個說法，來自於「佛經」所說的「四劫」。

在佛教的「宇宙觀」中，「一個世界」之「成立、持續、破壞」，又轉變爲「另一世界」之「成立、持續、破壞」，其過程可分爲「成、住、壞、空」四個時期，稱爲「四劫」。

根據《俱舍論》卷十二、《瑜伽師地論》卷二、《立世阿毘曇論》卷九等，「佛經」的記載，卽：

（一）成劫：爲「器世間（山河、大地、草木等）」與「衆生世間（一切有情衆生）」成立之時期。卽由「有情衆生之業」增上力，於「空間」生起「微細之風」，次第生成「風輪、水輪、金輪」，漸成「山河、大地」等「器世間」，其時，諸「有情衆生」

漸次下生，最終之時一切「有情衆生」生於「無間地獄」。

（二）住劫：又稱「續成劫」。爲「器世間」與「衆生世間」安穩、持續之時期。此一時期，「世界」已成，「人壽」由「無量歲」漸次遞減，至「人壽十歲」，稱爲「住劫中」之「第一中劫」，此後之「十八中劫」亦皆「一增一減」，「人壽」從「十歲」增至「八萬四千歲」，復由「八萬四千歲」減至「十歲」。最後一中劫（第二十中劫）爲「增劫」，卽由「十歲」增至「八萬四千歲」。又據《立世阿毘曇論》記載，「諸佛」之出現，多在「減劫」之時，其時「人壽」由「八萬四千歲」減至「百歲」之間。

（三）壞劫：爲「火災、水災、風災」三災毀壞「世界」之時期。「衆生世間」首先破壞，稱爲「趣壞、有情壞」；其後，「器世間」亦隨而破壞，稱爲「界壞、外器壞」。卽於此劫之初，「地獄之有情」命終之後，不復更生，其後，其餘「傍生、鬼趣及人、天」等之「衆生」亦漸次壞滅；「有情」破壞後，「世界」出現「七個日輪」，故起「火災」，「色界初禪天」以下皆成灰燼，次起「水災」，「第二禪天」以下漂蕩殆盡，最後起「風災」，「第三禪天」以下全部吹落。

（四）空劫：「世界」已壞滅，於「欲界、色界」二界之中，唯「色界」之「第四禪天」尚存，其他則全入於長期之「空虛」中。此「成、住、壞、空四劫之期間，各有「二十中劫」，總合爲「八十中劫」，稱爲「一大劫」。此外，「四劫」亦有「壞劫、成劫、中劫、大劫」等四種說法。另於「壞劫」中，有燒燬世界之火，稱爲「劫火」。

【重點二十六】

知「呼吸之氣」。通（到達）「太極之天」。則「萬緣（世俗的一切因緣）」掃盡。「調息」綿綿。脫離「輪回」。作「氣中之神」。爲「天地同壽。日月齊年」之仙。

知「虛靈（心靈）之神」。通「無極之天」。則凝聚（凝結聚集）聖固（堅定、確定）。超出「三界」。不囿（一ㄡˋ，局限）五行（水、火、木、金、土五種物質）。爲「理中之神」。作（當）「天地」有壞。「此性」「常存之神」。

「太極之天」。包乎「大地」之外。上運（移動、轉動）「星斗（天上的星星）」。貫（通達）乎「大地」之中。下生「萬類（萬物）」。不惟（不僅、不但）「星斗萬類」賴（依靠）之。卽「大地」無「太極之氣」。亦化爲無有。得「太極之氣」。然後「融結成形」。以人之所見而言。則「天動在上。地靜在下」。以統體（全體）之大局而言。則「天包地外」。地之上有天。而地之四圍上下。無在非天也。

【賞析】

「王覺一」祖師說，知道修練「呼吸之氣」，「調息」綿綿，可以通達「太極之天」，作「氣中之神」。爲「天地同壽，日月齊年」之仙。

「虛靈（心靈）之神」，通達「無極之天」。知道修練凝聚（凝結聚集）聖固（堅胎、金丹），可以超出「三界」，不囿（一ㄡˋ，局限）五行（水、火、木、金、土五種物質），爲「理中之神」。當「天地」有毀壞，「此性」常存不壞。

「王覺一」祖師解釋說，「太極之天」包括「大地」之外，上運（移動、轉動）「星斗（天上的星星）」，貫（通達）「大地」之中，下生「萬類（萬物）」。

不但「星斗萬類」要依靠它，若「大地」沒有「太極之氣」，也化爲無有。必須得「太極之氣」，然後才能「融結成形」。所以，「天包地外」，地之上有天，而地之四圍上下，無不在「太極之天」的範圍內。

【重點二十七】

昔（從前的）「黃帝」問於「歧伯」曰。地之爲下否（表示詢問）乎。「歧伯」曰。地爲人之下。「太虛（天空）」之中也。帝曰。有憑（依據）乎。「歧伯」曰。「大氣（包圍在地球外的空氣）」舉（扛起、抬起、往上托）之耳。

「太極」以「動」生「天地」。「無極」以「靜」主（掌管）「太極」。「太極」雖「無極」中之所有。「無極」貫（通達）乎「太極」之中。亦包乎「太極」之外。

「無極之理」。「靜」而爲「經（織物的直線）」。「太極之氣」。「動」而爲「緯（織物的橫線）」。「經」則「常（固定不變的）而不變」。「緯」則「變而有常（規律）」。「常而不變」。「不易之易」也。「變而有常」。「變易之易」也。加以「三光（日、月、星的總稱）大地」。

雌雄萬類（萬物）。有質（形體）可見之物。「天地交」而生「寒暑」。「日月交」而生「朔望（朔日和望日，陰曆初一與十五。）」。「雌雄交」而生「萬類（萬物）」。爲「交易之易」也。

「無極之理」微（隱匿）中之微。玄（深遠奧妙的）中之玄。妙（精微深奧的事理）中之成之。天五生土。地十成之。

顯露）之。天一生水。地六成之。地二生火。天七成之。天三生木。地八成之。地四生金。天九

強（迫使）現（顯現）《河圖》之「名（事物的稱號）」與「數（數目）」以見（ㄒㄧㄢˋ，

象無名。本不可見。於不可象、不可名、不可見、之中。

妙。神（稀奇、玄妙）中之神。天（日月星辰所羅列的空間）中之天（指宇宙萬物的主宰）。無

【賞析】

「岐伯」是中國上古時期，著名的「醫學家」，精通於「醫術脈理」，名震一時，後世尊稱爲「華夏中醫始祖、醫聖」。今傳《黃帝內經．素問》，基本上是「黃帝」詢問，「岐伯」作答，以闡述「醫學理論」，顯示了「岐伯」高深的醫學造詣。「中國傳統醫學」素稱「岐黃」，或謂「岐黃之術」，「岐伯」當屬首要地位。

●《黃帝內經．素問．五運行大論》原文：

帝曰：地之爲下，否（表示詢問）乎。

岐伯曰：地爲人之下，太虛（天空）之中者也。

帝曰：馮（依據）乎。

岐伯曰：大氣（包圍在地球外的空氣）舉（扛起、抬起、往上托）之也。

「王覺一」祖師說，「太極」以「動」生「天地」。「無極」以「靜」主（掌管）「太極」。「太極」雖「無極」中之所有。「無極」貫（通達）乎「太極」之中。亦包乎「太極」之外，說明「太極氣天」與「無極理天」的關係。

「王覺一」祖師認爲，《河圖》的「名（事物的稱號）」與「數（數目）」，是用來顯露「無極」之奧妙。

【重點二十八】

「此理」中之「數」也。對待而靜。「無極之靜體」難見（ㄒㄧㄢˋ，顯露）。惟大地「坤元（與『乾元』對稱。指『大地』資生（賴以生長）『萬物之德』。）之靜」似之。

故曰、「黃中通理。正位居體。美在其中。而暢於四支。發於事業。」「無爲之君子」亦似（相像）之。故「聖人」靜則象（效法）地。寂然（沉靜無聲的樣子）不動。立「無極之大體（心）」。

此「靜聖（清靜而成爲玄聖）之學」也。動則法（效法）天。感而逐通（一有所感，便豁然貫通天下事物之理。）。達「太極之大用（很大的用處）」。此「動王（行動而成爲帝王）之學」也。

【賞析】

「坤卦」六五爻辭的「文言」曰：「君子黃中①通理②，正位居體，美在其中，而暢於四支，發於事業，美之至也。」

【註釋】

①黃中：指心臟，古代以「五色」配「五行五方」，土居中，故爲黃爲中央正色。心居五臟之中，故稱「黃中」。

②通理：「理」是「腠理（ㄘㄡ）」，指「皮膚」。「腠理」是「滲泄液體」，流通和合

聚「元氣」的場所，有防禦「外邪侵襲」的功能。「腠理」和「衛氣」在「生理、病理」上有著密切的關係。「衛氣」有溫潤、充養「腠理」，控制「腠理」開合的作用，若「衛氣」平和，則「腠理」致密，開合有度，能抗禦「外邪的侵襲」，若「衛氣」不足，則「腠理」疏鬆，「外邪」得以隨時侵入。

【白話翻譯】

所謂「黃中通理」，是指「道家」修道所謂的「打通任督二脈」。功夫到家了，內部通了，外部也通了，「皮膚」每個毛孔都通了，這個時候身體達到所謂「天人合一」的境界，達到「中庸之道」，臉上光彩，這時候眞美，「氣」充滿了四肢，全身暢通，內在有了這樣高的修養，如果有機會到外面發展，發於事業，就內外合一、天人合一，美麗極了。

【重點二十九】

故「丹士（煉丹的方士）」「逆還之法（修練『逆腹式呼吸』，逆修，煉精化氣，煉氣化神，煉神還虛，復歸無極）」。本於《洛書》。「七返九還」。用「金（肺）火（心）」也。「取坎塡離」。運「子（北）午（南）」也。涵養「本原（根源）」。

守「元氣（人的精氣）」也。脫胎神化。還「元氣（人的精氣）」也。守「元氣（人的精氣）」者盡人（任人、由著人）也。還「元氣（人的精氣）」者。合天也。此「金丹二乘之法」也。

【賞析】

「王覺一」祖師說，「丹士（煉丹的方士）」的「逆還之法（修練『逆腹式呼吸』，逆修，煉精化氣，煉氣化神，煉神還虛，復歸無極）」，源自於《洛書》。還提到「七返九還」和「取坎塡離」，這些都是「道教修練」的方法，可見「王覺一」祖師很精通。

所謂「七返九還」，也稱「七返九轉」。「道教」修煉認爲，「天地」有「五行（水、火、木、金、土五種物質）」，「人體」有「五臟（心、肝、脾、肺、腎五種器官）」，如此相配，「水爲腎，火爲心，木爲肝，金爲肺，土爲脾」，與「五行」生成之數相配，即「天一生水，地二生火，天三生木，地四生金，天五生土；地六成水，天七成火，地八成木，天九成金，地十成土」。

「腎得一與六，心得二與七，肝得三與八，肺得四與九，脾得五與十」。此中「七」與「九」是兩個「成數（整數）」，也是兩個「陽數」，代表「人身之陽炁」。修煉之士，採煉的就是這個「陽炁」，以此點化全身「陰氣」，成就「純陽之體」。「心七」爲火，「心火」下降，「七」返於「中元（『中丹田』的『關元穴』）」而入「下丹田」，結成「大丹」，稱爲「七返還丹」。

「肺九」爲金，金生水，水爲「元精」，精由炁化，故「九爲元陽之炁」，運此「陽炁」遍佈全身，使「陰息陽長」，稱「九轉還丹」。

「七返還丹」和「九轉還丹」二者相合，總謂「七返九還」。這是用「大衍易數」來比喻「內丹之道」。

所謂「取坎塡離」，人體中，「心」爲「火」，爲「離卦（☲）」。「腎」爲「水」，爲「坎卦（☵）」。「抽坎塡離」即將「坎卦」中間的「陽爻」抽出來，塡進「離卦」中間原本

「陰爻」的位置，使得原來的「離卦（☲）」變成「乾卦（☰）」，原來的「坎卦（☵）」變成「坤卦（☷）」。

「煉丹家」認爲。人成「胎兒」後，卽由「先天八卦」的「乾坤相對」，變爲「後天八卦」的「坎離相對」，則形成「火上水下」的「未濟卦」局面。

但是，如果通過「練功」，則可返還本原的「先天八卦」圖形，使「乾上坤下」，「坎離既濟」，達到「心腎之氣」相交的局面，就可以延年益壽。

【重點三十】

《洛書》「氣天」也。「氣」則流行（散布、傳播）不息。終而復始。《河圖》者「理天」也。

無形之《河圖》爲「理天」。包（包含）乎「氣天」之外。貫（通達）乎「大地」之中。寂然（沉靜無聲的樣子）不動。常（長久不變的）而不變。此卽佛之所謂「一合理相」。「老子」之所謂「大道無形」。「孔子」之所謂「一以貫之」者也。

《河圖》者「理」也。無形之「理」。超乎「氣天」之外。「氣天」有盡（完結、終止）。「此理」無盡（完結、終止）。有形之質（形體）。處於「氣天」之中。承（蒙受）天而行。

蓋有形之《河圖》爲「地」。猶「人之質（形體）」也。流行（散布、傳播）之《洛書》爲「天」。猶「人之氣」也。

無形之《河圖》。猶「人本然之性（本性）」。「先天之元神」也。質（形體）者「交易之易」。氣（元氣）者「變易之易」。神（元神）者「不易之易」也。

自「理」入「氣」。自「氣」入「質（形體）」。迷而不返者。「凡人」也。由「質（形體）」悟「氣（氣天）」。由「氣（氣天）」悟「理（理天）」。「返本還元」者。「聖賢仙佛」也。

【賞析】

「一合理相」源自於《金剛經》第三十品「一合理相分」，通過「釋迦牟尼佛」與「須菩提」的對話，闡明「世界」是「微塵之集合」，「世界之本質」是「因緣而聚、因緣而滅」，「一切名相」都是「假名」而已。

「一合理相」是指「由衆緣和合而成」的「一件事物」。以「佛教」的觀點言之，世間的一切法，皆爲「一合理相」。

「王覺一」祖師說，《洛書》就是「氣天」的縮影，《河圖》就是「理天」的縮影。

「王覺一」祖師說，無形之《河圖》爲「理天」，包含「氣天」之外，貫（通達）乎「大地」之中，寂然（沉靜無聲的樣子）不動，常（長久不變的）而不變。

無形的「理天」，超乎「氣天」之外。「氣天」有盡（完結、終止）。「理天」無盡（完結、終止）。有形之質（形體），處於「氣天」之中，承（蒙受）天而行。

「王覺一」祖師說，無形之《河圖》，就好像「人本然之性（本性）」。人類的「先天之元神」，自「理天」進入「氣天」，再自「氣天」進入「質（人的形體）」。

不知道這個道理，而不返回「理天」者，就是「凡人」；知道由「質（人的形體）」返回「氣（氣天）」，再由「氣（氣天）」返回「理（理天）」，知道「返本還元」者，就是「聖賢仙佛」。

加入「一貫道」，最重要的就是要知道，我們人類的「靈性（本性）」，來自於「先天之元神」，自「理天」進入「氣天」，再自「氣天」進入「質（人的形體）」。

【重點三十一】

「理（理天）」之一無不貫（通達）。「氣（氣天）」之一上貫（通達）星斗（天上的星星）。下貫（通達）「大地」。中貫（通達）「人物（人和物）」。故曰三教（儒、釋、道）歸一。萬法歸一。「一」卽「理（理天）」也。

「理（理天）」主（掌管）靜（安定不動）。故「周子（周敦頤）」曰。「主靜（人的本性本來也是靜的）立人極（綱紀，綱常，社會的準則）」。此「最上一乘之法」也。

【賞析】

「王覺一」祖師說，「理（理天）」無不所貫（通達）。「氣（氣天）」上貫（通達）星斗（天上的星星），下貫（通達）「大地」，中貫（通達）「人物（人和物）」。所以說三教（儒、釋、道）歸一，萬法歸一，「一」卽「理（理天）」。

「理（理天）」主（掌管）靜（安定不動），所以「周子（周敦頤）」說：「主靜（人的本性本來也是靜的）立（制定、訂定）人極（綱紀，綱常，社會的準則）」。這是「最上乘之法」。

這句「主靜立人極」，是「宋明理學家」的一種「除去妄念」，而使「心思純靜」的修養方法。淵源於古代「儒家」《禮記．樂記》：「人生而靜，天之性也。」，並參雜「佛、道」的

「寂靜無為思想」。

「主靜」一，詞首由「周敦頤」在其《太極圖說》中提出，原文是：「聖人定之以『中正仁義』而『主靜，立人極』焉。」

「周敦頤」用未有天地以前的「無極」原來是「靜」的，來證明「人的天性（本性）」本來也是「靜」的，由於在「後天」染上了「雜念、欲望」而「不靜」，所以必須通過修養「無欲」的工夫，「無欲」則「靜」，以求達到純粹至善的「靜」的境界。之後，「主靜」一直是「理學」的主要思想。

【重點三十二】

「修養學道者」。皆曰「歸根認祖」。此外無根。「歸根者」，歸此也。此外無祖。「認祖者」。認此也。不知此。則不能「自度」。焉能「普度」。焉能普渡。不得此、則不能「收己」。焉能「收圓」。

「先天」曰「無極」。舍此別無「無極」也。「中天」曰「太極」。出此別無「太極」也。「後天」曰「皇極」。外此別無「皇極」也。故曰「三極大道」。「三極皆一」也。

【賞析】

「王覺一」祖師說，「修養學道者」都說要「歸根認祖」。「歸根認祖者」，歸「無極裡天」，認「無極裡天」為祖，此外無祖。不知道這個道理，就不能「自度」，更不用說「普度」。不得到返回「無極裡天」的方法，則不能「收己」，更不用說「收圓」。

「收己」是「收心猿、收意馬」，才能「念無生」；「收圓」是「收束身心、圓明覺性」，

「自性、業障、家庭、衆生」四大圓滿。

「先天」曰「無極理天」，「中天」曰「太極氣天」，「後天」曰「皇極象天」。故曰「三極大道」，「三極皆一」，都源自「無極理天」。

【重點三十三】

余（我，指王覺一祖師）也生長蓬篳（寒門）。竊（私下。用來謙指自己見解的不確定。）不自揣（猜想）。自童子（未成年的小孩子）之時。卽深慕（敬仰）「聖人之道」。以爲可學而至。

奈（表示意外轉折的語氣）家貧親老（雙親老邁）。無力從（跟隨）師。不得已取「往聖」之遺編（前人所遺留下來的書籍）。吟詠（吟誦詩歌）揣摩（猜測、臆度）。十余年來。汜濫（比喻事物不正常或過度擴散滋長）涉獵（粗略的看過而不深入鑽研）。未獲適歸（歸向）。

至二十七歲。蒙（受到、承受，表示感敬。）洱東（雲南）「萬春劉師（劉萬春）」之引進。得「山西」鶴天姚師（第十四代祖姚鶴天）之指示。入室靜坐。涵養（沉潛道德，指內心的修鍊工夫。）本源（比喻根本、起源、本性）。由「定靜」而悟「大化（生命過程中的重要變化）」。

始知「心源（心性。佛教視心爲萬法之源，故稱。）性海（佛教語。指眞如之理性深廣如海。）」。三教（儒、釋、道）合轍（不同車輛行走的軌跡相吻合。比喻相符、相同。）。登峰造極。萬聖同歸。

故不揣（不自量力）固陋（見聞淺陋）。於「大易河洛、理學、數學、象學之道」。及明德（光明之德）率性（遵循人的本性去做事）。格物致知（研究事物而獲得知識或良知）。精一（精純）執中（持中庸之道）之旨（意義，目的）。微（少）有解釋。未知是否。尚待就正（指向人討教，請求指正。）。

【賞析】

「王覺一」祖師說，他小時候家境清寒，但是自童子（未成年的小孩子）之時，就深慕（敬仰）「聖人之道」。

到了二十七歲時，蒙（受到）洱東（雲南）的「劉萬春」之引進，得到「山西」第十四代祖「姚鶴天」的指示，學習「靜坐」，修鍊「本性」，由「定靜」的修行而覺悟「大化（生命過程中的重要變化）」，才知道「心性」和「眞如之理性」，才知道「三教（儒、釋、道）」是合一的。

【重點三十四】

「金丹（內丹家以凝聚精、氣、神三者所煉成之丹）」工夫。積精（累積精氣）息念（停止念頭、想法）。閉息（閉氣）凝神（全神貫注、聚精會神）。靜極生動。精化爲氣。坎（坎卦）中之陽。

沖開「三關（指當內氣沿督脈由下上行時，有三處較難通過的地方，即『尾閭關、夾脊關、玉枕關』）」。上升「昆侖（指頭腦）」。降入「離宮（指心）」。神（元神）氣（元氣）合一。

復還「乾元（天道之始）」面目（形態）。再加烹煉（身心欲合未合之際，若有一毫相撓，

便以剛決之心敵之，爲『武煉』。身心既合，精氣既交之後，以柔和之心守之，爲『文烹』。）溫養（修煉的過程中，必須持續一定的火候，不可太急。）。

脫胎神化。合於「太虛（古代哲學概念，指宇宙的『原始的實體氣』。實際上是指『老子、莊子』所說的『道』）」。「金丹（內丹家以凝聚精、氣、神三者所煉成之丹）」之功完矣。

何爲「金」。「乾（乾卦）」爲「金」。又「乾（乾卦）」爲「天」也。「天者」萬物統體（全體）之性。「性者」物物各具之「天（不可或缺或最重要的事物。）」也。

何又名之謂「丹」。因人落「後天」。「乾坤之體」。變而爲「坎離之用」。「離（離卦）」爲日。「坎（坎卦）」爲月。日上月下、「易」也。「離（離卦，指心）」火下降。「坎（坎卦，指腎）」水上升。水火既濟（心腎相交）。日月會合。「明」也。煉成一片。打成一團。

還於「一理」、「丹」也。有曰「九轉金丹」者。轉回「坎（坎卦，指腎）」中之九也。有曰「還陽丹」者。還回「乾元（天道之始）之象」也。有曰「金紫丹」者。「離（離卦，指心）」爲「九紫之地」。此「老莊」以下之說也。較之古昔。頗易入手。然稍涉跡象。根性（人的本質）鈍暗者。

微（稍）有錯會（誤解）。而旁溪曲徑（旁門左道）之異端（由本位角度指稱其他不同的學說、流派。）。紛然（雜亂的樣子）起矣。此「功中之過」也。有志立言（樹立精闢可傳的言論、學說）者。不可不知此「道家金丹之說」也。

【賞析】

「王覺一」祖師精通「道家金丹之說」，上述的理論，確實是「道家金丹的理論」。

但是，他把「金丹」用「八卦」的概念來解釋，這是「王覺一」祖師個人的理解。

因爲，「金丹」是古代「道教」「煉丹術」的名詞，包括「外丹」和「內丹」兩種。「外丹」是用「丹砂」與「鉛、硫黃」等原料，燒煉而成的「黃色藥金（還丹）」，其成品叫「金丹」。煉丹士」說，服食以後可以使人成仙、長生不老。

「唐代」以前，「金丹」多指「外丹」。「唐宋」以後，多指修煉「內丹」，即把「人體」當作「爐鼎」，以體內的「精、氣」作「藥物」，再用「神」燒煉，使「精、氣、神」凝聚可結成「聖胎」，卽可脫胎換骨而成仙。

「金丹」之說，是用「丹砂」與「鉛、硫黃」等原料，燒煉而成的「黃色藥金（還丹）」，其成品叫「金丹」。這與「八卦」，根本扯不上關係，純粹是「王覺一」祖師個人的想法與解釋。

【重點三十五】

而釋氏（釋迦牟尼佛）「南無阿彌陀佛」之「六字眞言」。實兼（合併）「儒家」之精微（精深微妙）。達天人之蘊奧（精深）。三千年來。教者失意傳言。學者誦言忘味。以「佛祖傳心」之眞文（經文）。當作凡世「祈福之神咒」。致使西竺（西方印度）道法。湮沒不彰。不幾大負（辜負）「釋迦（釋迦牟尼佛）」托文載道。以道覺世。因覺而道。道脈接緒之盛意乎。謹粗解大意。使「學者」知西天東土。非有二道。上天下地。原自「一理」也。

「阿彌陀」者。造詣（學業或技藝達到的程度）之次第（次序）也。蓋積精（累積精氣）息念（停止念頭、想法）。「凝聚堅固」之謂「阿」。此「初乘法」也。在釋（佛家）爲「清靜法身」。在道（道教）爲「太清眞人」。在儒（儒家）爲「充實而有光輝之大人（對德高或地位尊者的稱呼）」。

道養（導養。指攝生養性。）無害。充塞（充滿）周遍（普遍）之謂「彌」。此「中乘法」也。在釋（佛家）爲「圓滿報身」。在道（道教）爲「上清眞人」。在儒（儒家）爲「大而化之之聖人」。

神化（變化神妙）自然。圓通（佛教用語。稱佛、菩薩達到沒有無明、煩惱的障礙，恢復清淨本性的境界。）應感（感應）之爲「陀」。此「上乘之法」。「最上一乘之法」也。在釋（佛家）爲「千百億化身」。在道（道教）爲「玉清眞人」。在儒（儒家）爲「聖而不可知之神人」。

儒（儒家）之所謂「神」。道（道教）之所謂「仙」。釋（佛家）之所謂「佛」。其義一（相同）也。

故曰、凝聚堅固之謂「阿」。充塞周遍之謂「彌」。圓通應感之謂「陀」。三者成就之謂「佛」。

只此「六字」眞詮（眞理、眞諦）。會通（融會貫通）三教（儒、釋、道）。貫徹天人。「虞廷（指虞舜的朝廷）」一十六字。《中庸》三十三章。《道德》五千。《南華》十萬。釋典（佛家經典）五千四十八卷。皆不出此「六字」之外矣。

「守之約而施之博（謂所操者簡易而施與者廣大）」。「言似近而指實遠（言語淺近，意義卻深遠的）」。如「佛」非「大聖」。而能如是乎。「佛」吾無間然（沒有意見了）矣。

【賞析】

「王覺一」祖師提倡「三教合一」，是可以肯定的。但是，「王覺一」祖師解釋「佛家」的「阿彌陀」，就太牽強了。因爲，「佛家」的「阿彌陀」，是「梵語」「Amita-buddha」的「音譯」，「意譯」作「無量」，爲「西方極樂世界」之教主，怎麼會和「三教」的教義扯上關係呢？

【重點三十六】

此「釋迦、老子」、以後。「由漸而入」之教法也。蓋「道典（道家的經典）」「以心爲月」者。乃「水府求玄（內煉術語。指內煉三寶，復歸先天純陽之體。）」。修命之說也。「釋典（佛家家的經典）」「以心爲日」者。是「離宮（心）修定修性」之說也。

再者「丹家之論」。或曰「鉛汞相投」。或曰「龜蛇槃結」。以及「龍虎嬰奼」。「鼎爐水火」。「攢簇交媾」。「烹煉溫養」。「沐浴脫胎」。等等工夫。此又「性命雙修」之說也。夫「修命而不修性者」。執於「有」。「修性而不修命者」。淪於「無」。此「中乘之法」也。「性命雙修者」。陰陽會合。仍還（返回）「太極本體（無極）」。此「抱元守一」。「萬法歸一」之說。「上乘之法」也。

【賞析】

「丹家之論」的各種修練功夫如下：

(1)「鉛汞相投」：

「內丹」術語。「鉛」指「精」，「汞」指「神」，以「神」煉「精」，稱爲「鉛汞相定心。心定則神安，鉛汞相投，龍虎親也。」

投」。《諸眞聖胎神用訣．侯眞人胎息訣》：「凡在道之人，必先修心靜之法。但於心靜，必得

(2)「龜蛇槃結」：

「內丹」術語。「龜」爲「陰」，在卦象爲「坎卦」，在「人身」象徵「元炁」。「蛇」爲「陽」，在卦象爲「離」，在「人身」象徵「元神」。這是「道家」所修煉的「取坎塡離」，「水火旣濟」的功夫。具體說來，就是講「精神」專注於「人體」的「下丹田」，便可以將「腎水(龜)」上提，「心氣(蛇)」下降，稱爲「龜蛇盤」，結達到「水火交融、陰陽卽濟、坎離相交」的目的。

(3)「龍虎嬰奼」：卽「龍虎交媾」和「嬰兒奼女」，詳解如下：

①龍虎交媾：金丹學術語。「龍虎」本是古代用以代表二十八星宿的「四神獸」之二，「東方七宿」爲「蒼龍」爲「陽」；「西方七宿」爲「白虎」爲「陰」。「道教內丹學」以「龍」代表「汞」表示「神、性」；以「虎」代表「鉛」，表示「炁」情。

根據丘處機《大丹直指》等書的說法，「龍」又指稱「正陽之氣」，而「虎」則指稱「眞一之水」。

什麼是「正陽之氣」呢？這就是「心液」所抱之「丙氣」，因爲「丙」在「天干」之中屬於「陽性」，所以「正陽之氣」又稱作「陽龍」。

什麼是「眞一之水」呢？這就是「腎氣」所暗負的「癸水」，在「天干」之中，「癸」屬「陰」，所以「眞一之氣」又稱作「陰虎」。

所謂「龍虎交媾」指的是「腎氣」投「心氣」，兩氣交融，如男女同房交合，因爲在「五行」上，「心屬火」，而「腎屬水」，所以「龍虎交媾」，就是「水火既濟」，這是「金丹煉制」的「和諧狀態」。

②「嬰兒奼女交媾」：「奼（ㄔㄚˋ）」意思是「少女」，「奼女」爲「離卦」，指「汞」，卽屬「心神」；「嬰兒」卽「坎卦」，指「鉛」，卽屬「腎炁」。「內丹學」中所說的「嬰兒奼女交媾」，指的是身體內，「陰陽交合」的過程。

⑷「鼎爐水火」：「內丹學」有兩種說法：

①以「下丹田」爲「爐鼎」：凡修「金液大丹」，必先「安爐立鼎」。「下黃庭（下丹田）」爲「鼎」，「氣穴」爲「爐」。「下黃庭（下丹田）」正在「氣穴」上，縷絡相連，乃人身「百脈交會之處」。「鼎」中有「水銀之陰」，卽「火龍生根」也。「火」從「臍下」發，「水」向「鼎」中符。

②以「玄關一竅」爲「爐鼎」：《金丹正宗》明確指出，「內丹學」關於「爐鼎」有種種異名，其實都是指「玄關一竅」，而「立鼎爐」就是「守玄關一竅」。「玄關一竅」不是現成的「某個固定處所」，而是一種「煉丹」時，所要呈現出來的「虛無」的「功能態」，在這個「功能態」中，人實現了與「先天一氣」的貫通。得「虛無之竅」，才能實現與「萬物本虛」的「本原狀態」相貫通，是各種修煉法術的關鍵所在。

⑸「攢簇交媾」：

卽「攢簇五行」，是「內丹修煉」術語。「攢簇（ㄘㄨㄢˊ ㄘㄨˋ）」，意思是「聚集」；

「五行」即「金、木、水、火、土」，謂五臟之眞氣（分別指精、神、魂、魄、意）融合。《金丹四百字》說：「眼不視而魂在肝，耳不聞而精在腎，舌不生而神在心，鼻不香而魄在肺，四肢不動而意在脾。」，由收心守竅，煉己還虛，使心火腎水（精、神）相濟，從而使「五氣」會聚不分，謂之「攢簇五行」。

(6)「烹煉溫養」：即「烹煉」和「溫養」。

①烹煉：「烹煉」，意思是「冶煉、提煉、錘鍊」。「外丹術」中，稱「燒煉藥物」時，「用火之法」爲「烹煉」。後來，「烹煉」被「內丹術」的「煉丹者」，用作「採藥」時的名詞。

「道體」本靜，有感而動，「精氣」初動，「藥象」即生。「煉丹者」必須抓住「時機」，以「意念」導引歸入「丹田」，這就是所謂的「採藥」。「煉丹」實際上就是「意念的調運」，即「用神」。「內丹家」把「用神的」過程，稱爲「火候」，也就是「烹煉的方法」。

「丹功」之妙，全在「火候」。就像「烹調」，菜備得再多，配得再好，如沒有掌握「火候」的運用，也是燒不出可口的佳餚來的。

「精」是基礎，「氣」爲動力，「神」才是主宰。「煉丹」全靠「以神馭氣」，「以神煉精」。所以，要善於「用神」，「火候」得當。如「採藥烹煉」時宜用「武火」，而「沐浴溫養」則以「文火」爲妙。

②「溫養」：「金丹學」術語。它是「煉養丹藥」的基本環節之一，尤其在「內丹學」中使

用更多。「溫養」之「溫」表明在「金丹修煉」過程中，必須「持續一定的火候」，不可使之熄滅，否則丹就無法煉製成功；「溫養」之「養」表明在「火候」操持的時候，不可以「武火」猛煉，如果操之過急，將使「溫養陰陽」進退失序。

(7)「沐浴脫胎」：即「沐浴」和「脫胎」。

①「沐浴」：「金丹學」術語。「沐浴」原指「洗頭髮」和「洗身體」，通俗講就是「洗澡」。「外丹家」以「沐浴」來形容「丹藥處理」。後來，「沐浴」的術語，也被引入「內丹修煉過程」中。

就「內丹修煉」而言，所謂「沐浴」指的是「緩和火候」的「洗心滌慮功夫」。具體而言，這就是在「導引眞氣」，運轉「河車（眞一之氣）」的過程中，防止「躁動的念頭」發生。「內丹家」認爲「人體六陽氣」由「督脈」上升，於「子時」至「會陰穴」，「卯時」至「夾脊」；「人體六陰氣」由「任脈」下降，「午時」至「泥丸宮」，「酉時」至「黃庭（中丹田）」。

「沐浴」主要是在「卯酉」的關節點進行。「神」住於「夾脊」，僅「吸氣即休歇」，不「進火（以神御氣）」，也不「退符（呼吸無心）」，這是「後升沐浴」的關鍵；「神」住於「黃庭（中丹田）」，僅「呼氣即休歇」，同樣不「進火（以神御氣）」，不「退符（呼吸無心）」，這就是「前降之沐浴」。

②「脫胎」：「道教」術語，謂「脫去凡胎」。《參同契》卷下：「形體爲灰土，狀若明窗塵。」

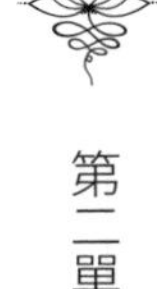

⑻「性命雙修」：

「內丹學」術語，在道教「內丹學」中，所謂「性」主要指的是「神與心」，或者說是「心神」；而「命」指的是「炁」與「形」。「性命修行」，這是「道門」延年益壽的基本功夫。在「道門」看來，「性與命」，是不能分割的，「修行」不能離開「修命」，因爲「心神」與「身形」，是不可分離的整體。所以，「修身養性」必須從整體上把握，這就是「性命雙修」的最基本意義。

⑼「抱元守一」：

「抱元守一」是「道家」早期「修煉方術」之一，其側重點不在「煉形」而是「煉神」，通過它排除「心中雜念」，保持心神清靜，其主旨爲守持人之「精、氣、神」，使之不內耗，不外逸，長期充盈體內，與「形體」相抱而爲一。修習此術，可以延年益壽，乃至長生久視。

所謂「守一」，就是收斂心神，專注於一點（指先天眞一氣）。「元守一」抱其實很簡單，就是一種「心態」，清心寡欲，神不外馳。每每「心煩氣躁」之時，就用「意志」讓自己靜下心來，此時萬萬不可讓自己的「思緒」，漫無目的的亂飄。

【重點三十七】

當日「神光二祖」。講「萬法歸一之道」。自謂「超佛越祖」。可以大闡宗風（佛教各宗系特有的風格、傳統）。及聞「達摩初祖」西來。在「少林」面壁。「光」遂往見。質（盤問、質問）所學焉。

「達摩」問曰。「萬法歸一。一歸何處」。「光」無對。始悟己說。仍在「輪回」。因拜求指點。

「摩」顧「光」曰。「諸佛無上妙道。豈以小德小智。輕心慢心。得冀眞乘耶」。「光」聞「摩」誨（教誨）。於是潛（暗中的）取「利刀」。自斷左臂。置「摩」前。以示誠心。「摩」知是法器（具有修證佛法的根性，能行佛道的人。）。遂授以「眞宗」。「光」卽頓悟「無上」。紹（接續、繼承）「佛門」之嫡派（正宗的、不是旁支的）。

後有偈曰。「不知到底一歸何。是以神光拜達摩。立雪少林爲甚事。只求一指躲閻羅。」

由此觀之。「萬法歸一」。乃「下手（動手做）」之事。非「了手（結束）」之事也。

昔「黃龍機禪師」。登壇說法。「純陽祖」在下聽之。「黃龍禪師」問曰。「下邊是何道人」。「呂祖」應曰。「云水道人」。「禪師」曰。「云盡水干。子歸何處。」「呂祖」言下大悟。因有詩曰。「葉卻飄囊摔碎琴。而今不煉礦中金。自從一見黃龍後。始悔當年錯用心。」

若此者。皆「佛老」之「最上一乘」。乃「宇宙之第一家」也。

【賞析】

「王覺一」祖師舉兩個故事，一個是禪宗「初祖達摩」度化「二祖神光」，另一個是「佛家」的「黃龍禪師」度化「道教」的「呂洞賓祖師」。

第一段故事有偈曰：「不知到底一歸何。是以神光拜達摩。立雪少林爲甚事。只求一指躲閻羅。」最後這一句「只求一指躲閻羅」，成爲今日「一貫道」常說的口頭禪，也是度人求道時，常舉的故事。

「求道」就是經由「點傳師」，在傳道儀式中「一指點玄關」，再傳授「三寶心法」給「求

道者」。說明當年「二祖神光」，就是求「初祖達摩」一指點玄關，來躲閻羅王，脫離六道輪迴。

蓋自「青牛西去（老子騎青牛過函谷關西去）」。道（道教）有「五祖七眞（爲『道教』所供奉的十七位『仙眞』）」。「白馬東來」。佛（佛教）有「三宗（法相宗、破相宗、法性宗）五派（潙仰宗、臨濟宗，三、曹洞宗、雲門宗、法眼宗）」。此數眞者。大概出家修行。直超彼岸。

【重點三十八】

頓悟「無生（謂諸法之實相無生無滅）」。高則高矣。然「葉人求天」。體（事物的本質）重於用（事物的功能）。較之「聖人」。「盡人合天（要求人道與天道相吻合）」。「體用（本質和功能）兼該（兼備）」之學。則有間（分隔、分開）矣。

「性命之說」、自「老子孔子」之後。又有兩講。最下者。以「知覺爲性」。以「四大（指地、水、火、風）爲命」。此正所謂「杞柳之性」「湍水之性」。可以爲「善」。可以爲「不善」之性。以及「荀子」「性惡之性（人性本惡）」之說也。

此只知有「氣數（命運）之命」。「氣質之性（指每個人生成之後，由於稟受陰陽二氣的不同而形成的特殊本性）」。「道」之所以不明也。再上則「以神爲性」。「以氣爲命」。

神氣合一。便是「性命雙修」。此等工夫。以「積精（累積精氣）」爲立基。以「息念」爲「下手（動手做）」。以「神氣合一」爲「得藥」。以「凝神不散」爲「溫養」。以「神還太虛」。「杆頭進步」爲「丹成」。此乃「學者」必由之徑。「違道」原自不遠。

所可議（值得商榷）者。「性命之說」。與「孔子」微有不同。故「入門之處」。歧途（比喻錯誤的道路）紛起。蓋因「神、氣」二物。或名之爲「龍虎」。名之爲「鉛汞」。名之爲「嬰姹（嬰兒姹女）」。以及「龜蛇」、「水火」、「日月」、「白雪」、「黃芽」種種名號。數之不盡。冀（希望）以接引後進（學識或資歷較淺的人）。乃度世一片婆心（比喻慈悲的心腸）也。

無如（無奈）後人。識薄見淺。妄猜妄議。以致修行路上。異端（由本位角度指稱其他不同的學說、流派）百出。言「鼎爐」也。則流爲「燒煉之家（煉丹師）」。有服「金丹」而致斃者矣。言「男女」也。則流爲「采補之家」。有服「紅鉛（道教稱『月經』爲『紅鉛』）」而「造孽者」矣。種種積弊。指不勝屈。此皆立言（樹立精闢可傳的言論、學說）之過也。

【賞析】

「王覺一」祖師感嘆，後世各種「異端學說」的盛行。句中的許多專有名詞和典故如下。

(1)「五祖七眞」：

爲「道教」所供奉的十七位「仙眞」。「五祖」，有南北二宗。「南五祖」爲紫陽眞人「張伯端」、杏林翠玄眞人「石泰」、道光紫賢眞人「薛式」、泥丸翠虛眞人「陳楠」、瓊炫紫虛眞人「白玉蟾」；「北五祖」爲東華帝君「王玄甫」、正陽帝君「鍾離權」、純陽帝君「呂洞賓」、純佑帝君「劉海蟾」、輔極帝君「王重陽」。「七眞」爲長春眞人「丘處機」、無爲眞人「馬鈺」、蘊德眞人「譚處端」、長生眞人「劉處玄」、玉陽眞人「王處一」、廣寧眞人「郝大通」、清淨散人「孫不二」。

(2)「白馬東來」：

東漢「明帝」曾經夜夢「丈六金人」，頂佩「白光」，自「西方」飛來。大臣「傅毅」認爲是「西方的佛」，「漢明帝」遂「感夢求法」，令「蔡愔、秦景、王遵」等十餘人這，於永平七年（公元六十四年）赴「天竺（印度）」求「佛法」。

途中，他們在「西域」的「大月氏」遇到了來自「天竺（印度）」的僧人「攝摩騰」和「竺法蘭」，得「佛經、佛像」，於是相偕同行，以「白馬馱經」，並於永平十年（公元六十七年）來到當時的京城「洛陽」。

爲了給兩位高僧一個居住和翻譯《四十二章經》的地方，「漢明帝」敕命在城西的「雍門」外，按「天竺（印度）」式樣建造了一組建築，以「僧人們」暫住的「鴻臚寺」的「寺」字稱之，爲了紀念「白馬馱經」之功，便將這組建築命名爲「白馬寺」。

「白馬寺」自建立後，便成爲了「中國佛教」的傳播中心。「攝摩騰」和「竺法蘭」在這裡翻譯出了第一部漢語佛經《四十二章經》，後來另一位天竺僧人「曇柯迦羅」又譯出了第一部漢文佛律《僧祇戒心》，其他國家的僧侶也來此覽經求法。

(3)「杞柳之性」：語出《孟子．告子章句上》

●原文：

告子曰：「性猶杞柳也，義猶杯棬也；以人性爲仁義，猶以杞柳爲杯。」

孟子曰：「子能順杞柳之性而以爲杯乎？將戕賊杞柳而後以爲杯也？如將戕賊杞柳而以爲杯，則亦將戕賊人以爲仁義與？率天下之人而禍仁義者，必子之言夫！」

【白話翻譯】

告子說：「人的『本性』好比『杞柳樹（欅樹）』，『義理』好比『杯盤』；把人的『本性』做成『仁義』，正好比用『杞柳樹』來做成『杯盤』。」

孟子說：「您是順著『杞柳樹的本性』來做成『杯盤』呢，還是扭曲『杞柳樹的本性』來做成『杯盤』？如果要扭曲『杞柳樹的本性』之後才做成『杯盤』，那不也要扭曲人的『本性』之後才做成『仁義』嗎？率領『天下的人』來禍害『仁義』的，一定是您的這些話吧！」

(4)「湍（ㄊㄨㄢ）水之性」：語出《孟子．告子章句上》

●原文：

告子曰：「性，猶湍水也；決諸東方則東流，決諸西方則西流。人性之無分於善不善也，猶水之無分於東西也。」

孟子說：「水信無分於東西，無分於上下乎？人性之善也，猶水之就下也；人無有不善，水無有不下。今夫水，搏而躍之，可使過顙；激而行之，可使在山。是豈水之性哉？其勢則然也。人之可使爲不善，其性亦猶是也。」

【白話翻譯】

告子說：「『人性』如同瀠洄漩渦的流水，引它向東方就往東流，引它向西方就往西流。『人性』的不分善與不善，就如同『水性』的不分東西一樣呢。」

孟子說：「『水性』誠然沒有『東西』的分別；但也沒有『上下』的分別嗎？『人性』的向善，就如同『水性』的向下；『人性』沒有不向善的，『水性』也沒有不向下流的。譬如這水，用手拍擊它，使它濺起來，可以高過額頭；阻塞它，使它逆流，可使它往山上流，這難道是水的本性嗎？是『外力的迫使』才這樣的啊；一個人的可以使他變成『不善』，其情形也就像這個樣子的。」

五、理性釋疑

【重點一】

「孔子之道」。以「天命爲性（上天賦予人的品德叫做本性）」。以「率性爲道（遵循人的本性去做事叫做道）」。「命者」以「賦畀（ㄅㄧˋ，給予）」而言。「性者」以「稟受（天所賦予人的體性）」而言。

「賦畀」「理也」。「稟受」亦「理也」。「理」者「本然之性（本性）」卽「無極之眞」也。故「周子（周敦頤）」曰。「無極之眞」。「二五之精（陰陽二氣和五行（水、火、木、金、土五種物質。另解爲父精母血）」。妙合而凝（聚集、凝集）」。

「此理」乃「三教（儒、釋、道）」之極致。故「儒」曰。「性（本性）卽理也」。

《金剛經》曰、「一合理相（指由衆緣和合而成之一件事物）」。

《心印經》曰、「三品（精、炁、神）一理」。

《中庸》曰、「率性之謂道（遵循人的本性去做事叫做道）」。

《易（繫辭傳）》曰、「成性存存。道義之門（成全萬物的本性，並保護其生存，這就是通向道義的門徑。」

《孟子》曰。「盡其心者。知其性也。知其性。則知天矣（能夠充分發展自己靈明不昧之本心的人，就可知道自己稟之於天的本性；能夠知道自己的本性，就可以知道天道。）」。

又曰、「存其心。養其性。所以事天也（保存自己靈明本心而勿失，順養自己天賦的本性而勿害，這就是事天之道。）」

《清靜經》曰、「眞常應物。眞常得性（時常以寂靜的眞心，來對應外界萬物，並且時時照見自己的本性。）」。

《金剛經》曰、「福德性（福德的本身無自性，也可以講它無定性。）」。

《六祖（壇經）》曰、「見性成佛」。

是故「孔子」以「率性（遵循人的本性去做事）」而成「聖」。「釋迦」以「見性」而「成佛」。「老君」以「得性」而「成道」。

此「明心見性（指明證、悟解本心是自性淸淨心）。存心養性（保存赤子之心，修養善良之性）。修心煉性（『心』是『後天之性』，『性』是『先天之心』；『不動之心』爲『性』，『已動之後性』即是『心』；『未發之前心』是『性』，『已發之後性』是『心』。修持『念中無念』，卽可『滌心返性』。）」。「歸一、守一、一貫」、之所自來也。

【賞析】

「王覺一」祖師說，「理」就是「本然之性（本性）」，卽「周敦頤」在《太極圖說》裡所說的「無極之眞」。「無極之眞」降下人間，融入「二五之精（陰陽二氣和五行（水、火、木、金、土五種物質。另解爲父精母血）」，妙合而凝（聚集、凝集），成爲一個人。

「性（本性）」即是「理」，「此理」乃「三教（儒、釋、道）」之極致。所以，「孔子」以「率性（遵循人的本性去做事）」而成「聖」。「釋迦」以「見性」而「成佛」。「老君」以「得性」而「成道」。

下面這三句話，是「一貫道」信徒的「口頭禪」：

⑴「明心見性（指明證、悟解本心是自性清淨心）。

⑵「存心養性（保存赤子之心，修養善良之性）。

⑶「修心煉性（『心』是『後天之性』，『性』是『先天之心』；『不動之心』爲『性』，『已動之後性』即是『心』；『未發之前心』是『性』，『已發之後性』是『心』。修持『念中無念』，即可『滌心返性』。）」。

另外，「歸一、守一、一貫」，也是在「一貫道」常聽到的用語。

【重點二】

「釋迦」言「性（本性）」而不言「命」。「孔子」以「天命（上天賦予人的品德）」者爲「性（本性）」。「性（本性）」與「命」原是「一理」。「老子」雖言「性命」。而未嘗（不曾）以離（離卦）中之「眞陰」謂「性」。坎（坎卦）中之「眞陽」謂「命」也。

如《清靜經》之「眞常得性（時常以寂靜的『眞心』，來照見自己的『本性』。）」。《道德經》曰、「歸根復命（返回到它的『本根』就叫做『清靜』，『清靜』就叫做『復歸於生命』。）」。得「性者」盡人（任人、由著人）也。復「命者」合天（合乎自然；合乎天道）

也。

而「孔子」亦曰。「窮理（窮究事物之理）盡性（完全發揮天賦的本性）。以至於命（窮究天下萬物的根本原理，徹底洞明人類的心體自性，以達到改變人類命運的崇高目標，從而使人類行爲與自然規律能夠和諧平衡、生生不息。）」

三教（儒、釋、道）心法。「秦漢」而下。皆失其眞。「學者」各逞（顯露、展示）臆見（個人主觀的見解）。此注經（用文字解釋經文的文義）經亡（失去經文的原意）。講佛罵佛。小言（言不入道）破道之所以然（所以如此）也。

【賞析】

「王覺一」祖師說，「釋迦」言「性（本性）」而不言「命」，「孔子」以「天命（上天賦予人的品德）」者爲「性（本性）」，「性（本性）」與「命」原是「一理」。

三教（儒、釋、道）心法，從「秦漢」以後，就失傳了。歷代的「學者」，各自展示個人主觀的見解，主觀的用文字解釋經文的文義，因此失去經文的原意。講佛罵佛，言不入道，所以「道」的眞義，就被曲解了。

【重點三】

聖域（聖人的境界）者。純（全、都、皆）於「理」、而不雜（混合、摻入）於「氣」也。故「儒（儒家）」曰。「窮神知化（指深究事物的精微道理）」。「道（道家）」曰、「谷神不死（虛空不定的變化是永不停歇的）」。「佛（佛家）」曰。「正法眼藏。涅槃妙心（我現在有正法眼藏，這是個涅槃的妙心。）」。言雖不同。而「理」則一（相同）也。

【賞析】

「王覺一」祖師說，聖域（聖人的境界）者，全都是「理」，而不摻入於「氣」。

「一貫道」認爲，「道家」說「谷神不死」，「佛家」說「正法眼藏」，「谷神」和「眼藏」，都是暗指「玄關竅」的位置。

【重點四】

或（有人）又問曰。先生所傳「末後一著」。掃心（過去心、現在心、未來心）飛相（無我相，無人相，無衆生相，無壽者相）。神（元神）合「太虛（空虛寂寞的境界）」與「明心見性（指明證、悟解本心是自性清淨心）」。頗有符合。然（可是）不從「命功（卽修命之功，指養身煉氣的功夫。）」下手。不幾於（近於；幾乎）落「虛空（心中無著落）」乎。

余曰。「先生」非「聖人之徒（門人、弟子）」乎。何其（多麼）不達「眞空（指一切現象都只是概念所構成，沒有實體。）」。執相（執著形象）之甚（過分、過度）也。

豈不聞《中庸》云。「聲色之於以化民末也。德輶如毛。毛猶有倫。上天之載。無聲無臭至矣。聲臭已無形矣。（用聲張宣揚來感化百姓，這是最不根本的啊！

《詩經》上說：『德行猶如羽毛。』但是羽毛仍是可比的「『上天所承載的道，無聲無味』，這才是最高的境界啊！」蓋（乃是、實在是）毛（羽毛）者象（象天）也。「聲臭者（聲音和味道）」氣（氣天）也。離象（象天）離氣（氣天）。非理（理天）而何。

《金剛經》曰。「若以色見我。以音聲求我。是人行邪道。不能見如來。（如果以爲相就是如來，如果以爲發出來的聲音就是如來，這個人是行邪道，不能見如來。）」此「如來法相」。

視之不見。聽之不聞。故能體物（體察事物）而不遺（遺漏）也。

《清靜經》曰。「大道無形。生育天地（大道沒有形體，卻能生成天與地）。」三教（儒、釋、道）聖人、皆以「視之不見。聽之不聞。包羅天地。養育群生者」爲「道」。

而「先生」獨以爲「落空（一無所得）」者。爲「丹經」喻言（比喻）所惑（迷惑）也。諸「丹經」皆以「和合四相。攢五行。結聖胎。放陽神。」爲「金丹」了手（結束）。於是有「火降水升。金木交並。抽汞塡鉛。」種種造作（故意做出的不自然舉動）。苦死無成。尚且終身不悟。以訛（錯誤）傳訛（錯誤）。自誤誤人。可悲可憫（哀憐）。

【賞析】

「王覺一」祖師在當時的傳教，提倡「末後一著說」，所以又被稱爲「末後一著教」。

「王覺一」祖師說，有人又問他，他所傳的「末後一著」，提倡「掃心（過去心、現在心、未來心）飛相（無我相，無人相，無衆生相，無壽者相）、神（元神）合「太虛（空虛寂寞的境界）」，與「佛家」的「明心見性（指明證、悟解本心是自性清淨心）」，頗有符合。可是，不從「命功（卽修命之功，指養身煉氣的功夫。）」下手，不是幾乎沒有用處嗎？

「王覺一」祖師回答說，你太執著形象了，《中庸》、《詩經》、《金剛經》和《清靜經》上所說的道理，都是離「象天氣天」，去「理天」的事情。三教（儒、釋、道）聖人都以「視之不見。聽之不聞。包羅天地。養育群生者」爲「道」。

而你獨自以爲「落空（一無所得）」，是因爲你被「道教」的「丹經」內容，有太多的「比喻」所迷惑。「丹經」的種種造作（故意做出的不自然舉動）方法，會讓你終身不悟，以訛傳

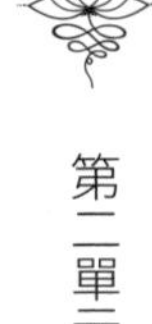

訛，自誤誤人，這是可悲可憫的事情。

【重點五】

吾今破此「迷團疑網」。免致「遺誤（遺漏和錯誤）世人」。失落「眞性（本性）」。何爲「金」。「乾」爲「金」。何爲「天」。「乾」爲「天」。萬物統體（總體；全體）一天（滿天）。物物各具一天（滿天）。天理天氣。在「天」爲「命」。在「人」爲「性」。「氣天之性」。終有窮盡（竭盡、盡止）。

「理天之理」。萬劫常存。「氣者鬼胎」也。「理者聖胎」也。「修眞之士」。先知「四大（指地、水、火、風，乃組成宇宙、人身的基本元素。）爲假。魂魄非眞」。

「無始（沒有起始，指太古。）」以來。不增不減。惟此「天理之性」耳。「性」受「太虛空」。自天而入。「性」合「太虛空」。盡人（任人、由著人）合天（合乎自然；合乎天道）。悟到「元神理性」。謂之「結胎」。悟到「神通廣大」。性合「無極」謂之「脫胎」。

若舍「元神理性」。而別求「聖胎」。是抛「照乘之珠（指光亮能照明車輛的寶珠）」。而求「魚目（魚眼睛）」也。騎驢覓驢。認賊爲子。揠苗助長（比喻爲求速成而未循序漸進，結果不但無益，反而有害）。無益有害也。

【賞析】

何謂「無始」？一切世間，如「衆生、諸法」等皆無「有始」，如「今生」乃從「前世之因緣」而有，「前世」亦從「前世」而有，如是輾轉推究，故「衆生」及「諸法」之「原始」皆不可得，故稱「無始」。

「王覺一」祖師說，他爲了破此「迷團疑網」，以免世人失落「眞性（本性）」，所以才提倡「末後一著說」。物物各具一天（滿天），在「天」爲「命」，在「人」爲「性」。「氣天之性」，終有窮盡（竭盡、盡止），「理天之理」，萬劫常存。

「無始（沒有起始，指太古。）」以來，惟此「天理之性」不增不減。領悟到「元神理性」，稱爲「結胎」。領悟到「神通廣大」，性合「無極」，稱爲「脫胎」。若捨棄「元神理性」，而別求「聖胎」，是騎驢覓驢，認賊爲子，無益有害。

【重點六】

吾以「常清常靜（寧靜不煩擾）。非禮勿視、聽、言、動。無人、我、衆生、壽者相。」爲「煉己筑基」。

以「頓悟本來『乾元（天德的基始，是萬物孳生的力量來源）』面目。元神理性。爲得藥（金丹）結胎（聖胎）。以飢餐渴飲（餓就吃，渴就喝）。夏葛冬裘（夏天穿葛衣，冬天穿衣襖。指人能因時制宜，懂得變通）。

「貴賤有等。長幼有序。（『禮』是有貴賤等級的，長幼有差別的。）」從容中道（指從容不迫地做到事事合乎道義）。爲「沐浴溫養」。

「周天（氣路之行徑，周而復始，連綿不斷。）火候（比喻修養程度的深淺）。以數盡（氣數盡）理純。性（本性）合『無極』。爲『脫胎神化』。以造詣（學業或技藝達到的程度）淺深。知（指知識或道德觀念）行（指行爲、行動）純駁（純正或不純正）。而分賢關（賢人的境界）聖域（聖人的境界）。以『接續道統』。俎豆（ㄗㄨˇ，奉祀）廟貌（廟宇及神像）。師表

（足爲表率，可以讓人效法的人。）萬世。」爲「證果朝元」。

【賞析】

「王覺一」祖師所說的「煉己筑基」、「沐浴溫養」和「證果朝元」，都是「道教」修行練功的方法。但是，「王覺一」祖師有他自己的定義。

⑴「煉己筑基」：

「內丹」入門功法有二：第一步爲「煉己」，其功成標誌爲「丹田氣暖，腎如湯煎，氣行帶脈」；第二步爲「築基」，其功成標誌爲「氣通任督」。此後，便進入「後天返先天」狀態，一切「有爲之法」皆不存在。

①「煉己」又稱作「修心煉性」，亦即分爲「修心」和「煉性」兩方面。

「修心煉己」：少貪無愛；牢固陰精；打煉睡魔；苦己利人；大起塵勞；心地下功，全拋世事；勇猛精進，以道爲己任；腳踏實地，步步出力；富貴不能淫，貧賤不能移，威武不能屈；披褐懷玉，大智若愚，大巧若拙。

「煉性煉己」：當調身，調心完成後，接著慢慢將「兩眼神光」從「遠處」收至「天心（兩眉之中間）」，同時輕合上雙眼。「兩眼神光」聚「天，心」，又稱爲「迴光」。把「神光」回收至「天心」，然後引「神光」入腦中「泥丸宮」，再慢慢降光，從「中脈」下至「氣穴（此處氣穴位於兩腎之間，臍後七分，命門前三分。）」。

再用「腹式呼吸法」，「吸氣」時氣入鼻孔緩慢吸入，沉至「下丹田」，氣吸七分滿時，閉氣，意守「下丹田」，「閉氣」時間總以不勉強力度。「呼氣」時，氣從鼻慢慢呼出，放鬆腹部，「腎火」熱如「湯煎」，此爲「腎中精氣」發動的現象，若有「精氣」自行走動的現象，此乃關鍵之時，立卽引「此精氣」行走「帶脈」。「帶脈」打通，並且順暢之後，「丹田氣」足已。行功至此，「煉己」以成，再繼續修煉「築基」。

②「築基」：當「丹田之氣」充足之時，用「意念」運「此氣」過「督脈三關（尾閭關、夾脊關、玉枕關」）入「泥丸宮」，順「任脈」降至「中丹田」，再降至「下丹田」。如此，週天循環，脈絡暢通，此時全身精力充沛，目光炯炯，面色紅潤，氣足神清，至此「築基」完成。

⑵「沐浴溫養」：

①沐浴：「金丹學」術語。「沐浴」原指「洗頭髮」和「洗身體」，也就是「洗澡」。道教「外丹家」以「沐浴」來形容「丹藥處理」。後來「沐浴」的術語，也被引入「內丹」的修煉過程中。

就「內丹修煉」而言，所謂「沐浴」指的是，「緩和火候」的「洗心滌慮功夫」。就是在導引「眞氣」，運轉「河車（腎眞氣）」的過程中，防止「躁動的念頭」發生。

「內丹家」認爲，人體「六陽氣」由「督脈」上升，於「子時」至「會陰穴」，「卯時」至「夾脊」；「六氣陰」由「任脈」下降，「午時」至「泥丸宮」，「酉時」至「黃庭」。

「沐浴」主要是在「卯酉」的「關節點」進行。「神」住於「夾脊」，僅「吸氣」卽休歇，不「進火（以神御氣）」，也不「退符（呼吸無心）」，這是「後升沐浴」的關鍵；

「神」住於「黃庭（中丹田）」，僅「呼氣」即休歇，同樣不「進火（以神御氣）」，不「退符（呼吸無心）」，這就是「前降之沐浴」。

②溫養：「金丹學」術語。它是「煉養丹藥」的基本環節之一，尤其在「內丹學」中使用更多。「溫養」之「溫」表明在「金丹」修煉過程中，必須持續一定的「火候」，不可使之熄滅，否則「金丹」就無法煉製成功；「溫養」之「養」表明在「火候」操持的時候，不可以「武火猛煉」，如果果操之過急，將使「陰陽進退」失序。

(3)「證果朝元」：

①證果：佛家語，指證入「果位」。

②朝元：指「五氣朝元」，「道教」修煉之法。謂煉「內丹者」「不視、不聽、不言、不聞、不動」，而「五臟之精氣」生剋制化，朝歸於「黃庭（臍內空處；中丹田）」，稱爲「五氣朝元」。

【重點七】

自「子會開天」。「萬物」自無入有。自理（理天）入氣（氣天）。自氣（氣天）入象（象天）也。「午會傳道」者。由象（象天）悟氣（氣天）。由氣（氣天）悟理（理天）。象（象天）則壞速（迅速毀壞）。氣（氣天）則毀遲（遲緩毀壞）。

理（理天）則主（掌管、統治）氣（氣天）主（掌管、統治）象（象天）。而萬劫不壞也。人人皆違（違反）乎理（理天）。則「生死輪回」。人人皆還（返還）於理（理天）。則「天地」或幾乎息（停止、消失）矣。

此「元會運世」。升降消息。自然之理也。「堯、舜、禹、湯」。首開「心傳」。其「道統之春（比喻開始）」乎。「三教（儒、釋、道）聖人」。繼往開來。乃「道統之夏」也。過此而後。有「聖人」出非「秋」而何。「春發夏長。秋收冬藏」。而「元會運世」完矣。

【賞析】

「王覺一」祖師依照「元會運世」，來說明「天時緊急」，也就是「世界末日」即將來到，所以要趕快「求道修道」。

「元會運世」，簡稱「元會」，是北宋「邵雍」的用語，是「邵雍」虛構的計算「世界歷史年代」的單位，出自《觀物外篇》上。

「邵雍」把「世界」從「開始」到「消滅」的週期叫做「元」，「一元」依「十二地支」排列，因而有「十二會」。「一元」結束後，接著「下一元」的開始，「宇宙」中又開創「新天地」。謂之「一元復始，萬象更新」。

「天地萬物」生於「子會」，極於「巳會」；衰於「午會」，而終於「亥會」，這是陰陽「兩儀」互為「消長」的關係。

當「陽升」時，「自無入有」，而化生「萬物」；在「陰升」時，則「自有返無」，「萬物」返還「無極」，如此循環不已。

「王覺一」祖師依據「邵雍」創立的「元會運世」，再依照《大學》云：「物有本末，事有終始，知所先後，則近道矣。」，認為當「一元會」數盡，「天地」結束，「大混沌」以後，「一元復始，萬象更新」。「子會」再開天，「丑會」再闢地，「寅會」再生人，又開創「新紀

元」。如此，週期性之循環，乃是「宇宙」間，「自然規律」的功能。

而今，正是「午未交替」，爲天地之「關」，如「四季」之「末三秋」、如一「日」之「夕陽黃昏」。「維皇上帝」特命「三佛」共辦收圓，「明師」降世普傳「天道」，「諸天仙佛」一齊打幫助道，歷時一會（未會），引領大地「原佛子」，在天地衰殘之前，同返「無極」。同時上有「河漢星斗」、下有「十殿陰靈」，也都須一同依「明師」指引，而就路返鄉。

【重點八】

「孔子」之教。「存心養性」。以「一貫」爲宗旨。

「佛氏」之教。「明心見」性。以「歸一」爲宗旨。

「老氏」之教。「修心煉性」。以「守一」爲宗旨。

三教（儒、釋、道）聖人。雖天各一方。地分華（中華）夷（古代對中原以外各族的蔑稱）。而其教之不異。若合符節（形容相符合、吻合）。三教（儒、釋、道）之相同者。「心」也。「性」也。「一」也。

【賞析】

「王覺一」祖師提倡「三教合一」，這裡所說的「三教」的宗旨，經常被「一貫道」節錄出來引用。

【重點九】

「無極」者「理」也。「神」也。「太極」者。「氣」也。「數」也。「理、神」、「經」也。「氣、數」、「緯」也。「經」者「常（固定不變的）而不變」。「緯」者「變而有常（規律的、定期的）」」。「常」則「不疾而速。不行而至（因爲把握了最高深的智慧，故而能做到看起來動作很緩慢，但實際走得非常快，看起來都沒有行走，但已經到達了目的地。）」」。「無爲」而成。

「變」則「有名可稱」。有跡可循。往來代謝（新舊交替）。此兩者同塞（充滿）「宇宙」。通貫「萬類（萬物）」」。同在「不睹不聞（品德高尚的人在沒有人看見的地方也是謹慎的，在沒有人聽見的地方也是有所戒懼的。）」之地。「無聲無臭（沒有聲音、氣味）」之天。

【賞析】

「王覺一」祖師說，「無極」就是「理、神」，「太極」就是「氣、數」；「無極」是「常（固定不變的）而不變」，「太極」是「變而有常（規律的、定期的）」；「無極」是「無爲」而成，「太極」則是「有名可稱」。有跡可循。往來代謝（新舊交替）。

「無極」和「太極」同時塞（充滿）「宇宙」，通貫「萬類（萬物）」」。

【重點十】

「神」有「理氣」之分。「理中之神」。「不疾而速。不行而至（因爲把握了最高深的智慧，故而能做到看起來動作很緩慢，但實際走得非常快，看起來都沒有行走，但已經到達了目的地。）」」。「無爲」而成。「常（固定不變的）而不變」。妙（美好）「萬物」而爲言者也。無對待（相對而互有所待）。無配偶。一也。獨也。

「氣中之神」。「來而伸」則爲「神」。「往而屈」則爲「鬼」。「神者」。升也。陽也。「鬼者」。降也。陰也。有對待（相對而互有所待）。有配偶。往來環循。分之則有萬殊。合之原自「一氣」。

「理中之神」。「元神」也。「氣中之神」。「識神」也。「元神先天」也。持之則「日進於高明」。「識神後天」也。縱之則「日流乎污下」。兩者雜（混合）於「方寸（指一寸見方的心部）」。惟「知『道』者」能識（知道、了解）也。

【賞析】

「王覺一」祖師說，「來而伸」則爲「神」。「往而屈」則爲「鬼」。這一句話源自於《朱子語類》，是南宋理學家「朱熹」與其「門人」的對答。

《朱子語類．中庸二．第十六章》原文：

(1)問：「中庸『鬼神』章首尾皆主二氣屈伸往來而言，而中間『洋洋如在其上』，乃引『其氣發揚于上，爲昭明、焄蒿、悽愴』，此乃人物之死氣，似與前後意不合，何也？」

曰：「死便是屈，感召得來，便是伸。」

(2)「『陽魂爲神，陰魄爲鬼。』『鬼，陰之靈；神，陽之靈。』此以二氣言也。然二氣之分，實一氣之運。故凡氣之來而方伸者爲神，氣之往而既屈者爲鬼；陽主伸，陰主屈，此以一氣言也。故以二氣言，則陰爲鬼，陽爲神；以一氣言，則方伸之氣，亦有伸有屈。其方伸者，神之神；其既屈者，神之鬼。既屈之氣，亦有屈有伸。其既屈者，鬼之鬼；其來格者，鬼之神。天地人物皆然，不離此氣之往來屈伸合散而已，此所謂『可錯綜言』者也。」

「王覺一」祖師說，「元神先天」也。持之則「日進於高明」。「識神後天」也。縱之則

「日流乎污下」。這一句話也是源自於《朱子語類》。

《朱子語類．論語二十六．憲問篇．君子上達章》原文：

問：「注云：『君子循天理，故日進乎高明；小人徇人欲，故日究乎污下。』『究』字之義如何？」

曰：「究者，究竟之義，言究竟至於極也。此段本橫渠呂與叔之言，將來湊說，語意方備。小人徇人欲，只管被它墜下去，只見沈了，如人墜水相似。」

「王覺一」祖師說，「理中之神」。「元神」也。「氣中之神」。「識神」也。「元神先天」也。……………。兩者雜（混合）於「方寸（指一寸見方的心部）」。惟「知『道』者」能識（知道、了解）也。

「王覺一」祖師認爲，「元神」和「識神」都藏在「方寸（指一寸見方的心部）」裡，只有「知道『天道』者」才能識（知道、了解）。這一句話也是源自於《太乙金華宗旨》。

《太乙金華宗旨．元神識神章第二》原文：

凡人投胎時，「元神」居「方寸」，而「識神」則居「下心」。下面血肉心，形如大桃，有肺以覆翼之，肝以佐之，大小腸承之，假如一日不食，心上便大不自在，以致聞驚而跳，聞怒而悶，見死亡則悲，見美色則眩，頭上何嘗微微有些兒動。

問：方寸不能動乎？方寸中之眞意，如何能動。到動時便不妙，然亦最妙，凡人死時方動，此爲不妙；最妙者，光已凝結爲法身，漸漸靈通欲動矣，此千古不傳之祕也。

【重點十一】

「心者」。萬化之主宰也。「儒曰存心。道曰修心。釋曰明心」。皆不離乎心以為道。「第（次序、等級）心」有「人心、道心」之分。即有「惟危、惟微」之別。

【賞析】

「王覺一」祖師說，「第（次序、等級）心」有「人心、道心」之分。即有「惟危、惟微」之別。

「人心惟危，道心惟微；惟精惟一，允執厥中。」這十六個字，是「儒學」乃至「中國文化傳統」中，著名的「十六字心傳」，出自於《尚書．虞書．大禹謨》。

這十六個字，其涵義為：「人心」變化莫測，「道心」中正入微；「惟精惟一」是「道心」的心法，我們要真誠地保持「惟精惟一之道」，不改變、不變換自己的理想和目標，最後使「人心」與「道心」和合，執中而行。

據傳，這十六個字，源於「堯舜禹禪讓」的故事。當「堯」把「帝位」傳給「舜」，以及「舜」把「帝位」傳給「禹」的時候，所託付的是「天下」與「百姓」的重任，是「華夏文明的火種」；而諄諄囑咐，代代相傳的便是以「心」為主題的這十六個漢字。可見其中寓意深刻，意義非凡。

【重點十二】

後世不得「心傳」者。只知道在「心中」。「不知心在何處」。多執臟腑「氣質之心（指每個人生成之後，由於稟受陰陽二氣的不同而形成的特殊本性）」、以為心者也。是以守（保持）

其心而執象（執著形象）。

虛（空出）其心而著空（執著空）。制（管束）其心則理欲（天理和人慾）交馳（指不斷的來來往往）。聖凡不分。理氣（理天和氣天）莫辨（分不出來）。無怪其勞心（費神、傷神）而無成也。

「此心」「堯」以是（用這個）傳之「舜」。「舜」以是（用這個）傳之「禹」。此「見而知之」者也。「禹」以是（用這個）傳之「湯」。「湯」以是（用這個）傳之「文、武、周公」。「周公」以是（用這個）傳之「孔子」。

此「聞而知之」者也。「孔子」傳之「曾子」。「曾子」傳之「子思」。「子思」傳之「孟子」。此又「見而知之」者也。「孟子」以後。心法失傳。

【賞析】

依照《一貫道源流》的記載：一貫道道統沿革自伏羲見龍馬負圖，創造八卦，揭開天地奧祕，是爲大道降世之始。伏羲爲第一代道統祖師，其後聖聖（歷代聖人）相緒，神農爲第二代，第三代軒轅黃帝，第四代少昊，第五代顓頊，第六代帝嚳，」

若依照「王覺一」祖師的說法，「此心」「堯」以是（用這個）傳之「舜」。……………。「孟子」以後。心法失傳。似乎，「堯」才是眞正的第一代祖師，但是在《一貫道源流》裡，「堯」是第七代祖師。

《一貫道源流》：第七代帝堯，第八代帝舜，第九代夏禹，第十代伊尹，第十一代商湯，第十二代姜尚，第十三代文王、武王、周公，第十四代老子，第十五代孔子，第十六代顏子、曾

子，第十七代子思，第十八代孟子，是爲東方十八代。孟子以後，道脈西遷，心法失傳，儒道道脈泯滅，究未得繼續道統，……………。」

【重點十三】

歷「秦、漢、晉、隋、唐」。鮮（少）有造（創製）其域（範圍）者。

迨（等到）至炎宋（宋朝趙匡胤自稱以火德王，故稱炎宋。）受命。五星聚奎（又稱五星聯珠。指從地球上看天空，水星、金星、火星、木星與土星等五大行星排列爲近乎直線的奇特天象。北宋五子（周敦頤、程灝、程頤、邵雍、張載）也被說成是應了五星聯珠的天象，由他們所開創的理學，也就成了天意的代表。）。

文運（文學盛衰的氣運）天開（謂天予開發、啟示）。希夷（陳摶）首出。濂洛（「濂」指「周敦頤」，「洛」指「程頤、程顥」兄弟）接踵（形容相繼不絕）。

厥（於是）有龜山（龜山學派，是由北宋末南宋初的「楊時」所創立的理學學派。楊時是二程的著名弟子。龜山學派是從二程到朱熹「理學」之最重要的中間環節。）。龜山（楊時）之後。

繼以豫章（「豫章學派」是由南末初人稱「豫章先生」的「羅從彥」所創立，「羅從彥」師承「楊時」）。

及至延平（延平四賢，是指兩宋時期崛起於福建南劍州道統相繼，學術思想一脈相承的楊時、羅從彥、李侗、朱熹四位理學大儒。因爲南劍州自元代改稱延平路，明初又改爲延平府，故後人將上述四人稱爲「延平四賢」）。

道傳朱子（朱熹）。而「心法一脈」。遂（竟然）有「鵝湖（鵝湖之會）、鹿洞（白鹿洞講演）。朱學（朱熹）、陸學（陸九淵）」。「德性（陸九淵主張）、問學（朱熹主張）」之分。

【賞析】

「王覺一」祖師說，而「心法一脈」。遂（竟然）有「鵝湖、鹿洞。朱學（朱熹）、陸學（陸九淵）」。「德性、問學」之分。這是在講「程朱理學」和「陸王心學」的路線之爭。

「程朱理學」，是「宋明理學」的主要派別之一，有時會被簡稱爲「理學」，與「心學」相對。「程朱理學」是指「宋朝」以後，由「程顥、程頤、朱熹」等人發展出來的「儒家流派」，認爲「理」是「宇宙萬物」的起源，而且「理」是善的，「理」將「善」賦予人，便成爲「本性」，將「善」賦予「社會」，便成爲「禮」，而人在世界「萬物」紛擾交錯中，很容易迷失自己稟賦自「理」而來的「本性」，「社會」便失去「禮」。

他還認爲，由於「理」是「宇宙萬物」的起源，所以「萬物」「之所以然」，必有一個「理」，而通過「推究事物的道理（格物）」，可以達到「認識眞理」的目的（致知）。

所以，如果無法收斂「私慾」的擴張，則偏離了「天道」，不但無法成爲「聖人」，還可能會迷失世間，所以要「修養、歸返」、並伸展「上天」賦予的「本性」，以達致「仁」的最高境界，此時完全進入了「理」，卽「天人合一」的境界，然後就可以「從心所欲而不逾矩」，這時「人慾」已融入進「天理」中（滅人慾，不是無慾，而是理欲合一），「無意、無必、無固、無我」，則無論做什麼都不會偏離「天道」了。

「陸王心學」，主要強調「人的本心」作爲「道德主體」，自身決定「道德法則」和「倫理規範」，使「道德實踐」的「主體性原則」凸現出來。

「陸九淵」把「心」作爲「宇宙萬物」的本原，他提出「心」就是「理」的主張；強調「宇宙便是吾心，吾心便是眞理」，認爲「天地萬物」都在「心」中。所以，他的學說被稱爲「心學」。他認爲「窮理（窮究事物之理）」不必向外探求，只需「反省內心」就可得到「天理」。

「心學」，作爲「儒學」的一門學派，爲「儒客」推崇，最早可推溯自「孟子」，而北宋「程顥」開其端，南宋「陸九淵」大開門徑，而與「朱熹」的「理學」分庭抗禮。

至「明朝」，「陳獻章」開「明朝心學」之河，儒客大家「王陽明」首度提出「心學」二個字，並發揚光大，並且提出「心學的宗旨」在於「致良知」，至此「心學」開始有清晰而獨立的學術脈絡。

「陸九淵」與「朱熹」曾進行過多次辯論，最有名的是「鵝湖之會」。辯論的範圍，涉及到「理學」的所有核心問題，辯論的影響也涉及當時的多個學派。

「鵝湖之會」之後，「朱熹」邀請「陸九淵」到「白鹿洞書院」講演，兩人握手言和。

⑴鵝湖之會：

南宋淳熙二年（公元一一七五年）六月五日，在鉛山「鵝湖寺」，舉行了一次規模不大，但是影響深遠的講會。此次會議，由「南宋」哲學家兼教育家「呂祖謙」主持，與會的有「朱熹、陸九淵、陸九齡」及其「門生」，這就是中國歷史上著名的「鵝湖之會」。

江西「二陸的心學」和「朱熹的道學」，在當時已經廣爲流傳，但是他們互未見面。「呂祖謙」爲了使雙方相互切磋，辯論學術的異同，於是有了這次講會。「鵝湖之會」持續了三天，主要由「陸九淵」和「朱熹」發言，辯論議題是討論「爲學之方」，包括「治學、講學」和「道德修養」三重工夫。朱陸兩人都提倡「理」的重要性，但是「和而不同」。

「朱熹」認爲「理」是客觀存在的，其方法重「格物窮理」（窮究事物之理），主張「道問學」，提倡「先泛觀博覽而後約取」的讀書方法，提出「格物致知」，譏諷「陸九淵」之教人，爲太過易簡。

「陸九淵」則認爲「心卽理」，將「仁義之理」看作是「人的本性」，其方法重在「發明本心」，主張「尊德性」，提出「易簡工夫」，並批評「朱熹」之教人，太過支離（散亂而無條理）。

「鵝湖之會」以「朱陸」二人互相爭論，不歡而散而結束，並沒有達到「呂祖謙」想「會歸於一」的目的。雖然使「朱、陸」兩家，加深彼此的了解，但卻更加深了「理學」與「心學」的分歧。

「鵝湖之會」後，「陸九淵」與「朱熹」彼此「英雄惜英雄」，可謂「不打不相識」，兩位「儒學宗師」的高風亮節，令人敬佩。

(2)白鹿洞講演：

「鵝湖之會」六年後，淳熙八年（公元一一八一年）二月，「陸九淵」率弟子前往「南康」拜訪「朱熹」，史稱「南康之集」。

「陸九淵」的「南康之行」，受到「朱熹」的眞誠歡迎。「陸九淵」應「朱熹」之邀，登上「白鹿洞書院」講席，爲「學子」講解《論語》中《君子喻於義，小人喻於利》一章，留下了著

名的《白鹿洞書院論語講義》。

此次講學以「學子」最關心的「科舉做官」爲論題，核心內容便是「學者當辨義利」；而「以義利分辨志向」，正是最爲切中要害的「心學」入門教法。「陸九淵」在此次演講中熱血激盪，直指「人心」的內心深處，宣揚「心學」，給台下聽衆留下極大的心理震撼，並獲得極大成功。

「朱熹」深受感動，表示十分欽佩「陸九淵」的講解，並將這篇「講義」刻於石上以示推崇，並親自作「跋（文體名。寫於書籍、文章、字畫或碑帖等後面言簡意賅的文字稱爲『跋』。『跋』文內容多屬評介、鑑定或考據等性質。）」。這是「朱、陸」兩位大儒之間的握手言和，但是各自「門生」之間，卻互相攻擊，互相辯論，圍繞在「朱陸異同」的話題，展開了無數次的爭鋒。

到了「明代」的大儒「王陽明」，是「心學」的集大成者，他的思想便是「朱陸之辯」的一個成果。「陽明心學」既是對「象山心學」的繼承和發揚，同時也可看作是對於「朱陸學說」的綜合。

【重點十四】

而「格物之學」。遂（竟然）有「事物、物欲（對物質的欲望）」之分。尊「德性」者。以「格」爲「捍格（互相抵觸，格格不入）」之「格」。以「物」爲「物欲（對物質享受的慾望）」之「物」。其意（意思）若（好像）曰。「人生而靜。天之性也。感於物而動。性之欲也（人生來喜歡安靜，這是人的一種天性；感知外物以後發生情感的變化，是天性產生的慾求。）」。

故「孟子」曰。「養心莫善於寡欲（修養心性的方法，沒有比減少物慾更好的）」。「寡（少）物欲（對物質的欲望）者」。「仲弓問仁之事」也。「格（匡正、改正）物欲（對物質的欲望）者」。「顏淵問仁之事」也。「格（匡正、改正）」即「克（制服、約束）」也。此「格」即書之「格其非心（指糾正錯誤、不正確的思想。）」。「孟子」之惟「大人」爲能格（匡正、改正）「君心之非」之格（匡正、改正）。「物」即「己」也。「格物」即「克己（改正自己）」也。

一日「克己復禮（克制自己的私欲，使言行舉止合乎禮節。）」。天下歸仁（歸服仁德）焉。其效（功用）之速（快）如是（如此）之捷（快速）者。其故（原因）何也。蓋「天命之性（天性）」。人人固有（本來就有）。特（特別）拘（限制）於「氣稟（人生來對氣的稟受）」。蔽（遮蓋、擋住）於「物欲（對物質的欲望）」。大都有而不知其有。

聖聖（歷代聖人）傳心。即傳其「固有（本來就有）之心」也。其「固有（本來就有）之心」。即「本然之性（本性）」。即「天之所命（天命）」。「天者」人人統體（總體；全體）之性。「性者」人人「各具之天」也。

故「孟子」曰。「盡其心（能殫精竭慮於如何行善）者。知（了解）其性（人的本性）也。知（了解）其性（人的本性）則知天（懂得了天命）矣。存其心（保持人的本心）。養其性（培養人的本性）。所以事天（這就是對待天命的方法）也。」

【賞析】

《現代漢語詞典》解釋「格物致知」爲：窮究事物的原理法則，而總結爲理性知識。亦卽：「研究事物原理，而獲得知識。」。

「格」是「推究」，「致」是「求得」，「格物」是窮究事物原理，從而獲得知識。「格物致知」的精神，指的是一種「實踐精神」，意思和西方人所強調的「科學精神」類似。

上面是一般「學者」對「格物致知」的解釋，而「王覺一」祖師祖師有獨特的見解，他認爲，「格（匡正、改正）」，卽「克（制服、約束）」。「物」，卽「己（自己）」。「格物」，卽「克己（約束自己）」。

「王覺一」祖師說，「寡物欲（對物質的欲望）者」。仲弓問仁之事也。語出《論語．顏淵篇》。

●《論語．顏淵篇》原文：

仲弓問仁。

子曰：「出門如見大賓，使民如承大祭。己所不欲，勿施於人。在邦無怨，在家無怨。」

仲弓曰：「雍雖不敏，請事斯語矣。」

【白話翻譯】

「仲弓」問「什麼是仁」。

「孔子」說：「出門好像去見貴賓，役使民衆好像去承擔重大祀典。自己所不想要的事物，就不要強加給別人。在邦國做事沒有抱怨，在卿大夫的封地做事也無抱怨。」

仲弓說：「我冉雍雖然不聰敏，請讓我照這些話去做。」

「王覺一」祖師說，「格物欲（對物質的欲望）者」。顏淵問仁之事也。語出《論語．顏淵篇》。

●《論語．顏淵篇》原文：

顏淵問仁。

子曰：「克己復禮爲仁。一日克己復禮，天下歸仁焉。爲仁由己，而由人乎哉？」

顏淵曰：「請問其目？」

子曰：「非禮勿視，非禮勿聽，非禮勿言，非禮勿動。」

顏淵曰：「回雖不敏，請事斯語矣。」

【白話翻譯】

「顏淵」問「什麼是仁」。

「孔子」說：「抑制自己，使言語和行動都走到禮上來，就是仁。一旦做到了這些，天下的人都會稱許你有仁德。實行仁德要靠自己，難道是靠別人嗎？」

「顏淵」說：「請問實行仁德的具體途徑。」

「孔子」說：「不合禮的事不看，不合禮的事不聽，不合禮的事不言，不合禮的事不做。」

「顏淵」說：「我雖然不聰敏，請讓我照這些話去做。」

「王覺一」祖師說，歷代聖人「傳心」。卽傳其「固有（本來就有）之心」。其「固有（本來就有）之心」，卽「本然之性（本性）」，卽「天之所命（天命）」。「天者」人人統體（總

體；全體）之性。「性者」人人「各具之天」。

天人（天和人）本自（原本就是）一貫（同一道理）。天統（率領、總理）四時（春、夏、秋、冬四季）。心（人心）統（率領、總理）四端（惻隱、羞惡、辭讓、是非之心，爲仁、義、禮、智之端）。天之所具（有、備有）者。「人性（人類所具有而異於其他動物的本性）」悉（全部）具（有、備有）。特（特別）患（憂慮、擔心）人不能盡性（完全發揮天賦的本性）耳。

【重點十五】

「盡性（完全發揮天賦的本性）之道（方法）」。由「致知（推極知識）」入手（著手）。「致知（推極知識）」之功（工夫）。由「格（匡正、改正）物」入手。「格事物」之「物者」。卽流（趨向）「溯源之學（探究和追溯事物的原由之學問）」也。

格（匡正、改正）物欲（對物質的欲望）之「物」者。「由本及末之學」也。若「格事物」。而不知「心性之眞（本性）」。則落於執象（執著形象）。「格物欲（對物質的欲望）」。而不知「心性之眞本性）」。則入於「玩空（頑空，指一種無知無覺的、無思無爲的虛無境界）」。然而心亦難言知矣。

若以「臟腑之心」爲「心」。則「血肉一團」。此「童婦（兒童、婦女）」皆知之心。而非「聖聖（歷代聖人）相傳之心」也。此心隨生而有。隨死而無。一氣不來。卽成臭穢（不淨；骯髒）。而非「不因生有。不隨死無。虛靈（心靈）不昧（不損壞；不湮滅）」之心也。

若以「知覺（感覺）運動（運用）者」爲「心」。此心乃「危殆（危險）不安」之心。而非「微妙難見」之心。「天理（天道）之心」也。「危殆不安」之心。「天氣（運命的徵候）之心」也。「血肉一團」之心。「物象（物體的形象）」之心也。

【賞析】

「王覺一」祖師說，天和人原本就是同一個道理。天總理四時（春、夏、秋、冬四季），人心總理四端（惻隱、羞惡、辭讓、是非之心，爲仁、義、禮、智之端）。天所備有的，「人性」也全部具備有。

若「格事物」，而不知道「心性之眞（本性）」，則落於執著形象。「格物欲（對物質的欲望）」，而不知「心性之眞本性）」，則入於「頑空（指一種無知無覺的、無思無爲的虛無境界）」，然而心亦難言知矣。

若以「臟腑之心」爲「心」，則非歷代聖人相傳之心。此心隨生而有，隨死而無，一氣不來，卽成臭穢（不淨；骯髒）。而非「不因生有，不隨死無，虛靈（心靈）不昧（不損壞；不湮滅）」之心。

【重點十六】

「太極」以前。「氣（氣天）」具（具備）於「理（理天）」。「太極」之後。「理（理天）」寓（寄居）於「氣（氣天）」。「物象（物體的形象）」者「理（理天）」「氣（氣天）」發現（顯露、出現）。可見之跡（事物的遺痕）耳。

「理（理天）」者「氣（氣天）」之主。「氣（氣天）」者「象（象天）」之充（塡滿、裝滿）。「物象（物體的形象）」非（沒有）「理（理天）」「氣（氣天）」不生。「理（理天）」「氣（氣天）」非（沒有）「物象（物體的形象）」不顯（表露、表現）。「理（理天）」也。「象（象天）」也。此「不易、變易、交易」。

「三易」之所自來（原來、本來）。亦「愚人、賢人、聖人」、之所由分（分別的由來）也。「愚人」執象（執著形象）。「賢人」通氣（通達「氣天」）。「聖人」明理（通達「理天」）。

學易（易經）者。皆言「先天」「後天」。而未有言及「理天」者。何爲「先天」。「生天者」是。何爲「後天」。「天生者」是。「生天」者、「理（理天）」也。「至靜不動天」也。「天生」者、「象（象天）」也。「經星（舊稱二十八宿等恆星）緯星（舊稱行星）天」也。「一氣」流行（散布、傳播）。默運（不露痕跡，自然而然的改移轉變。）四時（春、夏、秋、冬四季）者。「宗動天（氣天）」也。

「道心」、「理（理天）」也。上應（附和）「至靜不動天」。此生天生地。常（固定不變的）而不變之天也。造（創建）此者爲之聖域（聖人的境界）。儒（儒家）曰「大成至聖」。釋（佛家）曰「大覺金仙」。道（道家）曰「大羅天仙」。三教（儒、釋、道）歸一者。歸於「理」也。

故儒（儒家）曰「窮理（窮究事物之理）盡性（完全發揮天賦的本性）」。道（道家）曰「三品一理（元神、元氣、元精合而爲一，回復先天太極本體）」。佛（佛家）曰「一合理相（指由衆緣和合而成之一件事物）」。言雖不同。而「理則一」也。

【賞析】

「王覺一」祖師說，在沒有「太極」以前，「氣（氣天）」包含在「理（理天）」裡面。產生「太極」之後，「理（理天）」寄居於「氣（氣天）」裡面。「物象（物體的形象）」是在「理（理天）」和「氣（氣天）」出現以後，才出現的。

「理（理天）」是「聖人」的境界，「氣（氣天）」是「賢人」的境界，「象（象天）」是「愚人」的世界。

什麼是「先天」？就是生「後天」的天；什麼是「後天」？就是被「先天」生的天。生「後天」的天，就是「理天」，又稱爲「至靜不動天」；被「先天」生的天，就是「象天」，又稱爲「經星（舊稱二十八宿等恆星）緯星（舊稱行星）天」。「一氣」散布、傳播，不露痕跡，自然而然的改移轉變「春、夏、秋、冬」四季）的天，稱爲「宗動天」，也就是「氣天」。

「道心」來自「理天」，對上附和「至靜不動天」。「理天」生天生地，是常（固定不變的）而不變的天，是聖域（聖人的境界），「儒家」稱爲「大成至聖」，「佛家」稱爲「大覺金仙」，「道家」稱爲「大羅天仙」。

所謂「三教（儒、釋、道）歸一」，意思是歸於「理」。所以，「儒家」說「窮理（窮究事物之理）盡性（完全發揮天賦的本性）」，「道家」說「三品一理（元神、元氣、元精合而爲一，回復先天太極本體）」，「佛家」說「一合理相（指由衆緣和合而成之一件事物）」，說法雖然不同，意思都是指「理、一」。

【重點十七】

「人心」、「氣（氣天）」也。上應（附和）「宗動天（氣天）」。此變而「有常（規律的、定期的）之天」也。造（創建）此者爲之「賢關（賢人的境界）」。五官（人面目上的耳、目、口、鼻等器官的總稱）百骸（指人的各種骨骼或全身）。有象（形象）可見之心。上應（附和）「經星（舊稱二十八宿等恆星）緯星（舊稱行星）天」。

「聖人」之樂（快樂的事或態度）。全（使完整而沒有缺憾）「道心」也。「賢人」之樂（快樂的事或態度）。伏（降服、使屈服）「人心」也。

若以「血心（指心，良心）」爲「心」。則縱情（盡情放縱）逐物（追求外物）。「萬物」擾之。百憂（種種憂慮）感（覺得）之。「生死」限（限制）之。無非（不外是）苦也。何樂之有。

【賞析】

「王覺一」祖師說，「聖人」快樂的事情，是使「道心」完整而沒有缺憾；「賢人」快樂的事情，是降服「人心」。

若以「血心（指心，良心）」爲「心」。則盡情放縱，追求外物，受到「萬物」擾亂，感覺種種憂慮。受到「生死」的限制，不外是一種痛苦，有什麼快樂呢？

【重點十八】

命（先天注定的窮通得失本分，不是後天所能改變的。）也。心（性情）也。性（本性）也。情（心理上發於自然的意念，或因外界事物刺激所引發的心理狀態。）也。合而言之。一「理」也。

「此理」以覆育（庇護養育）「萬物」而言謂之「天」。以主宰（具有支配、制裁事物能力的主體。）「萬物」而言謂之「帝」。以「萬物」終始（開始和結局）共由（知道）而言謂之「道」。

以無聲無臭（沒有聲音、氣味）、視之不見、聽之不聞、體物（體察事物）不遺（不漏）、兩在不測（陰陽無法捉摸）、至隱（非常精微）至費（非常廣大）、至微（非常隱匿）至顯（非常表露）、無生（大乘佛教中觀派認爲沒有任何現象是眞實的，所以一般所謂『生出某東西』的概念，在實際上是不存在的。）萬有（萬物）、虛含（虛空包容）至寶（最珍貴的東西）、無終（沒有終點）無始（沒有開始）、無在（不在）而無所不在（任何地方都存在）、無物不理（沒有什麼事物不處理）、各得其理、至眞無妄、寂然（沉靜無聲的樣子）不動、感而遂通（對於世界之事，有感必應，萬事皆通。）、「不行而至、不疾而速（因爲把握了最高深的智慧，故而能做到看起來動作很緩慢，但實際走得非常快，看起來都沒有行走，但已經到達了目的地。）」、「無爲而成（指不倚外力而自然有所成就）」而言、謂之「至理、至神、至誠、至善」。

【賞析】

「王覺一」祖師說，「命、心、性、情」，合起來說，就只是一個「理」。「此理」以庇護養育「萬物」而稱爲「天」，以「萬物」而稱爲「帝」，以知道「萬物」的開始和結局而稱爲「道」。以「無爲而成（指不倚外力而自然有所成就）」而言，稱爲「至理、至神、至誠、至善」。

【重點十九】

故「天」有「天理」。「地」有「地理」。「人」有「人理」。「物」有「物理」。「事」

有「事理」。得理則治（管理、統理）。失理則亂。知「禮之節文（禮節、儀式）」。可以「制禮」。知「氣之清濁（清潔與渾濁）」。可以「作樂」。

「教民由此」謂之「政（政策、法令）」。「禁民違此」謂之「刑（法律上處罰罪犯方法的總稱）」。師（教授學問、知識的人）以教（傳授）之。賞（把財物賜給有功的人）以輔（幫助）之。罰（懲治）以弼（ㄅㄧˋ，矯正過失）之。有始有終。本末不紊（雜亂、混亂）。先後有序。而聖賢之能事（指擅長的本事）畢（結束、終止）矣。

明（通曉）乎此。則三教（儒、釋、道）一理（同一個理）。萬國一理（同一個理）。「一理者」、吾人（我們）之宗祖（祖宗，先祖）。「二氣（指陰、陽）者」、吾人（我們）之父母。「萬象（一切景象）」者、皆宗祖（祖宗，先祖）之嫡孫（稱同祖的孫子）。

【賞析】

「王覺一」祖師說，故「天」有「天理」。「地」有「地理」。「人」有「人理」。「物」有「物理」。「事」有「事理」。得理則治（管理、統理）。失理則亂。人世間的一切事務，都離不開一個「理」。

三教（儒、釋、道）一理（同一個理），萬國一理（同一個理）。所謂「一理」，是我們的「祖宗」，「二氣（指陰、陽）」是我們的父母，「萬象（一切景象）」都是「祖宗」的嫡孫（稱同祖的孫子）。

可見，「王覺一」祖師把「理」等同「天道」來看待。所以，「一貫道」所說的「三教（儒、釋、道）合一」以及「五教（儒、釋、道、耶、回）合一」，意思是「五教」都來自於

「理」，都是同一個「理」。

象（象天）本（根據、依憑）「八卦」。氣（氣天）本（根據、依憑）《洛書》。理（理天）本（根據、依憑）《河圖》。「先天下」而開其物（通曉萬物的道理）。「後天下」而成其爲（變爲建立制度）。此「易（易經）」所以（因此、因而）爲「諸經之祖」。「萬法之源」也。

【重點二十】

明乎此（明白這個道理）。則「宮商角徵羽（中國聲樂，指宮、商、角、徵、羽五個音階）」。可從而辨（分別、判別）。君臣民事物。可得而理（處置）。

樂（聲樂）之和（聲音安詳的）、可以調八風（指世間能煽動人心的八件事，卽利、衰、毀、譽、稱、譏、苦、樂）、可以補（補充）造化（福氣）、可以養（陶冶品德）性情（人的稟性和氣質）、可以和（連同）神人（神仙。泛指修練得道的人。）、可以知治亂。樂（聲樂）之所關（牽涉、連繫）亦大矣哉。然而（可是）失其傳（失傳）焉。

若明（明白）乎「此理（理天）」爲宗祖（祖宗，先祖）。「氣（氣天）」爲父母。「象（象天）」爲同「氣（氣天）」。同「理（理天）」之由來。則三教（儒、釋、道）一家。萬國一家。如手如足。相敬相愛。無傷「宗祖」「父母」之心。則「萬國」各安其業（社會上的各種工作職務）。

君臣、父子、夫婦、兄弟、朋友。各盡其職。如此。則「堯天」「舜日」。可以復見。賢關（賢人的境界）聖域（聖人的境界）。可以同登。而大同之世（最和平安樂的盛世）。卽在於今日矣。

【賞析】

「王覺一」祖師說，「象天」轉化成「八卦」，「氣天」轉化成《洛書》，「理天」轉化成《河圖》，就像「地球」轉化成「世界地圖」一樣。所以，《周易》為「諸經之祖」以及「萬法之源」。

只要能夠明白《周易》的道理，那麼中國的「聲樂」，宮、商、角、徵、羽的五個音階，就可以分別，君、臣、民、事、物都可以處置。「聲樂」的聲音安詳，可以調和「八風（利、衰、毀、譽、稱、譏、苦、樂）」，可以補充福氣，可以陶冶性情，可以和「神仙」同在，可以知道「治亂」的方法。「聲樂」的牽涉很大，可是已經失傳了。

假若明白「理天」為祖宗，「氣天」為父母，「象天」同「氣天」，同「理天」的由來。則三教（儒、釋、道）一家。萬國一家，如手如足。相敬相愛，無傷「祖宗」「父母」之心。則「萬國」各安其業（社會上的各種工作職務），君臣、父子、夫婦、兄弟、朋友。各盡其職。

如此，則「堯舜」的盛世，可以再見，可以同登賢關（賢人的境界）和聖域（聖人的境界），而實現「大同盛世」。

【備註】《理數合解》裡的〈理性釋疑〉，有一長篇內容和《三教圓通》裡的〈論心〉重複。

【重複內容原文】

心者。萬化之主宰也。儒曰存心。道曰修心。釋曰明心。皆不離乎心以爲道。第心有人心、道心之分。卽有惟危、惟微之別。後世不得心傳者。只知道在心中。不知心在何處。多執臟腑氣質之心、以爲心者也。是以守其心而執象。虛其心而著空。制其心則理欲交馳。聖凡不分。理氣莫辨。無怪其勞心而無成也。

此心堯以是傳之舜。舜以是傳之禹。禹以是傳之湯。湯以是傳之文、武、周公。周公以是傳之孔子。此聞而知之者也。孔子傳之曾子。曾子傳之子思。子思傳之孟子。此又見而知之者也。孟子以後。心法失傳。

歷秦、漢、晉、隋、唐。鮮有造其域者。迨至炎宋受命。五星聚奎。文運天開。希夷首出。濂洛接踵。厥有龜山。龜山之後。繼以豫章。及至延平。道傳朱子。而心法一脈。遂有鵝湖、鹿洞。朱學、陸學。德性、問學之分。

而格物之學。遂有事物、物欲之分。尊德性者。以格爲捍格之格。以物爲物欲之物。其意若曰。人生而靜。天之性也。感於物而動。性之欲也。故孟子曰。養心莫善於寡欲。寡物欲者。仲弓問仁之事也。格物欲者。顏淵問仁之事也。格卽克也。此格卽書之格其非心。孟子之惟大人爲能格君心之非之格。物卽己也。格物卽克己也。一日克己復禮。天下歸仁焉。其效之速如是之捷者。其故何也。蓋天命之性。人人固有。特拘於氣稟。蔽於物欲。大都有而不知其有。聖聖傳心。卽傳其固有之心也。其固有之心。卽本然之性。卽天之所命。天者人人統體之性。性者人人各具之天也。故孟子曰。盡其心者。知其性也。知其性則知天矣。存其心。養其性。所以事天也。天人本自一貫。天統四時。心統四端。天之所具者。人性悉具。特患人不能盡性耳。盡性之道。由致知入手。致知之功。由格物入手。格事物之物者。卽流溯源之學也。格物欲之物者。由本及末之學也。若格事物。而不知心性之眞。則落於執象。格物欲。而不知心性之眞。則入於玩空。然而心亦難言知矣。若以臟腑之心爲心。則血肉一團。此童婦皆知之心。而非聖聖相傳之心也。此心隨生而有。隨死而無。一氣不來。卽成臭穢。而非不因生有。不隨死無。虛靈不昧之心也。若以知覺運動者爲心。此心乃危殆不安之心。而非微妙難見之心。天理之心也。危殆不安之心。天氣之心也。血肉一團之心。物象之心也。太極以前。氣具於理。太極之後。理寓於氣。物象者理氣發現。可見之跡耳。理者氣之主。氣者象之充。物象非理氣不生。理氣非物象不顯。理也。象也。此不易、變易、交易。三易之所自來。亦愚人、賢人、聖人、之所由分也。愚人執象。賢人通氣。聖人明理。

學易者。皆言先天後天。而未有言及理天者。何爲先天。生天者是。何爲後天。天生者是。

生天者、理也。至靜不動天也。天生者、象也。經星緯星天也。一氣流行。默運四時者。宗動天也。道心、理也。上應至靜不動天。此生天生地。常而不變之天也。造此者爲之聖域。儒曰大成至聖。釋曰大覺金仙。道曰大羅天仙。三教歸一者。歸於理也。故儒曰窮理盡性。道曰三品一理。佛曰一合理相。言雖不同。而理則一也。

人心、氣也。上應宗動天。此變而有常之天也。造此者爲之賢關。五官百骸。有象可見之心。上應經星緯星天。聖人之樂。全道心也。賢人之樂。伏人心也。若以血心爲心。則縱情逐物。萬物擾之。百憂感之。生死限之。無非苦也。何樂之有。

今之儒者。大都言心在於善。卽是道心。心在於惡。卽是人心。若如此論。則鄭之子產。齊之晏嬰。早駕冉有季路而上矣。而聖廟馨香。未嘗及之者。諒必有道焉。其道爲何。蓋惡者從事於惡。而禍隨之。惡有盡。而禍亦有盡。善者從事於善。而福隨之。善有盡。而福亦有盡。善惡禍福。雖有不同。如不得心法之傳。其不能明善復初。窮理盡性。至命合天則一也。堂堂霸佐。聲名顯赫。不得列聖賢之班。而區區寒士。伏處蓬茅。反得享俎豆之報者。有道故也。其道確有實在。又非不得其傳。記誦辭章。仿佛疑似。及旁門異端之所能窺測。如以記誦爲道。則六經仍在。三傳猶存。孔孟顏曾。周程張朱而外。何以寥寥幾人也。此心法之所以不易知不易言。靈台神明。道心之所在也。克己復禮。存道心去人心也。喜怒哀樂未發以前。孔顏樂處。其復見天地之心乎。學者到此境界。正顏子所謂。墮肢體。黜聰明。離形去智。同於大通時也。亦卽孔子所謂。窮神知化。至命合天時也。人人各具之理。還於萬物通體之理。無在無不在。而神聖合天之心。亦無在無不在也。故能無思無爲。寂然不動。感而遂通天下之故。此心之初。以降衷而言。

謂之命。以稟受而言。謂之性。以應酬萬事而言。謂之心。以其感於萬事。而生喜怒哀樂愛惡欲而言。謂之情。心之所憶謂之意。心之所之謂之志。

命也。心也。性也。情也。合而言之。一理也。此理以覆育萬物而言謂之天。以主宰萬物而言謂之帝。以萬物終始共由而言謂之道。以無聲無臭、視之不見、聽之不聞、體物不遺、兩在不測、至隱至費、至微至顯、無生萬有、虛含至寶、無終無始、無在而無所不在、無物不理、各得其理、至眞無妄、寂然不動、感而遂通、不行而至、不疾而速、無爲而成而言、謂之至理、至神、至誠、至善。故天有天理。地有地理。人有人理。物有物理。事有事理。得理則治。失理則亂。知禮之節文。可以制禮。知氣之清濁。可以作樂。教民由此謂之政。禁民違此謂之刑。師以教之。賞以輔之。罰以弼之。有始有終。本末不紊。先後有序。而聖賢之能事畢矣。明乎此。則三教一理。萬國一理。一理者、吾人之宗祖。二氣者、吾人之父母。萬象者、皆宗祖之嫡孫。

父母之愛子。吾人之同類。同類之生成有先後。而親親之禮生。識見有明珠。而尊賢之禮生。教養有厚薄。事功有大小。而五服之親。五等之爵。由此而定矣。金石絲竹。可見者象也。清濁高下。可聞者氣也。有是象卽有是氣。有是氣卽有是音。主之者理也。

象本八卦。氣本洛書。理本河圖。先天下而開其物。後天下而成其爲。此易所以爲諸經之祖。萬法之源也。明乎此。則宮商角徵羽。可從而辨。君臣民事物。可得而理。樂之和、可以調八風、可以補造化、可以養性情、可以和神人、可以知治亂。樂之所關亦大矣哉。然而失其傳焉。若明乎此理爲宗祖。氣爲父母。象爲同氣。同理之由來。則三教一家。萬國一家。如手如足。相敬相愛。無傷宗祖父母之心。則萬國各安其業。君臣、父子、夫婦、兄弟、朋友。各盡其職。如此。則堯天舜日。可以復見。賢關聖域。可以同登。而大同之世。卽在於今日矣。

一、論心

【重點一】

嘗（曾經）聞（聽到）千古以上，「此心」「此理」同；千古以下，「此心」「此理」同。卽四海（泛指天下各處。）內外，凡「天」之所覆（遮蓋），「地」之所載（承受），「血氣（有血液、氣息的動物。多指人類。）」之類，「此心」「此理」，諒（相信）亦無有不同者。

故儒（儒家）曰：存心（心懷某種意念，居心），道（道家）曰：修心（修養心性），釋（佛家）曰：明心（使心思清明純正），「教」雖不同，而「心」則同也。佛（佛家）曰：歸一，道（道家）曰：守一，儒（儒家）曰：貫一，「道」雖不同。而「理」則「一（相同）」也。「心一、理一」者，「天地」無二理，「三聖」無兩心也。

【賞析】

「王覺一」祖師說，「儒家」曰：存心，「道家」曰：修心，「佛家」曰：明心，「教」雖不同，而「心」則相同。「佛家」曰：歸一，「道家」曰：守一，「儒家」曰：貫一，「道」雖不同。而「理」則相同。「心一、理一」者，「天地」無二理，「三聖」無兩心也。所以，三教合一，三教同源。

【重點二】

現今「五教（儒、釋、道、耶、回）」並重，萬國通商（指與外國互相貿易）。吾等學人（從事學術研究的人），各宜（應該）仰體上意（謂體察上情），「合五教爲一教」，連中外爲一家，化「乖氣（戾氣）」爲「和氣」，化「戰爭」爲「揖讓（作揖謙讓。爲古代賓主相見的禮節。）」，上慰天心（天帝的意志），下順人意（人的意願），豈非一大快事！

化（教化）之之法，「五教」各有「經典」，各國俱有遺文（古人或死者留下的詩文）；經典遺文（古人或死者留下的詩文），皆「上世聖賢」化民（教化人民）成俗（固有的習慣、風俗），代天宣化（施布教化）之言。雖文有萬殊（各不相同），而「理」無二致（不一致）。

「學者」當先明（使通曉）天人（天和人）一貫（連貫），理氣（理天和氣天）原因（事態的起因）；眞知（眞正的知曉）眞見（無見之見），躬行（親自實踐）實得（眞正得到），而後自然心若懸鑑（高掛的鏡子），見其文則會（瞭解、領悟）其志（記錄事物的書，指經典）。

無論「釋教（佛教）、道教、回教、耶教」，皆可以「升其堂入其室（比喻學識或技能由淺入深，循序漸進，逐步達到很高的成就。）」，徹（貫通、通透）其底蘊（事情的具體內容），得其「心法命脈（比喻影響生存、發展的最根本因素）」。道（道家）者、使之成仙。釋（佛教）者、使之成佛。回（回教）者、耶（基督教）者、使之靈魂出苦，同回「天主之國」。

默移潛化（人的思想、性格或習慣，受到環境或別人的影響，於不知不覺中起了變化。），使之皆大歡喜，已入我「賢關（賢人之境界）」、「聖域（聖人之境界）」，而不自知也！此「因時，因事，因地，因人」，通權達變（不墨守常規，而根據實際情況，作適當的處置。），隨方設教（因地而異，教化衆生。）之大略（遠大的謀略）也。

【賞析】

「王覺一」祖師說，現今「五教（儒、釋、道、耶、回）」並重，萬國通商。吾等學人，各宜仰體上意，「合五教爲一教」，連中外爲一家。

教化之法，「五教」各有「經典」，經典遺文，皆「上世聖賢」化民成俗，代天宣化之言。雖文有萬殊，而「理」無二致。「學者」當先使人通曉「天和人」一貫，「理天」和「氣天」的起因。

「道家」者，使之「成仙」。「佛教」者，使之「成佛」。回（回教）者、耶（基督教）者，使之靈魂出苦，同回「天主之國」。

此「因時，因事，因地，因人」，通權達變（不墨守常規，而根據實際情況，作適當的處置。），隨方設教（因地而異，教化衆生。）之大略（遠大的謀略）。

「王覺一」祖師想要仿效「三教合一」，擴大提倡「五教合一」。但是，立意雖好，實際上不可行。

因爲「三教合一」，在中國彼此鬥爭了幾百年，才慢慢有「合一」的可能。最重要的關鍵是，「儒家、佛家、道家」，這三家的道義，確實有相似之處，所以才有「三教合一」的可能性。

可是，「基督教」和「回教」同出於「猶太教」，它的道義和「儒家、佛家、道家」，可說是天差地別。而且，「基督教」和「回教」的「上帝」殺人無數，殺人不眨眼，對於違背「上帝」心意的人，都死的很淒慘。我所說的話，都是依照《舊約聖經》的記載，不是惡意批評「基督教」和「回教」。

所以，「王覺一」祖師要提倡「五教合一」，他的出發點非常好，目的是要「世界大同」，值得肯定。只可惜，「王覺一」祖師一定沒有讀過《舊約聖經》。否則，當他知道上帝「耶和華」是有形象的，會和「亞伯拉罕」面對面說話，還會吃「牛肉」。相信「王覺一」祖師就不會把「基督教」和「回教」納入「宗教合一」的對象了。

●《舊約聖經》創世記：

18:1 「耶和華」在「幔利橡樹」那裡、向「亞伯拉罕」顯現出來．那時正熱、「亞伯拉
罕」坐在帳棚門口。
18:2 舉目觀看、見有「三個人」在對面站著．他一見、就從帳棚門口跑去迎接他們、俯伏
在地、
18:3 說、「我主」、我若在你眼前蒙恩、求你不要離開「僕人」往前去。
18:4 容我拿點水來、你們洗洗腳、在樹下歇息歇息．
18:5 我再拿一點餅來、你們可以加添心力、然後往前去、你們既到「僕人」這裡來、理當
如此。他們說、就照你說的行罷。
18:6 「亞伯拉罕」急忙進「帳棚」見「撒拉」說、你速速拿三「細亞細麵」調和作餅。
18:7 「亞伯拉罕」又跑到「牛群」裡、牽了一隻又嫩又好的「牛犢」來、交給「僕人」、
「僕人」急忙預備好了。

18:8　「亞伯拉罕」又取了「奶油」和「奶」、並預備好的「牛犢」來、擺在他們面前、自己在樹下站在旁邊、「他們就喫了」。

【重點三】

蓋「無極者」、「至靜不動之理天」也。此天「靜而能應（適合），常（長久不變的）而不變」，乃「生天、生地之天」。爲「天賦之命（天命）」，「本然之性（本性）」，「道心」之所自出（出自於）。

「太極」者、「宗動流行（散布）之氣天」也。此天「十二萬九千六百年」爲「一終始」。乃「氣數之命」，「氣質之性（指每個人生成之後，由於稟受陰陽二氣的不同而形成的特殊本性）」，「人心」之所自出（出自於）。

「一理」者，「二氣（陰氣、陽氣）」之父母；「二氣（陰氣、陽氣）者」，「萬物」之父母。理（理天）生氣（氣天），氣（氣天）生象（象天），「天倫（天理，自然的條理次序）」之大父母也。象（象天）復生象（萬象），「萬象（一切景象）」本於「二氣（陰氣、陽氣）」，「二氣（陰氣、陽氣）」本於「一理」。

「天者」萬物「統體（總體）之理」，「性者」萬物「各具之天」。

【賞析】

「王覺一」祖師說，「無極」就是「理天」、「至靜不動天」，此天常（長久不變的）而不變」，是「生天、生地之天」。「天命」、「本性」、「道心」，都是出自於此天。

「太極」就是「氣天」、「宗動天」，此天以「十二萬九千六百年」爲「一終始」，「氣數之命」、「氣質之性（指每個人生成之後，由於稟受陰陽二氣的不同而形成的特殊本性）」、「人心」，都是出自於此天。

「宗動天」是「天文學」術語，西方「古代天文學」認爲，在各種「天體」所居的「各層天球」之外，還有一層「無天體的天球」稱爲「宗動天」。

「王覺一」祖師依據這個概念，再結合《周易》的「無極、太極」，和「宋明理學」的學說，自創一套「宇宙學」，即「理天、氣天、象天」三天之說。

「象天」爲「氣天」所包含，「氣天」又爲「理天」所包含。

「太極」就是「氣天」、「宗動天」，此天以「十二萬九千六百年」爲「一終始」。這個「十二萬九千六百年」，是出自「邵雍」所作的《皇極經世》：「蓋聞天地之數，有十二萬九千六百歲爲一元。」意思是說：聽說天地的規律命運是以十二萬九千六百年爲生命週期的。

「邵雍」是兩宋理學奠基人之一，「邵雍」的哲學思想受到《列子》、《莊子》的影響，在吸收「道家《易》學」與漢代《易》學思想成分的基礎上，形成了對《周易》的獨到理解，其所作《皇極經世書》的基本精神，是根源於「天道」，而根據於「人事」。

「一理（理天）」是「二氣（陰氣、陽氣）」之父母；「二氣（陰氣、陽氣）」是「萬物」之父母。理（理天）生氣（氣天），氣（氣天）生象（象天），「天倫（天理，自然的條理次序）」之大父母也。象（象天）復生象（萬象），「萬象（一切景象）」本於「二氣（陰氣、陽氣）」，「二氣（陰氣、陽氣）」本於「一理（理天）」。

【重點四】

「一本（同源）萬殊（各不相同），萬殊（各不相同）一本（同源）」，此天人（天和人）之所以一貫（連貫）也。如此者，可以「傳道」；言此者，謂之「留經」。故「理者」，「常（長久不變的）而不變之道」。而「經者」，「恆久不變之教」也。

其法（方法）自「格物（約束自己）」入手：蓋不格（約束）「事物（虛妄慾物）之物（私慾）」，不能盡人（任人、由著人）；不格（約束）「物慾（對物質的欲望）之物（私慾）」，不能合天（合乎自然；合乎天道）。兩者皆格（約束），天人（天和人）一貫（連貫），「行於一己」則「身修（約束自身，修養品德。）」，「行於一家」則「家齊（整治家政，使其家中成員親愛和睦。）」，「行於一國」則「國治（政治清明百姓安樂的國家）」，「行於天」下則「天下平（使天下安定）」。

【賞析】

「一本萬殊」，意思是：事物雖然千差萬別，其實本源同一，比喻「事物萬變不離其宗」，出自於宋代「朱熹」所著《朱子語類》卷二十七。

《朱子語類》卷二十七原文：「而今不是一本處難認，是萬殊處難認，如何就萬殊上見得皆有恰好處。」又云：「到這裏只見得一本萬殊，不見其他。」

「王覺一」祖師說，要做到「天人（天和人）一貫（連貫）」的方法，就是自「格物（約束自己）」入手。只要能夠約束自己「對追求物質的欲望」，就能夠合乎「天道，就能夠「天人（天和人）一貫（連貫）」，就能夠達到《大學》所論述的「修身、齊家、治國平、天下」的理想。

二、呂祖韓仙，師徒問答寓言

昔「唐朝」有一「韓」公子（韓湘子）、名「湘」，乃「愈（韓愈）」之姪孫也。投拜（投身下拜）鐘（鍾離權）、呂（呂洞賓）二祖攻書（勤勉讀書）；讀到「博厚配地（博大深厚，相配大地，是用來承載萬物的），高明配天（崇高光明，相配高天，是用來覆蓋萬物的），悠久無疆（悠久長遠，沒有邊際，是用來成就萬物的。）」數句，於心恍有所悟（彷彿有所覺悟），乃求講解。

師（呂洞賓）曰：「此數句，非爾（你）所能問？」

湘（韓湘子）曰：「何人能問？」

師曰：「要『修道之人』，方可能問。」

湘曰：「『不修道之人』，問何章句？」

師曰：「只問『死生有命，富貴在天（指萬事皆由天命注定）』。」

湘曰：「『死生有命』，究竟如何？」

師曰：「『死生』者、是人生在陽世，片善（小善）不修，專好作惡。殺、盜、淫、妄，無所不爲；『陽壽』一盡（終止），『陰司（人死後靈魂所進入的地方）』受罪，侯（發語詞。相當於「惟」）罪受滿，選定『凶年、凶月、凶日、凶時』，發放『陽世』投世；饑無食、寒無衣、『六根（眼、耳、鼻、舌、身、意）』不全，貧窮下賤，凶死夭折，故謂『死生有命』。『富貴』者、祖上有德，又自累積『陰功（陰德）』，感格（感動）『天曹（天上的官署）、地府（陰間）』；選定『吉年、吉月、吉日、吉時』，將爾（你）累世修有因果之人，送到他家，爲男作女，聰明正直，『詩、賦、文詞』，件件過人，金榜題名，連科（指連續幾屆科試）及第（舊稱科舉中試），故曰：『富貴在天』」

湘曰：「既是這等，弟子願棄『死生富貴』，躲逃『輪迴』，改過遷善（改過向善），以修『大道』。」

師曰：「你想修『大道』，先要『立誓（立下誓言，發誓）』。」

湘曰：「願發洪誓（重誓）。」

師曰：「你肯發誓，吾亦安敢不傳？」

「湘」拜「呂祖」爲「開示師」，「鐘祖」爲「引進師」。

「呂祖」將「大道玄機」，一一指明。

且（又、並）曰：「『高明（指秉性高亢明爽，即指本性）』自在身中，『元會運世』之理，當『亥、子』交會之初；無天地、無日月、無人、無世。

『無極』一動，則『清氣』上升爲天，『濁氣』下降爲地；才有『天地陰陽，日月精華』，『寅會』始生人。上有高明（高而明亮之處）之天，下有博厚（廣大深厚）之地，人居其中，號曰：『三才』者；以『人身有高明之道（本性）』也。『配（結合）』者、以『人配（結合）天地』也。

人得『此道』：能與『天地合德（同德）』，故曰：『悠久無疆（悠久長遠，沒有邊際，是用來成就萬物的。）』也；能與『日月合明（謂明鑒如日月。喻聖人的明察睿知。）』，故曰

『不動而變』也。」

湘曰：「既（既然）人配天地，天有『四方』，人亦有『四方』乎？」

師曰：「天有『四方』，『東、西、南、北』；人有『四相』，『眼、耳、鼻、舌』。」

湘曰：「天有『日、月、星』」

師曰：「人有『神、氣、精』」

湘曰：「天有『雨露』」

師曰：「人有『津液』」

湘曰：「地有『山川湖海』」

師曰：「人有『筋骨臟腑』」

湘曰：「天地有『五嶽百神』」

師曰：「人身有『五官百骸（指人的各種骨骼或全身）』，『耳』配（夠得上）『東西二嶽』，其所以『能聽者』，卽其『神（元神）』。『眼』配（夠得上）『南方一嶽』，其所以『能觀者』，卽其『神（元神）』。『舌』配（夠得上）『北方一嶽』，其所以『能言辨味者』，卽其『神（元神）』。『鼻』爲『中央一嶽』，其所以『能聞氣味者』，卽其『神（元神）』。至於『百骸（指人的各種骨骼或全身）』運動，知痛知癢，何莫非『神（元神）』？此人身之『五嶽百神』也。」

湘曰：「何（爲什麼）『天地之神靈』有應（互相感動相應），『人身之神靈』無應（互相感動相應）？」

師曰：「凡（槪括之詞）『耳』之於（對於）『聲』，『目』之於（對於）『色』，『口』之於（對於）『味』，『鼻』之於（對於）『臭（ㄒㄧㄡˋ，氣味的總稱）』，辨得淸淸白白者，卽其靈應（靈驗）。」

湘曰：「人到夜間，瞌睡（因困倦而思睡）甚多（非常多）；『耳不聽，目不視，鼻不聞，口不言』；『四位菩薩（指耳、目、鼻、口）』俱（都）不靈應（靈驗），是何故也？」

師曰：「是你白日勞苦（勞累辛苦），日月（左眼好比太陽，右眼好比月亮）有犯（干擾）；『四位菩薩（指耳、目、鼻、口）』背著主人，去往『靈山（指鼻頭）』，將你日夜所造『功過（功勞和過錯）』，告訴『佛爺（自性佛）』去了，只留『一間空房』在此，故不靈應（靈驗），將你『功過（功勞和過錯）』奏完，依舊歸家，仍然靈應（靈驗）。」

湘曰：「『主人』是誰？」

師曰：「自身中之『無相眞人（自性佛）』也」。

湘曰：「旣云（旣然說）『無相（無形相）』，何有（那裡有）勞苦（勞累辛苦）？日月（左眼好比太陽，右眼好比月亮）有犯（干擾）？」

師曰：「紅顏（美人）美色，你要去看；淫聲雜說（各種論說的文章），你要去聽，穢濁（污穢混濁）腥羶（牛、羊肉刺鼻的氣味），你要去聞，妄言（隨便胡說或指荒唐無稽的話）綺語（指歪邪不正、沒有意義的言詞），你要去說；日月（左眼好比太陽，右眼好比月亮）不明則已，日月（左眼好比太陽，右眼好比月亮）一明，『四犯（紅顏美色、淫聲雜說、穢濁腥羶、妄

言綺語）』俱全（樣樣齊全）。此身之日月（左眼好比太陽，右眼好比月亮）也。故曰：日月（左眼好比太陽，右眼好比月亮）有犯（干擾）。」

湘曰：「昔人（從前的人）『修仙』，饑餐（饑餓吃）松柏，渴飲清泉；不似我等，渴飲饑餐，是何故也？」

師曰：「此錯解『松柏、清泉』也，乃是『譬語（比喻的話）』。『松柏』『長青不朽』，『人』『長素不葷』，十二時中（全天；十二個時辰），念念（形容心念的貫注）至誠（心意極誠懇），須臾（片刻）不離，允執厥中（指不偏不倚，無過與不及。），如松長青，則是『饑餐松柏』也。『清泉』本屬下流（向下流注），人能緊閉『六門（眼、耳、鼻、舌、身、意）』，高搭（舌搭）『天橋（上顎，即口腔的上壁，聯通任督二脈。）』，用『火降水升（心火元神下降，腎水元精上升）』工夫，自然『眞氣（腎氣）』上衝；『清泉（津液；口水）』上濯（ㄓㄨㄛˊ，洗滌、清洗），滿口甘露，下潤靈苗（比喻反應最靈敏的部位。），永緒（永久）長生，謂之『渴飲清泉』也。」

湘曰：「蒙師慈悲，授我『長生大道』，其中玄妙，求師指明。」

師曰：「『大道』根宗，只在『來去』；『來得不明』空教訓，『去得不清』枉勞神。」

湘曰：「『明師』指明『來去』？」

師曰：「『來』字原從『一』字起，『斗口一貫』不差移；外生『金、木、水、火、土』，內含『心、肝、脾、肺、腎』。」

湘曰：「『斗口』何方？『來』字何地？」

師曰：「『來』字原從『八筆體』，『方寸』上下『斗口』立。」

湘曰：「何謂『方寸上下』？」

師曰：「將身立定，二目朦朧，眉配（結合）一橫，手分八字，乃成『木字』，即『木性』也。你把雙目一睜，露出兩個『瞳人（瞳孔）』，豈不是『木旁二人』，即『斗口』『來』字。因『此口』，能含『金、木、水、火、土』，與『精、氣、神』『三寶』共成八筆，而為『來』字。人欲『脫凡成聖』，定要明白『來』處。」

（【心得】「方寸」是「長寬各一寸的面積」，即「一寸的平方大小」，形容「地方狹小」。在《列子．仲尼》裡說：「吾見子之心矣：方寸之地虛矣。」所以，「方寸」又可以比喻「心、心神」。

「斗口」是指「北斗七星」的「斗柄」，亦即指「北斗七星」的第五至第七星，即「玉衡、開陽、搖光」。「北斗七星」的第一至第四星形狀像「斗」，第五至第七星像「斗柄」。

「北斗七星」的「斗柄」指向，與「季節」有關係。《冠子．環流篇》云：「斗柄東指，天下皆春；斗柄南指，天下皆夏；斗柄西指，天下皆秋；斗柄北指，天下皆冬。」

但是，在這裡，「呂洞賓祖師」借用「方寸」和「斗口」，來暗指修道的「入手處」，亦即眉間的「玄關竅」，這也是「一貫道」的修道核心。

我們把「方寸」和「斗口」套用成「玄關竅」，大家就看懂了。

師曰：「『來』字原從『八筆體』，『方寸（玄關竅）』上下『斗口（玄關竅）』立。」

湘曰：「何謂『方寸（玄關竅）上下』？」

師曰：「將身立定，二目朦朧，眉配（結合）一橫，手分八字，乃成『木字』，卽『木性』也。你把雙目一睜，露出兩個『瞳人（瞳孔）』，豈不是『木旁二人』，卽『斗口（玄關竅）』『來』字。」

其實，「來」字中間的「十」，「中間交叉點」就是暗指「眉間的玄關竅」。「呂洞賓祖師」還強調說：「人欲『脫凡成聖』，定要明白『來』處。」

接下來，「呂洞賓祖師」還用「去」字，來補充說明「眉間的玄關竅」。）

回到原文。

湘曰：「『去』字如何講究？」

師曰：「『去』字只合『五筆整』，恰合『心、肝、脾、肺、腎』，能守『靈山』『精、氣、神』，煆煉（ㄒㄧㄚ，煉其私慾，復還天理。）『三寶』轉『法輪』，失卻『靈山』三件寶，空留『心、肝、脾、肺、腎』，皈依『三寶』歸家去，不煉『三寶』入苦輪。」

（【心得】「呂洞賓祖師」說：「能守『靈山』『精、氣、神』，煆煉（ㄒㄧㄚ，煉其私慾，復還天理。）『三寶』轉『法輪』。」

有句古諺說：「佛在『靈山』莫遠求，『靈山』就在汝心頭；人人有個『靈山塔』，好向『靈山塔』下修。」「靈山」就是指臉上的「鼻頭山」，「靈山塔」下，就是指眉間的「玄關竅」。

能守「靈山」的「精、氣、神」「三寶」，就能夠「轉法輪」。「轉法輪」是指「釋迦牟尼佛」爲令衆生得道而說法。

「靈山」的「精、氣、神」「三寶」，後來演變成今日「一貫道」特有的「三寶心法」。）

回到原文。

湘曰：「既有此等妙義（微妙的義理），可以渡我『叔祖（韓愈）』。」

師曰：「他雖『洪福（大福）』甚厚，而於『清福（清閒安逸的福氣）』分薄，異日（以後的一天或一段時間）只有『土地之職（土地公）』，不能成『大正果』。」

湘曰：「師何預知？」

師曰：「『三佛劫運（災難；厄運）』，尚且（表示依舊、仍然）知之（知道），何況目前『造化（化育萬物的大自然）之事』。」

湘曰：「什麼『三佛劫運（災難；厄運）』，可得聞否？」

師曰：「『初尊佛』號曰『燃燈』，『二尊佛』號曰『釋迦』，『三尊佛』號曰『彌勒』。」

湘曰：「眼前是那尊佛管事（管理事務）？」

師曰：「現在『紅陽』將盡，仍是『二佛』掌管，一到『白陽』，便是『三佛』掌管。」

湘曰：「某年交與『三佛』，在『某朝帝王』時侯？」

師曰：「此乃後事（將來的事），況（何況）是『天機（上天的機密，比喻極重要不可透露的機密。）』，如其說出，恐後人心起貪妄，有失正道，不敢經洩。

聖人云：『天地之道，可一言而盡之也！』又云：『其或繼周者，雖百世可知也。（那麼以後如果有繼承周朝的朝代，就是在一百代以後，也是可以預先知道的。）』

孟子：『苟求其故，千歲之日至，可坐而致也（假使求得它們運行的自然定律，即使千年以外的冬至和夏至，都可以坐著就推算得出來。）』待（等待）爾（你）功成之日，自然明白。」

湘曰：「三佛可有『後人（後世的人）』？」

師曰：「皆有得；賤（地位卑下的人）也修得（對於生得或報得之稱而言，以修行之功所得，故曰修得。），貴（地位崇高、優越的人）也修得；賢（有才能德行的人）也修得，愚（笨傻、不聰明的人）也修得；老也後人（後世的人）。『初佛』後人，『道人道姑』；『二佛』後人，『和尚尼姑』；『三佛』後人，『善男信女』。

『初佛、二佛的後人』，都是『單修』，拋父母，別妻子，住居孤峰（高峰絕壁岸然聳立）深山，好不悲傷！

後來『三佛的後人』，都是『在家雙修』，父母團圓，妻子作伴，高樓大廈，左鄰右舍；爲官也修得，爲士（古代社會階層的等級之一，爲貴族中等級最低者。）也修得；貧也修得，富也修修得，少也修得；強也修得，弱也修得；善也修得，惡也修得；男也修得，女也修得；修成正果，國享無量載（年）清福（清閒的福分）。嘜！三佛的後人，眞眞（實在、的確）好了！」

湘曰：「這此話可是實否？」

師曰：「既是『持齋（持守戒律不吃葷腥之食）修行』，嚴守『三皈（皈依佛、法、僧三寶）五戒（不殺生、不偸盜、不淫邪、不妄語、不飲酒）』，豈敢（怎麼敢）妄語（隨便亂說）。」

湘曰：「既有如此之好，然而人多不信此是何故？」

師曰：「『天雨』雖大，不潤（潮溼）『無根之草』；『佛法』雖廣，難渡『無緣之人』。不是『原人（天良發露的好人）』，怎得上船。」

湘曰：「我昨見河下隻隻船上皆有人，不過不向善（從善，趨向良善）耳。」

師曰：「不是河下那些船。」

湘曰：「是鐵船？」

師曰：「不是」

湘曰：「是錫船？鋁船？」

師曰：「皆不是」

湘曰：「莫非是『金船』？」

師曰：「然（對、正確）也。」

湘曰：「『金船』是誰駕得起？除非『帝王家』可造。若當眞是『金船』豈不沈於海底，怎敢教人上船。」

師曰：「並非以『金』作船，你莫錯解了字義。夫『金船者』、乃『西方（西方屬金）』應運（順應時運）救世獨一無二之『大法船』。你若錯解字義，且恐將來走入『外道旁門』。」

湘曰：「還有什麼『外道旁門』嗎？」

師曰：「極多、極多，有『三千六百旁門，九十六種外道』；只有我說得修『一貫心傳』，乃是『正門』。」

湘曰：「如是之多，卻也難認。」

師曰：「不必悉認，但守『正門』，自然不錯。」

湘曰：「求師指明『正門』」

師曰：「正門者：乃聖人『大學之道』，『明德至善（意指追求光明正大的品德，使自身的境界達到至善至美）』之實功（實在功夫），『天命之性』之地也。佛之行深『般若波羅密多』，『阿耨多羅三藐三菩提』法也。

道之『存無守有（就是怕打坐的時候，進入頑空，眞空不空，修行在於採取先天一氣，有此先天則爲不空，守住它。）』，『出玄入牝（玄牝卽一陰一陽。心中神爲玄，腎中氣爲牝，神氣合一產生之虛無一炁，便是谷神。

若以呼吸論，也可以說呼是玄，吸是牝，呼吸所育之清，便是谷神。）』，聖日聖月，照耀『金庭（傳說中天上神仙所居之處）之旨（意義）』也。究（探尋、推求）其所行，不妄言，不浪遊（漫無目標的四處遊逛）；聽天安命，出其自然；不怨不尤（怨恨、責怪），尤其不改佛規；『祖祖心傳，師師口授』，嚴齋守戒，事事合古；講道德，說仁義，這就是『正門』。

『外道旁門』者，狂言妄論，誇能逞勝，強辯強行，有作有爲，事不合古，理不崇正；另改佛規，欺師滅祖，亂限年月，妄說收圓；遇有貪妄無知衆生，癡心妄想，一聽便投，故此走入『外道旁門』。

你若不明，特恐誤入，後來定墮地獄。」

湘曰：「既是『旁門』，『佛爺』何不滅了他？」

師曰：「聖凡一理，皆有眞假，何可能滅？且說個比喻你聽，『正門』也是『佛爺』傳的，『旁門』也是『佛爺』留的；『官廳』也是『皇上』置的，『牢獄』也是『皇上』造的；歸『正門者』坐『官廳』，『學邪造罪者』坐『牢獄』；『修道持齋之人』坐『天宮』，『投旁悖道之人』墮『地獄』。」

湘曰：「既投『旁門』，只要持齋守戒，諒不至墮『地獄』。」

師曰：「你曾不記『興周滅紂』之事，『申公豹』，豈非『持齋之人』，只因誤入『旁門』，所以不成正果。『姜太公』七十二年道行，執掌『封神榜』，現為『天仙』可證。」

湘曰：「凡聖一假一眞，自古皆有，只看自己所為耳！」

師曰：「然（對、正確）也。」

湘曰：「深蒙師父慈悲，就是成佛作祖，盡在師父此語之中，我已明白了然（清楚、明瞭）矣！不必他求也。」

師曰：「尙有『末後（最後）一著（顯露）』」

湘曰：「請問其詳？」

師曰：「『交宮（交接）換位』，即『末後一著』也。」

湘曰：「何為『交宮換位』，卽『末後一著』也。」

師曰：「『初佛』交宮（交接；原是古天文學術語。謂太陽運行與黃道十二宮相交的位置），『二佛』收圓。是時（此時、這時候）人主昏迷，奸臣弄權；忠臣投入異國，良將奔走外邦；此是『初佛交宮』，『二佛收圓』的報應。

『二佛交宮』，『三佛收圓』。是時（此時、這時候）海水枯竭，樹木焦悴地裂山崩；年年旱澇（久未降雨和雨水過多兩種天災），歲歲饑荒；山東山西，天震地動；湖南湖北，蟲蝗刀兵水火，四方齊動，此乃『二佛交宮（交接）』，『三佛收圓』的報應。『報者』報其事，『應者』應其事，卽『末後一著』。」

湘曰：「既有『報應』，凡當『領袖者』，必須預爲備辦（預備、辦置）。」

師曰：「不能。凡爲『領袖』，家不富，人不興；多是少男少女。」

湘曰：「既爲『佛家領袖』，佛當『空中點相』，然何家不當，人不興？」

師曰：「他若家富人興，目空一世，輕慢貧賤，善男信女，怎能進步？」

湘曰：「既是這樣，當頭領的，豈不要奔波嗎？」

師曰：「衣食二字，也不過於虧（欠缺）他。」

湘曰：「只顧衣食二字，也沒甚好處？」

師曰：「才是好處。劫難將臨之時，引起『一會』人天，去到『雲城（《龍華經》裡的天堂）』，搭查『掛號』，滿了『九九八十一難』；封了仙，成了佛，乃坐入『正宮』。仙童仙女，兩旁立站；『男歸左，女歸右』，仙風飄飄；三月三，九月九，同赴『蟠桃』；乘雲而來，駕鶴而往，永享無量清福。人能立志精修，定有如此樂境，道氣常存，不生不滅，豈不善哉！」

湘曰：「弟子蒙師慈悲傳授，大道已明。百叩頂禮，仰謝師恩，老師訓誨多時，勞碌過甚，請休息養神，以後再請賜教吧！」

（【心得】仙佛講「末後一著昔未言，明人在此訴一番，愚夫識得還鄉道，生來死去見當前。」

「末後一著」，意思是說：這次「大道」的降世，普渡「三曹衆生」，這個因緣是非常殊勝的，自古以來也「只有這麼一次」，而且在「這個元會」裡面，也是只有這次「大道普渡」，過了這次以後，在「這個元會」裡，就再也沒有「三曹普渡」了，所以這次「大道普渡」，也可以說是「本元會」裡的最後一次。因此，仙佛說「末後（最後）一著（顯露）」。）

三、三會圓通

【重點一】

夫「三會」者、乃是「推天運之定數」，「開天（天地初開）閉物（終結萬物）」之正理，自然而然，非「人心」造作（製造、揑造）所能爲也。

【賞析】

「王覺一」祖師說，依照北宋「邵雍」的「元會運世」的推算，「子會」開天，「丑會」闢地，「寅會」生人，「卯會」聖人，至「午會」收天。

「邵雍」用《周易》的「四象」，把「天地循環」分爲「四古」：太古、上古、中古、下古。

(1)太古：爲亥、子、丑三會，是天地之「分」。

(2)上古：爲寅、卯、辰三會，是天地之「化」。

(3)中古：爲巳、午、未三會，是天地之「闢」。

(4)下古：爲申、酉、戌三會，是天地之「闔（閉）」。

我們現在正處於「午會」和「未會」交替之際，也就是「中古期」，「巳會、午會、未會」三會，是「天地」開始要「闢」的時期。。

【重點二】

蓋「一元」十二會，「一會」三十運，「一運」十二世，「一世」三十年。故「十二萬九千六百年」，爲「一元」之週天（指繞天球大圓一週，也是指一定時間的循環。）。「十二萬九千六百月」，爲「一會」之週天。「十二萬九千六百日」，爲「一運」之週天。「十二萬九千六百時」，爲「一世」之週天。

卽此而推：「一元」之「十二會」，「六會」有人，「六會」無人，則必然矣！「子會」開天，載（記載）在典籍（記載古代典章制度的重要圖書），學人（從事學術研究的人）既（已經）知之（明白）矣；而「午會」收天，諸書不載（記載），此學人（從事學術研究的人）所不知者也。少見多怪，疑惑橫生（不斷的發生），此井蛙（井底之蛙）小天（狹小的範圍），蜀犬吠日（比喻少見多怪）之所由喻也。

「子會」開天，亦非一時，開成，必待（等待）「十二萬九千六百月」，而後氣足象現，天始完成。

又待（等待）「十二萬九千六百月」，團空（周圍的天空）爲塊，山峙（群山聳峙）川流（河川的流動），地始完成。

又待（等待）「十二萬九千六百月」，動植（動植物）孕育（懷胎而生育），人物完成，三才（天、地、人）分而世界立矣。

「一理」主宰，「二氣（陰陽）」推遷（推移變遷），數完氣足，象（萬象）從而現，「此理」生「二氣（陰陽）」，「氣（陰陽二氣）」生「萬象」，「自無入有」之漸（逐漸）。

【賞析】

「元會運世」是北宋「邵雍」的用語，是「邵雍」虛構的計算「世界歷史」年代的單位，出自《觀物外篇》上。「邵雍」把「世界」從「開始」到「消滅」的週期稱做「元」，一元復始，萬象更新，「一元」有「十二會」，「子會」和「午會」是其中的兩會。「世界」從「開始」到「消滅」之後，又重新「開始」，不斷的周而復始。

「元會運世」，簡稱「元會」，是北宋「邵雍」的用語，是「邵雍」虛構的計算「世界歷史年代」的單位，出自《觀物外篇》上。

「邵雍」把「世界」從「開始」到「消滅」的週期叫做「元」，「一元」依「十二地支」排列，因而有「十二會」。「一元」結束後，接著「下一元」的開始，「宇宙」中又開創「新天地」。謂之「一元復始，萬象更新」。

「邵雍」按照一年十二月，一月三十日，一日十二時辰，一時辰三十分的數目來附會（牽強湊合）計算「天地歷史時間」。

「邵雍」推算出「一元」有「十二會」，「一會」有「三十運」，「一運」有「十二世」，「一世」有「三十年」。故「一元」之年數為「十二萬九千六百年」，公式如下：「一元」等於

「十二會」，「十二會」乘以「三十運」乘以「十二世」乘以「三十年」等於「十二萬九千六百年」。

「邵雍」認爲「世界的歷史」，就是如此「始而終、終而復始」地不斷循環。故在《觀物外篇》上，「邵雍」得出「天地亦有始終乎？曰：既有消長，豈無始終。」的結論。「邵雍」的觀點認爲，整個「自然界」的「一切事物」，都是「從無生有」，又「由有歸無」。

「邵雍」以《先天六十四卦方位圖》爲本，作《皇極經世》所適用的「象數法則」，大至「元、會、運、世」，小至「年、月、日、時」，用以推演「天道的消長」與「人事、朝代國運的治亂興廢」。

按照「邵雍」的推算：

(1)「一世」統合三十年。

(2)「一運」統合十二世，共三百六十年。

(3)「一會」統合三十運，共「一萬零八百年」。

(4)「一元」統合「一元會」，共「十二萬九千六百年」。

此一週期「十二萬九千六百年」，剛好相近於現代「冰河時期」的週期（大約十三萬年）。天地始定，「子會」開天，「丑會」闢地，「寅會」生人，至「卯會」聖人出世。至「未會」數盡，治世圓滿。「申會」收人，「酉會」收地，「戌會」收天，至「亥會」大混沌，而完成「一元會」之運轉。自開天闢地以來至天窮地盡，其間謂之「一元」。

「一元」共分「十二會」：子、丑、寅、卯、辰、巳、午、未、申、酉、戌、亥。每「一會」有「一萬零八百年」，「一元」有「十二萬九千六百年」。

【重點三】

夫「人身者（人的身體）」象（象天）也，「呼吸者」氣（氣天）也，「道心者（發於義理之心）」理（理天）也。

「氣」有升降：「氣之上升者」爲「魂（人的精氣）」，「魂（人的精氣）」喜「生」；「乘（駕馭）魂」則營營（內心煩躁不安）而亂思（胡亂思想）。「氣之下降者」爲「魄（人的精氣）」，「魄（人的精氣）」喜「死」；二念相續（相繼；前後連接），百苦營纏（眩惑騷擾），此其所以危（危險）也。

「精者（物質經過提煉後，純淨無雜質的部分。）」純（不含雜質的）乎「理」而不雜（混合、摻入）於「氣」也。雜（混合、摻入）則「不精」，「不精」則二（陰）矣。「精」則「不雜」，「不雜」則「一」也。「二者陰也」，屬乎「地」；「一者陽也」，屬乎「天」。偏者非也，中者是也。

「非」則「迷眞（迷失眞理）逐妄（追逐虛妄）」，「是」則「返妄（由虛妄折回）歸眞（歸於眞理）」。「眞」則「克念（克制慾念）作聖（聖人）」。「妄」則「罔念（謂不思爲善）作狂（傲慢自大的狂人）」。

「罔念（謂不思爲善）」者，去（離開）「人關（人道）」而入（墮入）「鬼關（餓鬼道）」，此日流（每天趨向）乎污下（卑下，鄙陋）者也。「克念（克制慾念）者」，超（越過）「人關（人道）」而出「鬼關（餓鬼道）」，此日進於高明（秉性高亢明爽）者也。

【賞析】

「王覺一」祖師說，「天」有「理天、氣天、象天」，對應到「人」，「人身（人的身體）」就是「象天」，「呼吸」就是「氣天」，而「道心（發於義理之心）」就是「理天」。

「迷眞（迷失眞理）逐妄（追逐虛妄）」是錯誤的「偏途」，只有「返妄（由虛妄折回）歸眞（歸於眞理）」才是正確的「正途」。

「眞」就是「克念（克制慾念）作聖（聖人）」，死後返回「理天」；「妄」就是「罔念（謂不思爲善）作狂（傲慢自大的狂人）」，「罔念（謂不思爲善）」者，死後墮入「餓鬼道」。

【重點四】

「盡人合天（要求人道與天道相吻合）」，「自有還無」之謂也。蓋自天開於子（子會），「萬物」皆以「漸自有」而「還無」。「自無入有」，本於「自然」，其權（權力）在「天」；「自有還無」，「道」在「授受（給與和接受）」，其權（權力）在「人」。「自無入有」，自理（理天）生氣（氣天），自氣（氣天）生象（象天），天生人也。

有象（形象）而後（以後），甘食（貪圖食物）悅色（令人愉悅的顏色），知識日開，人生人也。理（理天）入於氣（氣天），則拘（局限）於氣稟（人生來對氣的稟受）；氣（氣天）入於象（象天），則蔽（遮蓋）於物慾（對物質的欲望）；情牽（感情牽絆）慾染（沾染情慾），迷眞逐妄，機巧（機謀詭詐）變詐（詭變巧詐），冤緣（怨恨的惡緣）相報（互相報應），而「輪迴」無停矣！

下愚（極愚笨的人）知「逐物（追求外物）縱慾（放任慾望而不加以節制）」，而亡（失去）其身（生命）。中人（中等資質的人）知有其身（生命），而不知其氣（氣天）。賢人知其氣（氣天），而不明其理（理天）。

於是天命（天所賦予人的稟賦與本性）聖神（泛稱古代的聖人），應運（順應時勢）降生，明（昭示、彰顯）「有、無、顯、微，天、人、賦稟（自然具有的資質）」之淵源（事物的本原）；理（事物的規律）、欲（情慾）、是、非，善、惡、報應之本始（初始、原始）。

於是立君（設置君王）以主（統治）之，立師（設置明師）以教之（教導）；禮（人類的行為規範）以節（約束）之，樂（音樂）以和（調諧）之，政（政策、法令）以一（統一）之，罰（刑罰）以威（震懾）之，賞（賜予或獎給的東）以勸（鼓勵、獎勵）之；此三皇（伏羲、神農、黃帝）五帝（少昊、顓頊、帝嚳、堯、舜），法天象地（效法天地的規模，如天地般深遠、偉大），燮理（ㄒㄧㄝˋ，協和治理）陰陽，繼天立極（天、極，均借指帝位。繼天立極指繼承皇位。），代天宣化（施布教化）之所自來（原來、本來）也。

【賞析】

「王覺一」祖師說，「自無入有」，自「理天」生「氣天」，自「氣天」生「象天」，在「象天」裡才生出「人」。

「人」有象（形象）以後，貪圖食物，喜歡令人愉悅的顏色，知識日開，人又生人。理（理天）入於氣（氣天），則拘（局限）於氣稟（人生來對氣的稟受）。

「氣稟」亦稱「稟氣」，意思是：人生來對氣的稟受。《韓非子．解老》：「是以死生氣稟焉。」《論衡．命義》：「人稟氣而生，含氣而長，得貴則貴，得賤則賤。」「韓非」和「王充」都認爲，人的「生死貴賤」由「生而稟受的氣」所決定。

「氣天」的「一氣」，進入「人體」之後，就被「物慾（對物質的欲望）」所遮蓋，就被感情牽絆，沾染情慾，迷眞逐妄。「人心」變得機謀詭詐，詭變巧詐，怨恨的惡緣互相報應，而「輪迴」不停。

「極愚笨的人」只知道求外物，放任慾望而不加以節制，而失去他的生命。「中等資質的人」知道有「生命」，而不知道「氣天」的「一氣」。「賢人」知道「氣天」的「一氣」，而不明白「理天」的「一理」。

於是「上天」派「古代的聖人」，順應時勢降生人間，昭示「有、無、顯、微，天、人、賦稟（自然具有的資質）」的本原；理（事物的規律）、欲（情慾）、是、非，善、惡、報應的初始。

【重點五】

上古之世，創（開創）宮室（古時房屋的通稱），制（製造）衣冠（衣服和帽子），造（製作）器皿（盛東西的器具），作（創作）書契（文字）；以補（添足所缺少的）造化（化育萬物的大自然），以近（接近）萬民（衆百姓，人民）；禮明（昭示人類的行爲規範）樂備（音樂完備），男女有別，尊卑有等（次第），長幼有序（次第）；此制度文章，自無入有之漸（逐漸）。

是道（這個「道」）也，始於「伏羲」，成於「黃帝」，盛於「堯、舜」，此太古（上古時代）制器尚象（觀象制器），修象（法令、法律）之世也。至「堯」傳心，漸入精微（精深微妙），無象（法令、法律）之學，即基於有象（法令、法律）之世也。

至周（周朝）則象備（法令、法律完備）文盛（法令、典章豐富），自「昭（周昭王）」、穆（周穆王）」以降，至於「幽（周幽王）、厲（周厲王）」之世，精微（精深微妙）漸失，文象（法令、法律、典章）漸蔽（受阻隔）；富強詐力（欺詐與暴力）之風（風氣）盛（盛行），則二帝（帝堯、帝舜）、三王（禹、湯、文王）之「道德仁義」，幾於掃地（比喻摧毀無餘）盡（全部、都）矣！

【賞析】

「王覺一」祖師說，這個「道」，開始於「伏羲」，完成於「黃帝」，盛行於「堯、舜」，此太古（上古時代）制器尚象（觀象制器），修象（法令、法律）之世。至「堯」傳心，漸入精微（精深微妙），無象（法令、法律）之學，即基於有象（法令、法律）之世。

至周（周朝）則象備（法令、法律完備）文盛（法令、典章豐富），自「昭（周昭王）」、穆（周穆王）」以降，至於「幽（周幽王）、厲（周厲王）」之世，精微（精深微妙）漸失，文象（法令、法律、典章）漸蔽（受阻隔）；富強詐力（欺詐與暴力）之風（風氣）盛（盛行），則二帝（帝堯、帝舜）、三王（禹、湯、文王）之「道德仁義」，幾乎全部摧毀無餘。

【重點六】

「太上（老子的尊號）」生於「商末」，「儒（孔子）、釋（釋迦牟尼佛）」降誕「東周」。

中。

「孔子」之道，寓（託付、寄託）「至理（至高無上的道理）」於文象（文物典章制度）之外，理（理天）氣（氣天）合發（一同興起），卽氣（氣天）以顯（表露）理（理天）。

「太上（老子的尊號）」之道，則超出文象（文物典章制度）之外，理（理天）氣（氣天）合發（一同興起），卽氣（氣天）以顯（表露）理（理天）。

「釋迦（釋迦牟尼佛）」之道，則掃象（消除象天）超氣（超越氣天），而獨歸於理（理天）。

「孔子」之教，寓（託付、寄託）「至理（至高無上的道理）」於文象（文物典章制度），末流（後期）則囿（一ㄡˋ，拘束、局限）於文象（文物典章制度）之中。

「太上（老子的尊號）」之教，道寓（託付、寄託）「至理（至高無上的道理）」於五氣（水、火、木、金、土五種物質之氣），末流（後期）則執（執著）於「氣（氣天）」矣。

「釋迦（釋迦牟尼佛）」之教，掃象（消除象天）超氣（超越氣天），獨歸於（理天）；末流（後期）學者，既不屑（輕視而不加以注意、重視）於象氣（象天之氣）之粗跡（大道正理），又未窺見（察見）「至理（至高無上的道理）」之玄奧（神奇奧妙），則高談闊論（沒有實質內容，空泛而漫無邊際的談論。），漫無（不懂得）入手（下手），而入（進入）於頑空（指一種無知無覺的、無思無爲的虛無境界。）矣。

道（道教）之末流（後期），既不屑（輕視而不加以注意、重視）於文象（文物典章制度），又未造入（深入）「至理（至高無上的道理）」；則執（執著）於「陰陽五行」，而「大小周天」，「龍虎、鉛汞，鼎爐、火候」，「金丹之法」興（興盛）矣。

其法（方法）雖屬執象（執著形象），而天資（天生的資質）高明，因「離明（離卦，對應『眼目』，暗指『玄關竅』）」而悟（領悟）萬劫不壞之「元神」；因「坎陷（坎卦，屬性陷，對應『腎』，暗指『下丹田』）」而悟（領悟）流行（散布、傳播）不息之「元氣」。「理（理天）氣（氣天）合修者」，則入「賢關（賢人的境界）」。

「超（超越）氣（氣天）還（返還）理（理天）者」，則入「聖域（聖人的境界）」。此自「有象」而悟（領悟）「無象」，自「有為」而悟（領悟）「無為」。

【賞析】

「王覺一」祖師認為，「儒教、佛教、道教」三教合一，同樣從「理天」而來。

「孔子之教」，寓（託付、寄託）「至理（至高無上的道理）」於文象（文物典章制度）；「老子之教」，道寓（託付、寄託）「至理（至高無上的道理）」於五氣（水、火、木、金、土五種物質之氣）；「釋迦牟尼佛之教」，掃象（消除象天）超氣（超越氣天），獨歸於（理天）。

但是，三教的末流（後期）學者，都偏離正道，走入旁門。只有少數天生資質高明的人，因為懂得「玄關竅」，而領悟萬劫不壞之「元神」；因為懂得「下丹田」，領悟流行（散布、傳播）不息之「元氣」。

「理（理天）氣（氣天）合修者」，則入「賢關（賢人的境界）」。「超（超越）氣（氣天）還（返還）理（理天）者」，則入「聖域（聖人的境界）」。

【重點七】

故《太上清靜經》曰：夫人神好清，而心擾之；人心好靜，而慾牽之。

慾（慾望）不自生（自然生起），則情識（情慾）開（發動）於內（內心），財色（錢財與女色）誘（引誘）外（外境）也。學人（從事學術研究的人）若知流色（放縱美色）入目，則有動（萌動；開始發動）於中（心中），必搖（煽動）其精（元精），精（元精）搖（煽動）則氣（元氣）耗（損耗），氣（元氣）耗（損耗）則神（元神）昏（喪失知覺），神（元神）昏（喪失知覺）則縱情（盡情放縱）逐慾（追逐慾望），落花流水（形容暮春殘敗的景象），往而不返，永沉孽海（罪惡的世界），無有底止（止境）矣！

學人（從事學術研究的人）知此，則「美色（女子美麗的容顏）」乃「帶粉（脂粉）之骷髏」，「慾火（形容情慾熾烈）」乃「燒性之烈焰」；見其色（美），則「慾火（形容情慾熾烈）」自目（眼睛）而入；聽其聲，則「慾火（形容情慾熾烈）」自耳而入；此「由外入內」者也。

生「淫念」、「慾火（形容情慾熾烈）」因夢而生；「淫色、淫聲」，「外因」也。「淫念、淫想」，「內因」也。「淫夢」，「不內不外因」也。

悟此（領悟這個道理）則「淫色」不敢入於「目」，「淫聲」不敢入於「耳」，「淫語」不敢出於「口」，「淫念」不敢生於「心」，「淫幻」不敢生於「夢寐（夢中、睡眠中）」矣！不生「淫幻」，「精（元精）」則無漏，「眞人（道家稱修眞得道的人）」當前卽是矣。

【賞析】

「王覺一」祖師說，修道必須「戒美色、戒淫念」，所以子曰：「非禮勿視，非禮勿聽，非禮勿言，非禮勿動。」就是這個道理。

《太上清靜經》上也說：「夫人神好清，而心擾之；人心好靜，而慾牽之。」生「淫念」、「慾火」因夢而生；「淫色、淫聲」屬於「外因」；「淫念、淫想」，屬於「內因」；「淫夢」屬於「不內不外因」。

領悟這個道理者，則「淫色」不敢入於「目」，「淫聲」不敢入於「耳」，「淫語」不敢出於「口」，「淫念」不敢生於「心」，「淫幻」不敢生於「夢寐（夢中、睡眠中）」！不生「淫幻」，「精（元精）」則無漏，「眞人（道家稱修眞得道的人）」當前即是。

【重點八】

古人之防「慾（戒備慾念）」，如同「防賊」，「畏色（畏懼美色）」甚（超過）於「畏虎（畏懼老虎）」；「賊」之害人「盜其財」，「虎」之傷人「害其身」；而「色」之害人，敗財損身，喪德行，失陰騭（ㄓˋ，陰德）；一念之差，終身莫贖（謂已無挽回的餘地）；一事（同樣一件事）之差，累世莫償（不能實現）。

蓋「雜念（紛雜不純的念頭）」生則財（裁斷），「淫念」因於色（美色）；「雜念」出於「三魂（胎光、爽靈、幽精）」，「淫念」出於「七魄（屍狗、伏矢、雀陰、吞賊、非毒、除穢、臭肺）」。學者、淡（不熱心）於財（錢財），則「雜念」寡（少）矣。遠（不接近）於色（美色），則「淫念」寡（少）矣。

「三魂木」也謂「青龍」，「七魄金」也謂「白虎」。「三木」上升之氣也，故「魂」喜生而好遊。「七金」下降之氣也，故「魄」喜死而昏沉。故「吾道」以「戒雜念」爲「降龍」，「戒淫念」爲「伏虎」。「降龍」者「煉魂（指修煉靈魂）」也，「伏虎」者「制魄（拘執魄）」也。

蓋「財色（錢財與女色）」之「可見者相」也，看穿「財色（錢財與女色）」，則不執（執著）於相（形象）矣。「魂魄」「氣」也，戒「淫念、雜念」，則不囿（一ㄡˋ，拘束、局限）於「氣」矣。不執（執著）於相（形象），則「四相（我相、人相、眾生相、壽者相）」飛（去除），常能遣其慾，而心自靜矣。

不囿（一ㄡˋ，拘束、局限）於「氣」，則「三心（過去心、現在心、未來心）」掃（消除、消滅），常能「澄（使沉澱、清）其心」，而「神（元神）自清（清靜）」矣。「常清常靜」，「道家修煉之法」也。「掃心（三心）飛相（四相）」，「佛家修煉之法」也。

蓋「修者」修其「品行（人的品格和德行）」，「煉者」克（制服、約束）其「私心（爲個人利益打算的念頭）」，而其法有「天理、人事」，「權（權謀、權宜之義，指爲一時之需所設之方便）、實（眞實不虛之義，係指永久不變之究極眞實。）、頓（不依次第，快速到達覺悟之教法，稱爲頓教）、漸（依順序漸進，經長時間修行而覺悟者，稱爲漸教。）」之不同。

【賞析】

「王覺一」祖師說，古人「防慾（戒備慾念）」，如同「防賊」，「畏色（畏懼美色）」超過）畏虎（畏懼老虎）」。

「淫念」源自於「美色」，「雜念」出於「三魂（胎光、爽靈、幽精）」，「淫念」出於

「七魄（屍狗、伏矢、雀陰、呑賊、非毒、除穢、臭肺）」。

學道者，不熱心於「財」，則「雜念」少；不接近「美色」，則「淫念」少。

「三魂木」稱爲「青龍」，「七魄金」稱爲「白虎」。「三木」上升之氣，故「魂」喜生而好遊。「七金」下降之氣也，故「魄」喜死而昏沉。

「三魂木」和「七魄金」，源自於「朱熹」以及宋末道教學者「俞琰」，認爲「三魂七魄」非眞指實數，以「醫家」謂「肝屬東方木」而「藏魂」，「肺屬西方金」而「藏魄」。

「王覺一」祖師說，「吾道」以「戒雜念」爲「降龍」，「戒淫念」爲「伏虎」。「降龍」者「煉魂（指修煉靈魂）」，「伏虎」者「制魄（拘執魄）」。

「道家修煉之法」是「常淸常靜」，常能「澄（使沉澱、淸）其心」，而「神（元神）自淸（淸靜）」矣，此句出自《淸靜經》。

《淸靜經》原文：「夫人神好淸，而心擾之；人心好靜，而慾牽之。常能遣其慾而心自靜，澄其心而神自淸。自然六慾不生，三毒消滅。」

「佛家修煉之法」是「掃心（三心）飛相（四相）」，此句出自《金剛經》。

《金剛經》原文：「過去心不可得，現在心不可得，未來心不可得。」

《金剛經》原文：「若菩薩有我相、人相、衆生相、壽者相，則非菩薩。所以者何？須菩提！實無有法發阿耨多羅三藐三菩提者。」

【重點九】

「天」者、萬物統體（總體）之性。「性」者、物物（各種事物）各具之天。

「天」有：「理天、氣天、象天」。「人」有：「理性、氣性、質性。」

「理性」者，「無爲性」也。「氣性」者，「分別性」也。「質性」者，「造作性（故意做出的不自然舉動）」也。

「無爲性」、無善無不善，故曰：「至善」。「分別性」、則因「氣」有「陰陽純駁（龐雜不純）」；得「陰陽」之「純正者」，則趨於（走向、歸向）「善」；得「陰陽」之「偏駁（龐雜不純）者」，則趨於（走向、歸向）「惡」。

此「性相近，習相遠」之性也。譬如「財色（錢財與女色）」，當「無爲」之時，則財（錢財）自（己身）財（錢財），色（女色）自（己身）色（女色），與我無涉（沒有連帶的關係）也。

至於「分別性」、則「純正者」見之，無貪無染，以「財（錢財）」爲養命（保養性命）之源（來源），「色（女色）」爲生育之本，因時制宜（根據不同時期的情況，採取合宜的措施應對。），入（投）於「善」矣！

「偏駁者」見之，私意（個人的想法、私心）妄貪（行爲不正的貪圖），則「財（錢財）」起「爭奪之禍端」，「色（女色）」成敗亡之尤物（誘人的美貌女子，含有貶抑的意思。），入（投）於「惡」矣！

【賞析】

「王覺一」祖師說，「天」有：「理天、氣天、象天」，「人」有：「理性、氣性、質性。」

「性相近，習相遠」出自於《論語．陽貨》：「子曰：性相近也，習相遠也。」意思是：人「先天」具有的「純眞本性」，互相之間是接近的，而「後天」習染積久養成的「習性」，卻互相之間差異甚大。

【重點十】

「善念」動（觸發、感觸），則「視聽言（看、聽、說）」動（觸發、感觸），造作（製造）從（依順）「善」，而「福」隨（跟從）之；今世積福，轉世福報，善報盡則福盡。

「惡念」動（觸發、感觸），則「視聽言（看、聽、說）」動（觸發、感觸），造作（製造）從（依順）惡，而「禍」隨（跟從）之；今世積禍，轉世禍報，惡報盡則禍盡。

此「分別之氣」，出自「宗動天（氣天）」。造作（製造）之質（人的天性稟賦），出自「經星（舊稱二十八宿等恆星）緯星（舊稱行星）天」。蓋因「氣數（命運）」所至，「天象（天空變化的現象，古人用來占卜吉凶。）」形於上（指事物運動變化的法則、規律），故稱爲『道』。），「人事（人的作爲）」就（依順、依從）於下；「象過（天象轉移）」則「象息（天象停止）」，「象息（天象停止）」則災祥（吉凶的徵兆）漸罷（停止）。

【賞析】

「王覺一」祖師說，「善念」一動，而「福」跟從之；今世積福，轉世福報，善報盡則福盡；「惡念」一動，而「禍」隨（跟從）之；今世積禍，轉世禍報，惡報盡則禍盡。

「善念」和「惡念」的「分別之氣」，出自「宗動天（氣天）」。造作（製造）之質（人的天性稟賦），出自「經星（舊稱二十八宿等恆星）緯星（舊稱行星）天」。

【重點十一】

在箕（星座名。二十八星宿之一。東方青龍七宿的最後一宿，由四顆星組成。）初，乃「艮宮」分野（古代占星家爲了藉星象來觀察地面州國的吉凶，所以將天上的星宿分別指配於地上的州國，使其互相對應，卽云某星宿爲某州國的分野或某地是某星宿的分野。），「三陽開泰（萬象更新）」之運，此「正道」之所以興行（因受感發起而實行），雜氣（繁亂之氣）之不久普消（廣大而周遍的消失）也。

「冬至」日在「虛前」爲「先天」，日在「正虛」爲「中天」，日在「虛後」爲「後天」；此「先天，中天、後天」之所由分，而「無極、太極、皇極」之所由判（區別、分辨）也。而「過去、現在、未來」，卽此可以類推（在不同的事物中，取其相類似的地方而推測或衡量其他。）矣！

【賞析】

「王覺一」祖師按照古代的「天文學」理論，「冬至」日在「虛前」爲「先天」，日在「正虛」爲「中天」，日在「虛後」爲「後天」，這是「先天，中天、後天」的由來。

而「無極、太極、皇極」，和「過去、現在、未來」，也可以由此類推而得到結論。

【重點十二】

「收圓」之法，起自一「土」者，字音、字形皆「土」，此「艮（艮卦）」之所以成始終（自始至終）也。

「坎（坎卦）」爲「一陽」，「艮（艮卦）」爲三陽，其名與字亦可推測而知之（知道）

矣。此「西乾、東震，斗牛、戊巳」之所以然（事理的緣由）也。

豈奈（無奈）理微（精妙幽深）道大，天機（造物的奧祕，上天的機密。比喻極重要不可透露的機密）玄遠（幽深眇遠），苟非（若非，假如不是）深造（深入精微的境界）理數（道理、事理），洞澆（明白淺薄的）造化（化育萬物的大自然），難以語（議論）此。

故《禮本》傳二百餘年，誦習（誦讀學習）如牛毛（比喻極多），眞知（眞正的知曉）者如牛角（牛的頭角，比喻少數）；雖齋戒沐浴（在祭祀或舉行重要典禮之前，沐浴更衣，不飲酒，不吃葷，夫妻不同房，嚴守戒律，以示虔誠莊敬），淨體（清潔身體）端容（端正容貌體態）；然口之所誦（陳述），心之所知，心之所會（領悟），又非「道」之所在；此雜法（不純粹的法）之所以橫行（遍行，布滿各處），舉世（全世界）之所以貿貿（昏聵的樣子；糊塗昏亂，不辨是非）也。

【賞析】

「王覺一」祖師說，「收圓」之法，起自一「土」者，字音、字形皆「土」，此「艮（艮卦）」之所以成始終（自始至終）也。

此句節錄自《宣聖講義》原文：「故艮者終也。成終者成其始。如夏正建寅。歲之始也。而由子丑至寅。亦可視爲終。地之兩極。終也。而由南北極以往返者。亦可視爲始。故曰艮成終始。」

「王覺一」祖師所謂的「收圓」，是期望一切「生靈」能找回自家生命的主人（良心善性），體現「良心善性」的內涵，讓生命洋溢著安詳的、光明的、清淨的、慈愛的、智慧的、希望的、圓善風姿，在現實人間開創理想「聖域」，永離一切「苦海輪迴」，簡稱之爲「收圓」；而「收圓」也有「究竟成就」的意思。

「王覺一」祖師說，「坎（坎卦）」爲「一陽」，「艮（艮卦）」爲三陽，其名與字亦可推測而知之（知道）矣。此「西乾、東震，斗牛、戊已」之所以然（事理的緣由）也。

「坎（坎卦）」爲「一陽」，卽「坎卦」代表的是「兩陰爻」在外，「一陽爻」在中間，表示四面向「心性」發展的趨勢。

「艮（艮卦）」爲三陽，出自《宣聖講義》原文：「又曰成言乎艮。以艮一陽由初起者震。歷中爻則坎也。至上止則爲艮。三陽卦。非三陽並見。乃一陽曆三級。而著其初成。示其升降耳。升者自下。降者自上。升極必降。降極必復升。來往亦然。」

此「西乾、東震，斗牛、戊已」之所以然（事理的緣由）也。此句節錄自《歷年易理》原文：「達摩初祖。神光二祖。普庵三祖。曹洞四祖。黃梅五祖。慧能六祖。白馬七祖。羅八祖。黃九祖。吳十祖。何十一祖。袁十二祖。徐楊十三祖。火木土水金五祖。爲水金掌道。金祖稱西乾堂。丁丑轉盤東震。東震繼西乾。傳玄大收圓。」

「西乾」，是指「西天」。後用以指「從西域傳入的佛教」。出處：清代「方以智」《物理小識．氣論》：「西乾止會通於惟心，彼離氣執理，與掃物尊心，皆病也。」

「東震」，是指「中國」。「震」是「震旦」，「印度」古時稱「中國」爲「震旦」。「中國」在東方，故稱「東震」。

「斗牛」，是星名，指「二十八星宿」中的「斗宿」和「牛宿」。

「戊己」，是古人用「十天干」以紀日，「戊己」即「戊日」與「己日」。古人以「十天干」配「五方」，「戊己」屬「中央」，於「五行」屬「土」，因此以「戊己」代稱「土」。

「王覺一」祖師說，故《禮本》傳二百餘年。此《禮本》爲早期「一貫道」的「點傳師」辦道傳道時，所使用的冊子。

【重點十三】

理（理天）上乘（上等而高妙的境界）、氣（氣天）中乘（中等的境界）、象（象天）下乘（下等的境界），洩漏無餘（無存），獨開千古之生面（新境界）。神「無極」、聖「太極」、大「皇極（帝位或王室之位）」宏中肆外（指文章內容豐富，文筆又能盡量發揮。），普渡（廣行佛法，以救衆生。）萬教之迷津（引申爲錯誤的道路或方向）。

講明顯微（顯著和隱微）理事（本體和現象）之的歸（確實的、可靠的趨向），永絕權（權謀、權宜之義，指爲一時之需所設之方便）實（眞實不虛之義，係指永久不變之究極眞實）頓（不依次第，快速到達覺悟之教法，稱爲頓教）漸（依順序漸進，經長時間修行而覺悟者，稱爲漸教）之爭論。

「至理（至高無上的道理）」既明（明確），六合（天下）內，六合（天下）外，都歸「一貫（同一道理）」。「大道」不隱，萬世（萬代）上萬世下（萬代），盡入中庸（待人處事不偏不倚，無過無不及）。

戒「淫念」、戒「雜念（紛雜不純的念頭）」，人人遵依（依照），「十殿閻君」之庭免張羅（籌備、安排）。還（返回）「太極」、還（返回）「無極」，個個參透（澈底瞭解、識

破），「三教聖人」之經（經典）當高擱（置之不用）。

「寡慾（減少欲望）」爲入手（著手、下手）之法，須打破物慾（對物質的欲望）之蔽（遮蓋、擋住）；「息念（停止念頭）」乃「明德（崇高顯明的德性）」之要（關鍵、重點），不可爲氣稟（人生來對氣的稟受）所拘（限定、限制）。

如此則「一理」爲主，「二氣（陰陽）」爲佐（輔助），五官四肢，百體（身體的各部位）從令（形容遵從命令之迅速，而毫無異議。）。中和（指平衡穩定、不受干擾的狀態。）之致（達到），天地之位（所在的地方），萬物之育（成長），有不外此（除此以外）而得者矣。

「寡慾（減少欲望）者」，常能遺（捨棄）其慾（欲望），而「心自靜」也。「息念（停止念頭）者」，常能「澄（使沉澱、清）其心」，而「神（元神）自清」也。「遺慾（捨棄欲望者」戒（謹慎）也，「澄（使沉澱、清）心者」定（安定）也，「神（元神）清」則「智慧」生矣。

【賞析】

「王覺一」祖師說，「理天」是「無極」，是「上乘」的境界；「氣天」是「太極」，是「中乘」的境界；「象天」是「皇極」，是下乘的境界。現在他獨自公開千古之新境界，普渡衆生，指正萬教錯誤的修道方向。

講明「顯著」和「隱微」的「本體」和「現象」的確實趨向，永遠斷絕「權（權謀、權宜之義，指爲一時之需所設之方便）、實（眞實不虛之義，係指永久不變之究極眞實。）、頓（不依次第，快速到達覺悟之教法，稱爲頓教）、漸（依順序漸進，經長時間修行而覺悟者，稱爲漸教。）的爭論。「至理（至高無上的道理）」既然明確，六合（天下）都歸「一貫（同一道理）」。

戒「淫念」、戒「雜念（紛雜不純的念頭）」，人人遵依，「十殿閻君」之庭免安排。返回「太極」，返回「無極」，個個澈底瞭解，「三教聖人」之經典可以置之不用。

「寡慾（減少欲望）」為入手（著手、下手）之法，必須打破物慾（對物質的欲望）之蔽（遮蓋、擋住）；「息念（停止念頭）」乃「明德（崇高顯明的德性）」之要（關鍵、重點），不可為氣稟（人生來對氣的稟受）所拘（限定、限制）。

如此則「一理」為主，「陰陽二氣」為輔助，五官四肢，身體的各部位遵從迅速命令，而毫無異議。達到「中和（指平衡穩定、不受干擾的狀態。）」。

「寡慾」者，常能捨棄其欲望，而「心自靜」。「息念」者，常能「澄（使沉澱）其心」，而「神（元神）自清」。「遺慾者」必須謹慎，「澄（使沉澱）心」者安定，「神（元神）清」則「智慧」產生。

【重點十四】

「學者」眞知（眞正的知曉）守戒，則為（成為）「大人（對德高或地位尊者的稱呼）」。「由戒入定」，則為「賢人」。「由定入慧」，則為「聖人，神人（神仙）」。學至「神人（神仙）」，則性合（本性符合）「無極」，超出「三界（欲界、色界、無色界）」外，不囿（一ㄡˋ，拘束、局限）五行（水、火、木、金、土五種物質）中，天地有壞，吾性（本性）常存矣。

「神人（神仙）」者，所謂「聖而不可知之之謂神」。卽「老子」所謂「谷神不死」。卽「佛」之所謂涅盤妙心，西方淨土，不生不滅，不垢不淨，不增不減之「舍利子」，「金剛不壞身」也。儒（儒家）能知此，則「窮理盡性（窮究天地萬物之理與性）」。道（道家）能如此，則「三品一理」，「理」中究竟（窮盡、推求到完全明白）。

【賞析】

「神人（神仙）」者，所謂「聖而不可知之之謂神」，出自《孟子》。

《孟子．盡心章句下二十五》原文：「聖而不可知之之謂神。」意思是說：聖人的作爲。如天地自然的變化，衆人不能知道，這就叫做神了。

「三品一理」，「三品」同出自「一理」，出自《玉皇心印妙經》。

《玉皇心印妙經》原文：「三品一理。妙不可聽。」

「三品」者，爲「煉藥」的次第等級，共分爲「上、中、下」三品，卽：

⑴「下品」：

「練精化氣」爲「鉛花」，三餐所吃的食物，經臟腑消化吸收後，淸者爲「營氣」，行於「經絡」，「濁者」爲「衛氣」，行「血液」中傳達全身。「精」卽爲「營、衛」二氣凝聚所化，「結丹」在「下焦丹田」之中爲「鉛丹」，以「氣」化爲「蓮花」，托起浮於虛空，爲「象天功法」，將「濁精」變爲「元精」；

⑵「中品」：

「煉氣化神」爲「銀花」，「營、衛」二氣匯聚於「中焦壇中」，結丹於「中焦壇中」與

「夾脊」之間爲「銀丹」，以「念」化爲「蓮花」，托起浮於虛空，爲「氣天功法」，將「後天濁氣」返回「先天元炁」；

⑶「上品」：

「煉神還虛」爲「金花」，「神識」主宰居於「上焦泥丸宮」中，結丹於「上焦泥丸」中「玄關」內爲「金丹」，以「識神」化爲「蓮花」，托起浮於虛空，爲「理天功法」，將「識神」轉爲「元神」。

《金剛經》云：「法應尙捨，何況非法。」「佛法」本是「非關言語文字」，所有的經典都是「方便法門」，應地、應事、因人、適時而說的比喻，所以「達摩西來」不帶文字，只「傳心印」。

因此，「孔子」曰：「吾道一以貫之，非多學而識之者。」《法華經》云：「如來但以一佛乘故，爲衆說法，無有餘乘。」以「心」入「性理」，則「萬法」皆可應地、應事、因人而隨己適時應用，至此則無旁門、無邪宗、無外道，術流動靜皆歸正法，所以「孔子」能夠「因材施教」，「釋迦牟尼佛」能開「三千法門」。

【重點十五】

蓋「混沌（傳說中天地未形成時的那種元氣未分，模糊不清的狀態。）」之前，純「理」無「氣」；「混沌」之後，「氣」漸生；則「理入乎氣」，此時有「氣」無「質（形體）」，「一氣」盤旋（旋轉、環繞），故曰：「盤古」。

五千四百年後，「氣」行於「地」，凝結成「象」，此「自無入有」之世。無「象（象天）」

之前，「理（理天）」生「氣（氣天）」而「氣（氣天）」生「象（象天）」，天生人也。

有「象（象天）」之後，「象（象天）」藏「氣（氣天）」而「氣（氣天）」載（承受）「理（理天）」，人生人也。其間有「聖神（聖人神仙）」出於其間，創宮室、制衣冠，以禦（抵抗、抵擋）「風雨寒暑」之浸（滲透）；造杵臼（杵與臼。泛指舂搗物品的器具）、與庖廚（廚房），以濟（救助）饑渴之患（憂慮、擔心）。

飽食煖衣（吃得飽，穿得暖。形容衣食充足），無教（教化）則與「禽獸」無異（相同），則制禮（制作禮儀）以教（教導）之。

禮嚴（禮儀嚴謹）尊卑（貴賤。指位次的高低），則有「君臣上下」，而五等之爵（公、侯、伯、子、男五等爵位）生（產生）。禮辨親疏（禮節是用來審定親疏關係），則有「父母伯叔」，而「五服之親生」。「禮」有「吉凶軍賓嘉」以節（約束）之，「樂」有「君臣民事物」以和（調諧）之。

政（政策、法令）以一（統一）之，教（訓誨）以導（教育）之；賞（把財物賜給有功的人）以引（招致）之，罰（懲治）以威（震懾）之；文（法令、典章）以記事（把事情記載下來），武（軍事）以禦暴（抵禦暴力；止息暴亂）。

「醫藥」調（和暢、正常）造化（化育萬物的大自然）之偏勝（指某一方面有過人之處），「鬼神」補（補救、彌補）「政教（政治與教化）」之不及（不足）。數象（在《易經》中，「象」指「卦象、爻象」，即「卦爻」所象徵之事物及其時位關係；「數」指「陰陽數、爻數」，是「占筮求卦」的基礎。）卜筮（占卜），以利（有益於）民用（人民所利用的工具），此上古「制器尚象（觀象制器）」，「自無入有」之學。

蓋始（開始）於「羲皇（伏羲）」，備（完備、齊全）於「堯、舜」，「有極（有其極限）」則漸（逐漸）還（返還）於「無極」。此「危（危險）、微（精妙幽深）、精一（精粹專一）」，所以傳（教授）始（開始）於「堯、舜」，成（完成）於「三教（儒、釋、道）」也。此「原始要終（推究事物發展的始末經過）」，「普渡、收圓」之所由來（來歷、原因）也。

【賞析】

「王覺一」祖師解釋，「理天、氣天、象天」的由來，以及人類歷史的演化。

「五服之親生」，「五服」是由「父系家族」組成的「中國古代社會」，以「父宗」爲重。其「親屬範圍」包括自「高祖」以下的「男系後裔」及其「配偶」，卽自「高祖」至「玄孫」的「九個世代」，通常稱爲「本宗九族」。

「五服論」則指以「天子」爲核心，根據「距離」和「親疏」畫五個「同心圓」，「天子」直接統治的地區成爲「甸服」，環繞「天子」建立起來的「列國」爲「侯服」，「侯服」之外爲「綏服」或「賓服」，其外是「要服」和「荒服」。

與「五服論」相匹配的制度爲「朝貢」，其「頻率」根據「親密程度」而大有區別。「甸服」每日朝貢，「侯服」按月，「綏服」按季度，「要服」按年，而「荒服」則只朝貢一次。

「禮」有「吉凶軍賓嘉」以節（約束）之，「吉凶軍賓嘉」卽所謂的「五禮」，其含義如下：

(1)吉禮：五禮之冠，祭祀典禮。

(2)兇禮：哀憫、弔唁、憂患之禮。

(3)軍禮：師旅操演、征伐之禮。

(4)賓禮：接待賓客之禮。

(5)嘉禮：飲宴婚冠、節慶活動方面的禮節儀式。

中國古代的「禮儀」內容繁縟，《禮記》中卽有「經禮三百，曲禮三千」之說。爲便於了解和掌握這些「禮儀」，大致在「春秋戰國」時期，人們逐漸按照這些「禮儀」的內容，進行了「類型」的劃分。

這就是《周禮．春官．大宗伯》篇記載的「吉禮、兇禮、軍禮、賓禮、嘉禮」五種「禮儀類型」，統稱「五禮」。「漢代」以後，歷代的「國家禮制」，雖然有所演進和變化，但是基本上都圍繞在這「五禮」的系統，進行「禮制」建設。

「樂」有「君臣民事物」以和之，出自於《禮記．樂記》。

● 《禮記．樂記》原文：「『宮』爲『君』，『商』爲『臣』，『角』爲『民』，『徵』爲『事』，『羽』爲『物』，五者不亂，則無怘，本書怘作怗，懘之音矣。五者『君臣民事物』也。凡聲濁者尊，清者卑，怘懘，敝敗不和之貌也。『宮亂』則荒，其『君驕』，『商亂』則陂，其『臣壞』，『角亂』則憂，其『民怨』，『徵亂』則哀，其『事勤』，『羽亂』則危，其『財匱』，五者皆亂，迭相陵，謂之『慢』，如此，則國之滅亡無日矣。『君臣民事物』其道亂，則其『音』應而亂也。」

四、末後一著（眞空大道）

【重點一】

「末後（最後）一著（受）」者，「末後（最後）」方傳「這一著（受）」也。

蓋自「天」開於子（子會），萬類（萬物）「自無入有」；「自理（理天）入氣（氣天）」之所自來（原來、本來）也。此天開於子（子會），「地」闢（開墾）於丑（丑會），人生於寅（寅會）；以漸入有之次第（次序）也。

「午會傳道」，二帝（帝堯、帝舜）、三王（禹、湯、文、武王），「道」與權（勢力）合（會、聚），「道法（天道）」寓（託付、寄託）「治法（法律；平治天下的固定法則）」之中。於時（當時）爲「春」，乃抽（引出）象（象天）還（返還）氣（氣天）之漸（慢慢的、逐步的）。

「三教聖人（老子、釋迦牟尼佛、孔子）」，塵視（輕視）祿位（俸祿與官位），大闡（顯露、弘揚）天人性命（上天的『天命』和人類的『本性』合一），無聲無臭（沒有聲音、氣味）之大源（萬物生於天，所有東西都有一個共同的源頭。）；乃「由氣（氣天）還（返還）理（理天）」之漸（慢慢的、逐步的）。於時（當時）爲「夏」。

末後（最後）收圓（使一切皆達至眞、至善、至美之圓滿境界也。），「道」在庶人（平民、百姓）。闡明（詳細說明）「理天、氣天」，窮（詳細追究）「人心、道心」之來源；究（探尋、推求）「理性、氣性」之本始（初始、原始）。

【賞析】

「王覺一」祖師說「末後一著」，意思是說：這次「大道」的降世，普渡「三曹眾生」，這個因緣是非常殊勝的，自古以來也「只有這麼一次」，而且在「這個元會」裡面，也是只有這次「大道普渡」，過了這次以後，在「這個元會」裡，就再也沒有「三曹普渡」了，所以這次「大道普渡」，也可以說是「本元會」裡的最後一次。因此，仙佛說「末後（最後）一著（受）」。

而「末後（最後）一著（受）」是「一貫道」最重要的核心，只有經歷過「求道儀式」，體驗在「儀式」中，「點傳師」在「求道者」額頭的「眉間玄關處」，以手指「點了一下」，這「一點」的動作，就是「一著（受）」，代表指點「一貫道弟子」的修道下手處，亦即要「意守玄關」。

「末後收圓」，就是最後一次，使一切皆達至真、至善、至美之圓滿境界。「道」降在庶人（平民、百姓）。

「王覺一」祖師要詳細說明「理天、氣天」，詳細追究「人心、道心」之來源；探尋「理性、氣性」之初始。

【重點二】

「性（本性）」受（授予自）「清虛（清淨虛無）眞空（完全無任何物質存在的空間）」，自「天」而（至、到）「人」；「性（本性）」還（返還）「清虛（清淨虛無）眞空（完全無任何物質存在的空間）」，「盡人合天（要求人道與天道相吻合）」。

將視之不見，聽之不聞，體物（體察事物）不遺（一點不保留）之神；放彌六合（這個道理放開來可以遍滿天地四方），退藏於密（歸納的時候可以收藏在隱密的方寸之間），其味無窮（形容事物的意義深遠，令人反覆思考，回味不止。）之性。

道旨（天道的命令）普傳（廣大而周遍的輾轉流布），得之者、希賢（效法賢人）希聖（效法聖人）；悟（領悟）之者、成仙成佛。挽（引）斯世（此世，今世）爲「唐虞」，登（提拔）斯民（此世人民，今世人民）於仁壽（德高而長壽）。

【賞析】

「王覺一」祖師說，人的「本性」來自「理天」，所以要知道返還「理天」。如今「道旨（天道的命令）」普傳，得之者，效法「賢人」和「聖人」；領悟者，成仙成佛。引今世爲「唐虞」盛世，提拔今世人民於德高而長壽。

【重點三】

獨標（獨自標榜）「元神」、「理性」，「不疾而速，不行而至」，無爲而成（不倚外力而自然有所成就），「不生不滅，不增不減，不垢不淨」，「谷神不死」，至理（至高無上的道理）不變之眞（眞理）。撥除（拔除）煆煉（煅煉水火二炁），「私慾」所生之「濁精（精液）」，與夫（跟那）形質（軀體、身體）後起（後來興起）終有（終會）窮盡（竭盡）之「濁氣（人體呼吸時呼出之氣）」。

小無極（本性）、大無極（理天），「念息（一呼一吸，叫做『一息』，『數息』本意在『攝心入定』。）」則洞會（深察領悟）交連（接連不斷），「盡人合天（要求人道與天道相吻合）」如彈指（比喻很短暫的時間）。

小眞空（指一切現象都只是概念所構成，沒有實體。），大眞空（『眞如』之『理體』遠離一切迷情所見之相，杜絕「有、空」之相對，故稱『眞空』。），「理」純則渾合（渾然合成）無間（無間斷），「返本還原（返回原來的地方，比喻恢復根本。）」若反掌（翻轉手掌。比喻事情的容易。）

發（現露）前聖（古代聖人）未發（現露）之祕（祕密），啟（開啟）千古（比喻時代悠遠）不明之理（對事情的原則條理不清楚）。乃由氣（氣天）入理（理天）之漸（逐漸），於時（當時）爲「秋」。

【賞析】

「不疾而速，不行而至」出自《周易》原文：「唯神也，故不疾而速，不行而至。」意思是：因爲把握了最高深的智慧，故而能做到看起來動作很緩慢，但實際走得非常快，看起來都沒有行走，但已經到達了目的地。

「不生不滅，不增不減，不垢不淨」出自《般若波羅蜜多心經》原文：「舍利子，是諸法空相。不生不滅。不垢不淨。不增不減。」

意思是：舍利佛！此「諸法（包括『世間法』及『出離世間法』）」實相，並非遠離一切而一無所有，它是遍滿虛空，充實法界。「眞空實相」的「本體」是不生不滅，「性質」是不垢不淨，「數量」是不增不減的。有生滅、垢淨、增減的是「有爲法」，是幻無化無常之法。「諸法」的眞空眞相，是「無爲法」，無生滅、無垢淨、無增減。

「谷神不死」出自《道德經》原文：「谷神不死，是謂玄牝。玄牝之門，是謂天地根。綿綿若存，用之不勤。」

意思是：虛空不定的變化是永不停歇的，這就是生育萬物的神祕莫測的總根源。微妙的生母之門，就是天地生成的根源。它綿綿不絕地存在著，作用無窮無盡。

「谷神」在「一貫道」的解釋，是暗指眉間的「玄關竅」。

「念息」即「數息」，「念息」本意在「攝心入定」。以「念息」為方便而「修止」，是一種容易得力的法門。

「一呼一吸」，叫做「一息」。「息」是依緣「身心」而轉的，對「身心」的粗動或安定，有密切的關係，所以「佛家」對「修息」極為重視。「修息」有「六門」：「數，隨，止，觀，還，淨」，但是後三者，是「依止起觀」的觀法。

【重點四】

或（有人）曰：「先生」所傳「一著（受）」，神通廣大，證之：點開「智慧通天眼」，露出「金剛不壞身」。與「末後大道眞經」，明心見性（洞明心性的本源），超生了死，出苦還原，成其正果，端坐上青天之說，反復思維，似乎不錯。

以「元神」為「舍利子」，諸法空相，即「金剛不壞身」，誠然（確實如此）。但不知「末後大道」怎講？

【賞析】

所謂「末後大道眞經」，已經佚失，但是有一部第十八代祖師「張天然」所撰的《古佛天眞考證龍華寶經》，延續「王覺一」祖師「末後一著」之說，成為現代「一貫道」重要的理論基礎。

其實，「末後一著」之說，不是「一貫道」的專利，而是中國民間主張「三教合一」教門的術語，源於「三期末劫」之說。「劫」本是「佛教」用語，本意是指「宇宙成壞的過程」，後來逐漸被「民間教門」借用，並賦予新的含義。

「民間教門」將「宇宙」分爲「青陽、紅陽、白陽」三個時期，每期的期末，都會有「劫難」降臨，稱爲「三劫」。「白陽劫期」又稱爲「白陽劫」，爲最後一個劫期。

「最後一劫」最厲害，要將所有的「妖魔鬼怪」都掃除乾淨，同時解救經由前兩個劫期收圓後，仍然失散在人間的「皇胎兒女（原人）」，將其帶回「天宮（眞空家鄉）」與「無生老母」團聚。稱爲「末後一著」，卽最後一期收圓，「總收圓」的意思。

歷史上，「三期末劫」之說和「末後一著」論合併運用，常被「民間教門」用來預識當世，吸引信衆。

「末後一著」又稱作「末後著」，「著（ㄓㄠˊ）」是表示「狀態的持續」或「已有了結果」，原本是「圍棋術語」，卽「最後一手、一子」，決定勝負之最後「關鍵棋」。「禪師」借用來意指「究極佛法」之句偈，轉指「禪僧示寂時」所唱之「最後一句」，卽「遺偈」。

我舉「禪宗」的《虛堂和尚語錄》和《大慧普覺禪師語錄》做例子，大家就可以知道「末後一著」幾乎是「禪師們」的口頭禪。

● **《虛堂和尚語錄》卷第一原文：**

「王常侍」訪「臨濟」。

問云：「者一堂僧還看經否？」

際云：「不看經。」

又問：「還習禪否？」

際云：「不習禪。」

侍云：「經不看禪不習。作箇甚麼？」

際云：「總教伊成佛作祖去。」

侍云：「金屑雖貴。落眼成翳。」

師（虛堂和尚）云：「好一局棊（ㄑㄧˊ，同『棋』）。黑白已分。只是『末後一著』。無人知得落處。」

●《大慧普覺禪師語錄》卷四原文：

上堂舉。「睦州」問「秀才」：「先輩治甚經？」

才云：「治易。」

州云：「易中道。百姓日用而不知。不知個甚麼？」

才云：「不知其道。」

州云：「作麼生是道？」

才無語。

州雲：「果然不知。」

師（大慧普覺禪師）云：「『秀才』雖然無語。默契『睦州』。只是少『末後一著』。」

「徑山」當時若見「睦州」道果然不知。但撫掌呵呵大笑。

【重點五】

予（我）曰：「末後收圓」，「有相（有形相）」歸（返回）「無相（無形相；謂一切諸法無自性，本性爲空，無形相可得，故稱爲『無相』）」，「有爲（謂有所作爲、造作之意）」還（回復）「無爲（卽非由因緣所造作，離生滅變化而絕對常住之法。）」。

「無極（道的本體）眞性（本性）」，放（發出）之則彌綸（周遍包羅）六合（上下和東南西北）；卷（收藏）之則退藏於密（退隱藏身，不使人知，而使才能存養於內。）。超出三界（欲界、色界、無色界），非範圍天地（概括天下）而何？

「凡所有相，皆是虛妄」。世間「實有」者，惟「一合理相（一微塵與全世界都一樣不是實有的，是虛幻的，求一異相了不可得，求其合相亦不可得。法、報、化三身畢竟說來卽是一體，一體卽是三身，不但一合相不可見，卽是一合理亦不可說。）」。

「眞空（眞如之理體遠離一切迷情所見之相，杜絕『有、空』之相對，故稱『眞空』。）」法相（諸法所具本質之相狀），卽「一合理相」。萬般（各式各樣）有象（有形象），終歸（到底、畢竟）有壞（損毀），而靈光眞性（生命光輝，指人類本有的佛性），永劫（非常漫長的時間）長存（長久存在），非眞（不是眞的）而何（是什麼）？

「經」者「徑（比喻達到目的的方法）」也，由此而行，可到「無極理天」，非徑（不是達到目的的方法）而何（是什麼）？性合（本性相符）「無極（道的本體）」，明（通曉）此則明（通曉）「道心（發於義理之心）」所在（存在的地方），見此則見「佛」性所在（存在的地方），非「明心見性（洞明心性的本源）」而何（是什麼）？

性（本性）還（返還）「無極（道的本體）」，與「無極（道的本體）」同體（同一體），與「先天（天地之初，宇宙本體）」同壽（相同壽命），永免輪迴，非「超生了死（超出生，了卻死）」，「出苦（出離輪迴之苦）還原（返回無極）」而何（是什麼）？到此境界，號「無極天」，非成其正果（修行者證道，獲得成就）而何（是什麼）？

端坐（端正身體而坐）上青天（晴朗無雲的天空），端身（端正身體）正坐（不偏斜而坐），萬慮（形容思慮極多）俱靜（都安定），則「元神」之諸法空相（『諸法』包含『物質世界』和『精神世界』的一切，包含人身的『五蘊』，『六根、六塵、六識』。因爲『諸法』是『無常的』，是有『生滅的』，所以說是一種『虛幻』，不是宇宙人生的『實相』。

『空相』就是『空性』，『空性』是宇宙人生的本質，也叫『實相』。不行而至（不見其行動而已經到達）；超出「日月星辰」，上極（達到最高點）穹蒼（蒼天），即目所見，此「神」之不行而至（不見其行動而已經到達）也，非端坐（端正身體而坐）上青天（晴朗無雲的天空）而何（是什麼）？

蓋「無極（道的本體）眞性（本性）」，內貫（通達）一身，五臟六腑，識饑識飽；「皮毛筋骨」知痛知癢。目之能視，耳之能聽，足之能行，手之能握，心之能應酬（交際往來）萬變，莫非（難道）神也。

在外則貫滿「虛空」，凡四時（春、夏、秋、冬四季）之升降，星斗（天上的星星）之運行（循一定軌跡周而復始的轉動、前進。），日月之盈虧（圓缺），物類（萬物的總稱）之大小，人事（世路人情）之往來；觸耳則聞，觸形則覺；神欲往則身從其往，神欲來則身從其來，此至

「無」能御（統治、治理）至「有」也。

「子會」開天，「此性」漸漸入氣（氣天）入質（形軀、形體），而立（成就）三界（欲界、色界、無色界）。「午會」則離（形軀、形體）質離氣（氣天），還（返還）於「無極（道的本體）」，而漸成「空劫（指世界最終萬物皆歸於無之時）」。晝作（白天工作）夜息（夜晚休息），望明（農曆每月十五日）晦暗（農曆每月的最後一日），春生冬藏；「陽會」主生，「陰會」主收，「理」一無二，又何疑（爲什麼懷疑）乎？

【賞析】

「王覺一」祖師提倡「理天、氣天、象天」三天之說，認爲人的「本性」，必須透過修行，最後返還「無極理天」，與「無極（道的本體）」同體（同一體），與「先天（天地之初，宇宙本體）」同壽（相同壽命），永遠免除「輪迴」，「超生了死」，出離輪迴之苦，返回「無極理天」。

所謂「陽會」主「生（生長）」，「陰會」主「收（收藏）」，是指「元會運世」的「一元會」。

「一元會」如「一日」之中，自「子時」到「午時」謂之「上午」，爲「陽」；從「午時」到「子時」謂之「下午」，爲「陰」。

在「一元會」中，自「子會」到「午會」（會子、丑會、寅會、卯會、辰會、巳會）謂之「陽會」，「陽會」主「生（生長）」；從「午會」到「子會」（午會、未會、申會、酉會、戌會、亥會）謂之「陰會」，「陰會」主「收（收藏）」。

【重點六】

「問者」唯唯（應而不置可否貌）。少間（一會兒）又問曰：「元神」性理（性命理氣），通天徹地（形容本領高強，無所不能。），既知之（知道）矣。如不經「煆煉（煅煉水火二炁）」，恐其罡風（道家稱天空極高處的風）奈何（如何）？

【賞析】

「王覺一」祖師的主張論述，對當時的人而言很難理解，因爲一般人受「道教」修煉功夫的影響很大很大。

當時的人，不但受「道教」的影響，受到「佛教」的影響更是巨大。「佛教」有「三災」之說，即「小三災、大三災」，又稱作「三災劫」。

「佛經」說，「世界」是依「成劫（成立期）、住劫（存續期）、壞劫（破壞期）」與「空劫（空漠期）」等四期，無窮地循環不息。其中，「有情」出現於「住劫」之一定期；至「壞劫」之終末期，世界全遭破壞。在「住、壞」二劫中，分別有三種災厄。

根據《俱舍論》卷十二的記載，有「小三災」和「大三災」兩種：

⑴小三災：

「住劫」分二十期，「有情」之壽命在八萬歲至十歲之間，反覆增減約二十回。最初爲「減劫」，最後爲「增劫」。每至「人壽」減至十歲以下，則發生一災厄，共有「刀兵災（互用兇器殺害）、疾疫災（惡病流行）、饑饉災（由旱災起饑饉）」等三種。

⑵大三災：

「壞劫」分爲二十期，於「最後一劫」，「世界」卽開始壞滅而引起天災，卽：火災（壞欲界至初禪天）、水災（流失至第二禪天）與風災（破壞至第三禪天）。以上「火災、水災、風災」，分別稱爲「劫火、劫水、劫風」。「三災」之發生，其順序一定。卽初以「火災」壞滅七回後，再以「水災」壞滅一回；如此以「火災」七回、「水災」一回，反覆經七次後，再以「火災」壞滅七回，最後卽以「風災」壞滅殆盡。最後的「風災」，把「世界」吹得蕩然無存，從而進入「空劫」。

「道家」有所謂的「罡風」之說，意思是「高空之風」，後亦泛指「勁風」，又謂之「剛風」。

當時的人，就把「佛經」所謂的「風災」，改以「道家」的「罡風」來取代。將「佛經」所說的「最後的風災」，把「世界」吹得蕩然無存，從而進入「空劫」，稱爲「罡風劫」。

這也就是今日「一貫道」所說的，「末法時期」的「罡風劫」的由來。

【重點七】

予（我）應（回答）之曰：三教聖人，皆有煆煉（煆煉水火二炁）之法，而不同今日旁門小道之煆煉（煆煉水火二炁）法也。

「非禮勿視、聽、言、動」，此「儒家」之煆煉（煆煉水火二炁）法也。

「無人相、我相、衆生相、壽者相」，此「佛家」之煆煉（煆煉水火二炁）法也。

「夫人神好淸，而心擾之；人心好靜而慾牽之；常能遣其慾，而心自靜；澄其心，而神自清；自然六慾不生，三毒消滅。」此「道家」之煆煉（煅煉水火二炁）法也。

「煆煉（煅煉水火二炁）」者、煉去「私慾」，復還（返回）「天理」之謂也。

故孟子曰：「養心莫善寡慾」。又曰：「盡其心者，知其性也，知其性，則知天矣！」又曰：「存其心，養其性，所以事天也。」

「遣慾、寡慾，存其心，養其性」；乃「明心見性（洞明心性的本源），修心煉性」之「正法」也。

【賞析】

「王覺一」祖師在這裡，提到「三教聖人」的「心法」。

「非禮勿視、聽、言、動」，此「儒家」之煆煉（煅煉水火二炁）法也。

《論語．顏淵》：「子曰：非禮勿視、非禮勿聽、非禮勿言、非禮勿動」，意思是說：孔子說：「不符合禮的不看，不符合禮的不聽，不符合禮的不說，不符合禮的不做。」

「無人相、我相、衆生相、壽者相」，此「佛家」之煆煉（煅煉水火二炁）法也。

《金剛經》：「無我相、無人相、無衆生相，無壽者相。」名相解釋如下：

⑴我相：指「我」之相狀，卽由「妄想」所變現「似我之相」。「凡夫」誤認爲「實我」而執持之，此乃因「我執」而起。

⑵人相：謂「衆生」於「五蘊法」中，妄計「我」生於「人道」爲人，而異於其餘諸道。

⑶衆生相：「生命」是由「五蘊」假合，依此「因緣」成「生命體」，故稱爲「衆生」。「衆生」有各種形式，如「胎生、卵生、濕生、化生」等；「天道、阿修羅道、人道、餓

鬼道、畜生道、地獄道」等；「男生命體、女生命體」；「富貴、貧賤」等，這些都是「衆生相」。

⑷壽者相：「有情衆生」隨著「業力」所招感，從「生有」到「死」之間的「壽命」，長短不一，因人而異，此即是「壽者相」，也即是「時間長流」中的種種「因果變化相」。

「夫人神好淸，而心擾之；人心好靜而慾牽之；常能遣其慾，而心自靜；澄其心，而神自淸；自然六慾不生，三毒消滅。」此「道家」之煅煉（煅煉水火二炁）法也。

●**《淸靜經》：「夫人神好淸，而心擾之；人心好靜，而慾牽之；常能遣其慾，而心自靜；澄其心，而神自淸；自然六慾不生，三毒消滅。」**

【白話翻譯】

「人的元神」本來是喜好「淸靜」的，可是都被「後天的識神」給擾亂了。「人的心性」也是一樣，本來也喜歡「淸靜」的，但是都被「貪念的慾望」牽引去了。

因此，一個人如果能夠時常遣除這些「貪念的慾望」，「人的心性」，自然就能夠「淸淨」。澄濾這個「心性」之後，我們的「元神」，自然能夠淸醒。這樣的話，「六根（眼、耳、鼻、舌、身、意）」所接觸的「慾望」，自然不會帶來干擾，「三毒（貪妄心、嗔怨心、愚痴心）」之毒素，也自然而然會消滅。

「王覺一」祖師所謂的「煅煉（煅煉水火二炁）」，意思是說：煉去「私慾」，復還（返回）「天理」。

孟子曰：「養心莫善寡慾」出自《孟子．盡心章句下》，意思是說：修養內心的方法，沒有比「減少慾望」更好的了。

孟子曰：「盡其心者，知其性也，知其性，則知天矣！存其心，養其性，所以事天也。」出自《孟子．盡心章句下》。

意思是說：孟子說：「能夠盡心於如何行善，這就是了解了『人的本性』。了解了『人的本性』，就懂得了『天命』。保持『人的本心』，培養『人的本性』，這就是對待『天命』的方法。」

「王覺一」祖師總結論：「遣慾、寡慾，存其心，養其性」這是「明心見性（洞明心性的本源），修心煉性」的「正法」。

【重點八】

「問者感悟（心有所感而醒悟），喟然（嘆息、嘆氣的樣子）讚嘆（讚美、驚嘆）曰：今日知「三教傳心」，當前卽是，「克己復禮（克制自己的私欲，使言行舉止合乎禮節。）」，一言盡矣（一句話就說完了）！

但不知「金丹之家」曰：「煉精爲立基之始」，是耶？非耶？

【賞析】

其實，總結「王覺一」祖師的「心法」，用一句「克己復禮（克制自己的私欲，使言行舉止合乎禮節。）」，就說完了。

【重點九】

予（我）曰：得其「心法」則是。

如搬運「眼」觀「淫色（沉迷美色）」心動（動心；心中震悸不安），心動（動心；心中震悸不安）則「命門（經穴名，在兩腎之間）」「相火」隨之而動，「相火」動，則「爍氣（ㄕㄨㄛˋ，即陽氣銷蝕之意）」燒乾，「血結」而為「精」；「元神」即「元氣」也，如「星」（天上之星）之在天；「濁精（淫精；主要由精子和精液組成）」「石（石頭）」也，如「星」之殞地（墜落地上）。

「星」殞地（墜落地上）化而為「石（石頭）」。有化（改變）而還（返回）為「氣」，復（再）生於「天」者乎？未之有也。

吾之煉法，不與衆同。先知（首先知道）「精」之所由（事理的緣由）失，以「不煉（用火氣久熬）而煉之」。

蓋「眼」觀「淫色（沉迷美色）」而心動（動心；心中震悸不安），則「失精」；耳聽「淫聲」，口道「淫言」，身觸「淫物」，心生「淫想」，此皆「失精」之由（原因）。

吾則「淫色、淫言、淫聲、淫物、淫念」，「不觀、不聽、不言、不想」，端倪（事情的頭緒跡象）不動，「天理（天和理）」渾然（形容混同在一起不可分割），「精」何從而失乎？與其（指在比較兩件事的利害得失而決定取捨時，表示放棄或不贊成的一面。）法施（解說佛法，使聽聞者獲益。）已然（已經發生，成為事實者。）之後，不如理禁未然（還沒成為事實）之先為愈（勝過、高明）也。

如（如果）不明不（明白）「失精」之來由（緣故），妄施（胡亂任意實行）「煆煉（煆煉水火二炁）之法」，多談「龍虎、嬰奼」，「陰陽會合交媾」之由，此「家本無賊」，而「引賊入院」之事也。

不惟（不但）不能「煆精（鍛煆煉元精）」，「精」反愈洩，何也？不言「嬰奼、金公、黃婆」；「煉精化氣，煉氣化神，煉神還虛，煉虛還無」；還不知「虛」在何處？「無」在何方？言之諄諄（叮嚀告諭，教誨不倦的樣子）有味（有興致），修者百無一成（一事無成）。

爾（你）不歸（返回）「無」，焉知（怎麼知道）「無」？「無爲（不從事人爲干預，而任萬物自然生長之意。）之法」，乃「妙法」也。玄妙（幽深微妙的境界）也。「玄中有妙」，「妙中有玄」也。多由於「外感（受外來刺激而起的感動。）」，而後「精失（喪失元精）」；此則不待（不想）外成（外部形成）「有形之物（指精液）」，而內生「無形之精（元精）」矣！

【賞析】

「王覺一」祖師說，我的「修煉方法」，與衆不同。首先知道「精」的緣由，再以「不煉（用火氣久熬）而煉之」，也就是「克己復禮（克制自己的私欲，使言行舉止合乎禮節。）」的方法。

這個「克己復禮（克制自己的私欲，使言行舉止合乎禮節。）」的方法，就是「不觀、不聽、不言、不想」「淫色、淫言、淫聲、淫物、淫念」，內心如如不動，「天」和「理」混同在一起不可分割，那「元精」就不會而失去。

在這一段重點裡，有許多「道家」和「中醫」的專有名詞，介紹如下：

(1)相火：

指「肝腎的相火」，和「君火（心火）」相對而言。

「相火」一詞，出自《素問．天元紀大論》，說道：「『君火』以明，『相火』以位。」與「君火」相對而言。「君火」者何謂也？

「君」，指「最高主持者」；「火」，指「事物生長和變化的動力」。故所謂「君火」者，卽使事物生長和變化的最高主持者和動力。以「自然變化」來說，有了它，「生物」的生長化收藏才能進行。以「人體變化」來說，它是「人體」生理活動的中樞，有了它，「生理活動」才能進行，此火乃「君火」也。

「相火」者何謂也？「相火」是在「君火」指揮下具體完成、促進自然界多種生物成長變化或人體生長發育的「火」。它是在「君火」主持指揮下發揮其作用的，處於「臣使地位」。有了它，「君火」的作用才能具體落實，此火乃「相火」也。

《中醫大辭典》：「『君火』與『相火』相互配合，以『溫養臟腑』，推動人體的功能活動。一般認爲，『肝、膽、腎、三焦』均內寄『相火』，而其根源則在『命門』。」

(2)爍氣（ㄕㄨㄛˋ，卽陽氣銷蝕之意）：

「爍氣」卽「氣爍」，病證名。指「正氣（陽氣）」爲「邪氣」所消爍。《素問．生氣通天論》：「魄汗未盡，形弱而『氣爍』。」

《素問．生氣通天論》：「魄汗未盡，形弱而『氣爍』。」「爍」，銷蝕，「氣爍」卽爲「氣」消耗之意。「魄汗」卽「自汗」，乃不因暑而汗，卽「自汗」。形「弱而氣爍」，言「形體瘦弱」而「陽氣」被「熱邪」所耗傷。

「氣爍」卽正氣（陽氣）銷蝕之意，從《內經》原文「魄汗未盡，形弱而『氣爍』。」可以看出這是「氣」隨「津」脫的病機變化。

⑶「元精」與「濁精」：

「道家」認爲「精」有兩種：一種是「元精」卽「先天之精」，秉受於「先天」，與生俱來，爲「命起源生」的物質，散佈於身中各處，不限定於人體下部那一小塊；另一種是「濁精（精液）」，也稱爲「淫精」，主要由「精子」和「精液」組成，但是限存於「生殖器」內。

「元精」與「濁精」的關係是：「心念」一動，卽「色念、色心」一起，「元精」化爲「濁精（精液）」了。「元氣（眞氣）」是由「元精」化生，「眞氣（元氣）」是人體生命活動的「物質基礎」和「動力源泉」，也可概稱爲「生命活動的能量」。

「煉精化氣」，所煉之「精」是「先天之精」，是「元精」；而非後天的「濁精（精液）」，「濁精（精液）」是不能「化氣」的，如果洩露「濁精（精液）」則必然是對身體的「虧損」。

「淫念」生「濁精（精液）」，「濁精（精液）」也會產生「淫念」，生成的「濁精（精液）」量越多，「淫念」就越旺盛，就越難把持自己；「濁精（精液）」多到一定程度的時候就要「外洩」，會以常見的「夢遺、射精」等不同形式「洩漏」。「精滿自溢」溢出的就是「濁精（精液）」，是「元精」轉成的「濁精（精液）」，而非「元精」本身。

⑷鉛汞：

「鉛」是「天地之間的靈氣（先天一炁）」，「汞」是「人身的元神」，「鉛汞相和」而「結丹」，就是「元氣」和「元神」相和合結「聖胎」，最後化「元嬰」而飛升。

此「鉛（先天一炁）」，比喻爲「虎」，以「大定」伏之，則凝而「成丹」，不致外馳。「先天眞陽」，最能淨除「意地妄惑」，使我性寂情空，心定息伏，對境如如，不再走作，是復以「炁（元氣）而御（統治）神（元神）」也，「丹書」所謂「眞鉛制眞汞」是也。

(5)龍虎：

丹書云：「『呼（呼氣）』則接『天根』，『吸（吸氣）』則接『地根』，卽『乾坤合辟』之機也；『呼（呼氣）』則『龍吟雲起』，『吸（吸氣）』則『虎嘯風生』，卽『一合（闔）一辟（開）』謂之『變』也；風雲感合，化生『金液』，卽『往來不窮』謂之『通』也。『金液』還返，結成『大丹』，故假名曰『龍虎大丹』也。」

《金丹四百字》：「『坎鉛（先天一炁）』難得而易於咥（ㄉㄧㄝˊ，咬）人，故象之以『虎』；『離汞（元神）』好飛而難控，故象之以『龍』。『龍』從東海來，來而就『虎』也。『虎』向西山起，起而從『龍』也。丹法『驅龍就虎』，『駕虎從龍』，使此兩獸相吞相噬，交戰於『戊己（胃脾）之宮（戊己屬土，戊爲陽土，內應足陽明胃經，己爲陰土，內屬足太陰脾經。）』，則混合和融，化爲『天地之髓』，而『還丹』可成矣。」

「心息相依」是「降龍伏虎」之始，「大定眞空」是「降龍伏虎」之漸，「性天」開朗，「龍虎無蹤」，則是「降龍伏虎」之究。

(6)嬰兒奼女：

「嬰兒」，「道教」對「眞鉛（先天一炁）」之稱呼；「奼女」，指的是「少女；美女」，是「道教」對「眞汞（元神）」之稱呼。

《參同契》卷下：「河上奼女，靈而最神，得火則飛，不見埃塵。」「河上奼女者」，「眞汞」也。

(7)金公黃婆：

內丹術語。「金公」比喻「心」，「黃婆」比喻「脾」。《重陽眞人授丹陽二十四訣》：「丹陽又問：何者是『金公黃婆』？『祖師』答曰：『金公』是『心』，『黃婆』是『脾』。」

【重點十】

若不得其「正法」，則是如「搬運、採戰」，逼近三車，此揠苗助長（比喻爲求速成而未循序漸進，結果不但無益，反而有害。）；世間本無事，庸人自擾之。

此乃「磨磚作鏡（比喻事情不能成功）」，「畫餅充饑（比喻聊以空想安慰自己）」，說者似乎有理，做去百無一成。何也？

「上天之載，無聲無臭。」聲音、臭氣，皆屬無形，尚非天載，況事「慾念」感生「濁精（精液）」乎？

「男子」十六（十六歲）「陽精」通。「女子」十四（十四歲）「天癸（月經）」至；情識（情慾）既開，嗜慾漸盛「慾火」將熾（強盛）也。「情生」則「精失」，此卽所謂「世間本無事，庸人自擾之」，「引賊入院」，莫此爲甚（沒什麼能超過它。形容程度極深。）矣。

蓋「心守丹田」，則「神入氣中」，「無」漸入於「有」，「精」自生矣！生則星殞地（星

星墜落地上，比喻元精化爲精液），不期（不期待）必難矣！

人自「寅會」下世，始出此一段「靈光」；神（元神）生氣（元氣），氣（元氣）生形（人形身體），此「自無入有」也；神（元神）還（返回）「無極」，則百骸（指人的各種骨骼或全身）之精（元精），皆隨之而還（返回「無極」），自然之理，而又何疑乎？

故「老子」以「無爲而化」，「舜」以「無爲而治」，「孔子」以「無爲而成」。

佛曰：「一切有爲法，如夢幻泡影；如露亦如電，應作如是觀。」「觀」之一字，「三教」同然（相同）；

佛曰：「觀自在菩薩」，道曰：「觀空亦空」，儒曰：「顧諟（敬奉、稟順）天之明命（天命）」。由是觀之，「三教心法」可知矣！

【賞析】

所謂「搬運」，是指「河車倒運」，是道家的修煉名詞。

「河車」，是指「身中眞氣」，因氣流通全身，如車在河中運行般，故名。而內煉「元陽眞氣」，是自「尾閭」沿「督脈」上「夾脊、玉枕」，而入「泥丸」，然後又順「任脈」下降至「下丹田」，「尾閭、夾脊、玉枕」三關爲「河車運藥」的上升之路；「泥丸、黃庭（膻中或絳宮）、下丹田」三田爲「河車運藥」下降之路；這是對「練氣運行」的一種形容。

所謂「採戰」，意思是「採補」，是「道教房中術」的術語。

「房事」視爲一場「戰鬥」，在戰鬥中，一般是「男子」占主動地位，將「女性」視爲「敵人」，通過特殊的「性技巧」，從「女性身體」中得到補益，也有「女子」爲了追求「長生不老」，在「性生活」中占取主動地位。

「採戰」之說主要在某些「道教方士」及「宮庭」和「貴族士大夫」中流行。其名爲追求「長生不老、得道成仙」，實爲「淫佚取樂，蹂躪女性」。

「王覺一」祖師在本單元結束之前再次強調，「三教心法」是相同的。

第四單元 《談真錄》簡介

【第一問】「觀」的眞實意義

或（有人）問：「《心經》首句云：『觀自在菩薩。』又云：『無眼耳鼻舌身意』，然則（那麼）非『眼觀』乎？」

余（我）曰：「非也。『觀』也者，乃『目』隨『神』往（去），『觀而不觀、不觀而觀』之意；非『神』隨『目』馳（嚮往），竭（窮盡）其『目力』以觀之也。若竭（窮盡）『目力』以觀，則又隔一層矣！

『自在菩薩』者，吾之『眞法身』也。吾之『法身（指自性本有之身）』，凡『當前（在面前）空處（廣闊的地方）』皆是。『觀自在菩薩』者，謂之『觀空』也可，謂之『觀音』也可，卽（卽使）謂之『觀我』也亦無不可。

吾常聞『郭老先生』詩云：『只用無色眼，不可著意觀，不離眞如是，法相空體安。』試卽此詩，而深味（感受）之，而『觀』字之意，可渙然（形容疑慮、積鬱等消除）釋（消散）矣！」

【第二問】「法身（指自性本有之身）」是無所不在的

或問：「吾之『法身』，凡『當前空處』皆是。而『空處』之不在『當前』者，卽不是乎？」

余曰：「善哉（稱讚的感嘆辭）！此問也。言『當前（在面前）空處（廣闊的地方）』皆是，乃『下手法（動手做的方法）』也。至『行深（深入修行）』之後，不惟（不但）當前（在面前）之空處（廣闊的地方）皆是，卽『背後之空處（廣闊的地方）』皆是也；不惟（不但）『背後之空處』，卽『上下左右空處』皆是也；且不惟（不但）『身外之空處』皆是，卽『身中之空處』亦皆是。若云『吾之法身（指自性本有之身）』，只在『當前空處』，至成功之後，何以包羅（包括網羅，含蓋一切）『宇宙範圍』？」

【第三問】色卽是空、空卽是色

或問：「《心經》云：『色不異空，空不異色；色卽是空，空卽是色。』此四語者，註解雖多，皆與吾心不相契合（相合）。今求慈悲，再爲解說或指（指點）吾迷津（引申爲錯誤的道路或方向），開（啟發）我覺路（覺悟之路）。」

余曰：「善哉！善哉！此四語，乃《心經》之骨髓（比喻精華），『禪教』之祕錄（不公開的記載），能明（明白）乎此，卽『證佛果』。乃天律（天界的律令）森嚴（嚴肅、嚴密的樣子），無敢（不敢）輕洩（輕易洩漏）。今當『天不愛道（天不吝惜其道）』之時，承（蒙受）子（你）之問，不敢不告。

『色』者何？卽『朱子（朱熹）』所謂『虛靈不昧（人的本性是通透明的）』之『靈（本性）』也。

『空』者何？卽『朱子（朱熹）』所謂『虛靈不昧』之『虛（空）』也。

『靈體（本性）』本（原本）虛（空），故謂之『空』；處處皆『靈（本性）』，故謂之『色』。

『色』爲『空』中之『實相』，乃『無相之相』，非『色不異空』乎？

『空』爲『色』裏之『眞空』，乃『不空之空』，非『空不異色』乎？

『色』所在（存在的地方），皆『空』所在，非『色卽是空』乎？

『空』所在（存在的地方），卽『色』所在（存在的地方），非『空卽是色』乎？

人之學道，若能知『吾之法身』盡是『空處』；『一切空處』，皆『吾法身』，則幾（將近、相去不遠）矣！」

【第四問】「眞空」的辨明

或問：「《馮祖師經》云：『裏也空來外也空，四圍上下盡玄中。』其『空』如此，不落於『頑空（指一種無知無覺的、無思無爲的虛無境界。）』乎？」

余曰：「『空』者，『虛』也。而『覺其空』者，『吾之靈（本性）』也，此正所謂『虛靈不昧』之『眞面目』也，又何謂其『頑空』哉！」

【第五則】不可說而說

或問：「《金剛經》云：『一合相不可說』。今求慈悲，於『不可說』者，而說之。

余曰：「『一合相』者，凡『諸相』既飛（飄揚）之後，所餘（剩下）之『相』耳！此『相』也，乃『無相之相』，『不空之空』，一塵不染，萬緣（世俗的一切因緣）俱寂（萬物無聲，一片寂靜。）。雖才（才能）如蘇子（蘇東坡），不能寫其精神；畫如米老（米芾ㄈㄨˊ，北宋著名書畫家。），不能繪其圖像。出言卽差，有字卽非，此所謂『不可說』者，而說之也。」

【第六問】法尙應捨，何況非法

或問：「《金剛經》云：『如筏喻者，法尙應捨，何況非法。』然則（旣然如此）「法」亦有捨（捨棄）之時（時候）乎？」

余曰：「至時（時機到的時候）宜捨（應當要捨棄），未至其時（時機未到的時候），則不可捨（捨棄）也。」

又問：「何爲其時（時機到，是什麼時候）？」

曰：「到彼岸（對岸；指解脫後的境界，爲涅槃的異稱。）也。」

又問：「何爲彼岸（對岸；指解脫後的境界，爲涅槃的異稱。）？」

曰：「『明心見性（洞明心性的本源）』時（時候）也。

若其心（心性）已明（洞明）、其性（本性）已見，一切苦厄（苦難，災厄），均已渡過。當此之時，正當（正值、適逢）矜持（謹愼言行，拘謹而不自然）拘謹（性情拘束而謹愼）盡釋（全部解除），無思無慮（沒有思考計慮），無罣無礙（心中沒有牽掛），優游自在（悠閒自得，無拘無）。

以後自化（不加人爲干預，使順其自然而化育。）至此，則以空合（交合）空，以神合（交合）神；『空』之所在（存在的地方），皆『神』之所在（存在的地方）。通三千大千（三千大千世界），頃刻（形容極短的時間）普照（普遍照耀）；無邊太虛（天空），霎時（極短的時

間）遍滿（遍及；布滿）；所謂至時（時機到的時候）宜捨（應當要捨棄）者，此也。

若其心（心性）未明（洞明），其性（本性）未見，煩惱苦厄（苦難，災厄），均未渡過。雖當前（在面前）皆天光（白晝），不知爲履踐（履行實踐）之處；太虛（天空）盡（都是）淨土，不知極樂之鄉（西方極樂世界），而遂欲（貪欲無度）不事（不從事）操存（執持心志，不使喪失），任意（隨意而爲，不受拘束）縱橫（放肆、恣肆），其不流於（演變成）放肆（放縱任意、毫無顧忌）、淪於（陷入、流落）狂蕩（狂妄放蕩）者，幾希（很少）。猶之（如同）舟至海中，去岸尚遠，而遂欲（於是想要）舍舟奔馳（快速的奔跑），任意跳躍，不沉於『苦海』者，未之有也。所謂未至其時（時機未到的時候），不可捨（捨棄）者，此也。」

【第七問】「心」與「意」的對錯問題

或問：「丹經云：『達摩西來一字無，全憑心意（意念）用功夫。』又曰：『自古眞傳無口訣，了心了意（明白心意）是功夫。』若云：『用心意是，則了心意非也。』若云：『了心了意是，則用心意非也。』先生必居一於此矣！

余曰：「皆是也。『全憑心意』者，乃《虞書》所謂『道心』」「《大學》所謂『誠意』也。『道心』乃『清淨之心，無心之心』也。『誠意』乃『中黃（中央）』之意，『無意（並非故意）之意』也。

所謂『全憑心意用功夫』者，正所謂『了心了意是功夫』也。『了心意』者，乃《虞書》所謂之『人心』，『人心』卽『私心』也。《論語》所謂之『毋意』，卽人之『私意』也。『私心』乃『往來憧憧（往來不斷）之心』，『有心（懷有某種意念或想法）之心』也。

『私意』乃『思慮（思考計慮）營營（內心煩躁不安）之意』，『有意（有意圖，有某種意念。）之意』也。

若『此心』不了（明白、懂得），蔽（遮蓋、擋住）乎『道心（發於義理之心）』，『此意』不了（明白、懂得），害（妨礙、不利）乎『誠意』。『此心』既了，『道心（發於義理之心）』始活（生存）；『此意』既了，『誠意』始（顯露）。所謂『了心了意是功夫』，正所謂『全憑心意用功夫』也。」

【第八問】認清「心頭（心裡）」的作用

或問：「佛經云：『佛在靈山莫遠求，靈山只在汝心頭；人人有個靈山塔，好向靈山塔下修。』」

後之學者以『心頭』在『肉心（心臟）』之上，將己之『肉心（心臟）』時時拴縛（綑束）於此。遂賜（於是給予）以嘉名（美名），曰「守中和」、曰「守中黃」。日夜用功，老死無成，不下數百萬，豈（難道）『古人』之誤人太甚（非常過分）乎？抑（或是）『後人』自誤（因自己做錯事而害了自己）太甚（非常過分）與？」

余曰：「非『古人』之誤太甚（非常過分）也，正『後人』之自誤（因自己做錯事而害了自己）太甚（非常過分）耳！何者（爲什麼）？由不明『頭』字之義（意思）耳！『頭』也者，先（次序在前）也。『心頭』者，卽心動（動心）之先（次序在前）也。

心動（動心）之先（次序在前），乃『大靜之時』；正『清清靜靜、瀟瀟灑灑（形容人清高絕俗、灑脫不羈）、活活潑潑（形容生動自然而不呆板）、無思無慮（沒有思考計慮）』、無恐無

怖、無人無我』時也。『學佛者』，於『此時』求之，則庶乎（差不多）其不差（不缺）矣！」

必有分也。請問之？」

【第九問】「動靜」之間，「神人」分判

或問：「人之修行，有成爲『輪迴種子』者，有成爲『金剛法身（眞如理體）』者，其用功必有分也。請問之？」

余曰：「豈（難道）有他（別的）哉？只在『動』、『靜』間（之間）耳！

凡一切『有爲之爲、有法之法、有意之意、有心之心、有神之神、有氣之氣』，此皆屬乎『動』者也。『動』卽與『太極氣天』相合（相互投合）。『太極氣天』乃『半陰半陽』之天，『陽生』則『陰死』，『陰生』則『陽死』，生生死死輪迴不停。

故煉『陽神』者，至『太極』陽絕（停止）之時，則『陽神』無所住之處矣。煉『陰神』者，至『太極』陰絕（停止）之時，則『陰神』無所住之處矣。其餘若『大周天、小周天、呑清吐濁、抽鉛添汞』，凡『一切有爲』者，更無足論（不値得評定）。如此用法，非『輪迴種子』爲何？至『三教大聖人』，皆『無法之法、無爲之爲、無心之心、無意之意、無神之神』，此皆屬乎『靜』者也。

『靜』卽與『無極理天』相合（相互投合），『無極理天』乃不動不搖、常淸常靜、不生不滅、無陰無陽，萬劫不壞之天也。常與『此天』相合（相互投合），吾之神（元神）卽不生不滅、萬劫不壞之神也，非金剛法身（眞如理體）而何（是什麼）？

偈曰：『一動便是輪迴種，一靜卽是金剛身；此間若能分明了，常爲神仙不爲人。』」

【第十問】「心、太極」與「無極」的關係

或問：「『無極』生『太極』。『太極』爲『常動天、星宿天、一氣流行天』，在『無極天』中。『無極』爲『不動天、大羅天、無上天』，在『太極天』外。人去『太極天』若干（多）遠？『太極天』去『無極天』又若干（多）遠？而曰：『不行而至（不見其行動而已經到達）』。曰：『不移一步到天堂』。又曰：『端坐上青天』。吾恐升『太極、登無極』，不若是（不如此）其易（簡單）也。」

余曰：「子何視天之遠也！夫『青氣』爲『天』，此天乃『太極之天』，常動不靜，陰陽互亙（接連不斷），四時（春、夏、秋、冬四季）流行（散布、傳播），在『無極天』內。又『一大』爲天，此天乃『無極之天』，常靜不動，貫（通達）乎『氣天』之中，出（超出）乎『氣天』之外。

凡『太極之動』，皆『無極之理』；『太極之事』，皆『無極』宰（治理）之。無在而無不在、無爲而無不爲、無有而無不有。

是（此）『太極』爲『無極』中一物，『無極』爲『太極』外之一範（界限）耳。由此觀之，目前之『青氣（青色的雲氣）』爲『太極天』；而主宰目前之『青氣（青色的雲氣）』者，皆『無極天』也。是（此）『太極』之外，有『無極』；『太極』之中，亦有『無極』。『人身』之中，亦有『太極無極』矣！」

又問：「『人身』之內，何以（爲什麼）有『太極、無極』矣？」

余曰：「若『人身』之內無『太極、無極』，何以（爲什麼）『不行而至（不見其行動而已

經到達）』？若是其易（容易）哉！蓋吾之『身中』，『常動之氣、好動之心、喜動之心神』，皆未生之初受於『太極氣天』，卽『吾身之太極』也。『常清之神、常靜之心、常寂之性』，皆未生之前得於『無極理天』，卽『吾身之無極』也。

吾之『念頭一起』，卽『吾身中之氣』動矣！『吾之氣』動，卽與身外『太極之氣』相通，通則至（到達、來到）矣！吾之『念頭一靜』，卽『吾身中之神』靜矣！『吾之神』靜，卽與身外『無極之神』相通，通則至（到達、來到）矣！又何疑『不行而至（不見其行動而已經到達）』？若是其易（容易）哉！」

【第十一問】「三教的眞傳」只在「一心」

或問：「三教眞傳，何者爲最（最好）？」

余曰：「在『一心』耳！此『心』也，非憧憧往來（往來不斷）之心、紛紛擾亂之心。『儒家』所謂『在正其心』之心，『佛家』所謂『應無所住而生其心』之心也。

是（此）『心』也，以分於（辨別）『天』而言，謂之『命』；以受（接納）於人而言，謂之『性』；以主宰乎『一身』而言，謂之『心』。『命也、性也、心也』，其名雖殊，其實則『一』也。

人特患（憂慮、擔心）不識（知道、了解）『此心』耳，苟（如果）識（知道、了解）其心而養（照顧）之，至於（到達）終身不違（反、背），造次於是（無論是情急慌亂之時），顚沛於是（還是窮困流浪之時），將見始（看見事物的開始階段）而勉然（勉強）、繼（接續）則安然（安定、安恬不驚奇）、終（最後）於渾然（不可分別的樣子）。

時而（表示動作不時的重複發生）放則彌乎六合（放開來可以遍滿天地四方），時而（表示動作不時的重複發生）養則退藏於密（照顧的時候可以收藏在隱密的方寸之間）；何難（有何困難）與『聖賢』爲伍、『仙佛』並肩哉？」

又問：「此心如何能養（照顧）？」

余曰：「在『寡欲（欲望少）』耳！」

又問：「『欲（欲望）』自何而生？」

余曰：「在視、聽、言、動耳！非禮而『視』，『欲（欲望）』生於『目』；非禮而『聽』，『欲（欲望）』生於『耳』；非禮而『言』而『動』，『欲（欲望）』生於『口』於『身』。

其『欲（欲望）』既生，其心則爲『欲（欲望）』所牽；日夜營營（追求奔逐），寢食（睡覺和吃飯，泛指日常生活。）孳孳（ㄗ，勤勉不怠），而不得其養（照顧）矣！

苟（如果）能『非禮勿視』，『目欲（眼睛欲望）』寡（少）矣；『非禮勿聽』，『耳欲（耳朵欲望）』寡（少）矣；『非禮勿言勿動』，『口與身之欲（欲望）』又寡（少）矣！其『欲』既寡（少），則其心不勞（不勞苦），清清靜靜，純是『天理』；活活潑潑（形容生動自然而不呆板），盡是『天機（造物的奧祕，上天的機密。比喻極重要不可透露的機密。）』。

『孟子』所謂『養心（照顧心）莫（沒有）善於（善長）寡欲（欲望少）』，誠（的確、確實）哉斯言（這些話）也。」

【第十二問】「心」與「性」的辨明

或問：「心何以明（洞明心性的本源）？」

余曰：「欲明其心（洞明心性的本源），當先識（了解）何爲（什麼是）『人心（人的意志、感情）』？何爲（什麼是）『道心（發於義理之心）』？

若『人心、道心』辨（分別）之不明、識（了解）之未眞，一味（總是、一直）紛紛亂亂、憧憧（ㄔㄨㄥ，心神不定的樣子）擾擾（紛亂的樣子），非是（不是）妄想，卽是貪心，而欲（想要）『明心（洞明心性的本源）』得（獲、取）乎？

夫『紛紛（接連不斷的樣子）擾擾（紛亂的樣子）之心』，乃『人心』也；欲（想要）『明其心（洞明心性的本源）』，先將『此心（人心）』放下（放低。引申爲不必掛慮。），其所餘（剩餘）者，惟（只有）『清靜（寧靜不煩擾）』耳！

夫此『清靜之心』，卽所謂『道心』也；將『此心（道心）』認得，而時時（經常）操存（執持心，不使喪失。）之，此卽所謂『明心』，而始（方才、然後）存心（心懷某種意念，居心。）也。迨（ㄉㄞˋ，等到）操存（執持心，不使喪失。）既（已經）久，『道心』常得（時常可以）作主，『人心』不能用事（行事、辦事）。

將『心』與『道』合（會、聚），『道』與『心』契（投合、切合）。『心』之所在（存在的地方），皆『道』之所在（存在的地方）；『道』之所在（存在的地方），皆『心』之所通（到達）。『道』能豎通（直通）『三界』，凡『三界』之事，『心』卽無不明（明白）焉，此卽所謂『正心（使人心歸向於正）』；此卽所謂『存心（心懷某種意念，居心）』，而後『明心

（洞明心性的本源）』也。」

又問：「『性（本性）』何以能見？」

余曰：「欲（想要）見其『性（本性）』，當知（應當要知道）何爲（什麼是）『氣質之性（指每個人生成之後，由於稟受陰陽二氣的不同而形成的特殊本性。）』？何爲（什麼是）『本然之性（本性）』？若『氣質之性、本然之性』，分之不清，見之不明，謂猶（如同）『杞柳性（植物名，枝條可用來編織器物。

告子用杞柳作比喻，杞柳是因爲有外力的作用，可用來編織器物。所以，人能夠做到仁義，也須憑藉外力，與人性沒關係。）』、猶（如同）『湍水性（湍水是急流的水。告子認爲，人性好比急流水，從東方開了缺口便向東流，從西方開了缺口便向西流。

人的性沒有善不善的定性，正同水的沒有東流西流的定向相類似。）』，卽食色（食慾與性慾）任（聽憑）『此性（杞柳性和湍水性）』而動（觸發），卽率（遵循）『此性（杞柳性和湍水性）』而爲（行、作），則愈流愈下，錮蔽（阻塞、閉塞）日甚（程度日漸嚴重，逐日加深。），而欲（想要）『見性』得（獲、取）乎？

夫『食色（食慾與性慾）之性』，乃『氣質之性（指每個人生成之後，由於稟受陰陽二氣的不同而形成的特殊本性。）』也；『此性（氣質之性）』得於『有生（生來）之初』，來自『太極氣天』。知覺運動（感官接受外界訊息，而傳至大腦，若此一訊息的意義未經辨識，稱爲感覺。

如進一步分析、解釋而獲得了解，卽稱爲知覺。），乃其能事（精明能幹）；甘食（喜歡美食）悅色（喜愛美色），是其本體（事物的本身）。欲（想要）見其性（本性），先將『此性

（氣質之性）』放下（放低。引申為不必掛慮。），其所餘（剩餘）者，惟（只有）『虛靈（空靈，指本性）』耳！

夫此『虛靈（空靈，指本性）之性』，即所謂『本然之性（本性）』也；『此性（本然之性）』秉（根據、依循）於『未生之前』，來自『理天』，無思無慮（沒有思考計慮），乃其本體（事物的本身）；感而遂通（有感必應，萬事皆通。），乃其能事（精明能幹）。將『此性（本然之性）』認清，而刻刻（時時刻刻）養（照顧）之，此即所謂『見性』。

此即所謂『見性』而始（方才、然後）『養性』也。迨ㄉㄞˋ，等到）養（照顧）之既（已經）久，則『本然之性』常常用事（行事、辦事），『氣質之性（指每個人生成之後，由於稟受陰陽二氣的不同而形成的特殊本性。）』時時退聽（退讓順從），將『性』與『天』合（相合），『天』與『性』通（貫通），夫『天』即『理』也。

『性』所在（存在的地方）即『理』所在（存在的地方），『見性』即能『見理』；『理』所在（存在的地方）皆『性』所通，見『理』無不見『性』。且『性』即是『理』，可以『範圍天地而不過（理概括了對天下的治理，並且不會有錯誤。）』，其『見性』也固大（一向很大）；『理』即是『性』，可以『曲成萬物而不遺（多方面成就了天地間的一切事物，並且不會有遺漏。）』，其『見性』也更廣。此即所謂『養性』，此即所謂『養性』而始（方才、然後）『見性』也。」

【第十三問】有沒有「天堂地獄」

或問：「丹經云：『天堂地獄兩界連，任君腳踏那邊船，成仙成畜隨人願，若錯毫厘謬萬千。』不知『天堂地獄』，有乎否耶？」

余曰：「『地獄』者，『天堂』之對（相對）也；『天堂』既有，『地獄』也不能無矣！」

又問：「『天堂地獄』，既（既然）所不無（不是沒有，表示有），不知如何作爲，『天堂』而後能上？若何（怎樣、如何）作爲，『地獄』始（方才、然後）必（必定）下哉？」

余曰：「在『人心』、『道心』耳！『人身』『天堂地獄』，或（或許）虛（不眞實的）而無憑（憑據），而身內之『天堂地獄』，則實（眞實）而有據（憑據）。

『天堂』者，乃『極樂之鄉』也。苟（假使）能『道心』爲主，則清清靜靜、瀟瀟灑灑（形容人清高絕俗、灑脫不羈）、活活潑潑（形容生動自然而不呆板）、快快樂樂，仰（抬頭）則無愧（因理虧或做錯事，而感到難爲情。）於天，俯（低頭）則不怍（慚愧）於人，大廷（傳說中的上古帝王）可對（一般的應答），衾影無慚（比喻爲人光明磊落，獨處時亦問心無愧。）。

極（最高境界）而至於（到達）『富貴貧賤、夷狄患難（君子在自己所處的地位上行使自己所奉行的道理，從來不會傾慕本位之外的東西。處於『富貴的地位』上，就做『富貴地位』上所應該做的事情；處於『貧賤的地位』上，就做在『貧賤地位』上所應該做的事情；處在『夷狄的地位』上，就做在『夷狄地位』上所應該做的事情；處於『患難』中，就做處在『患難』中應該做的事情。』，『無入而不自得（君子無論處於什麼地位，都不會感到不安適的。）』，非『天堂』而何？

『地獄』者何？憂苦之境。若『人心』用事（行事、辦事），忙忙亂亂、紛紛擾擾、憧憧（往來不斷）往來、思慮營營（內心煩躁不安），日夜之間，純（全、都、皆）是私意（個人的想法、私心）；寢食（睡覺和吃飯，泛指日常生活。）之隨（聽任、任憑），無非『妄心（荒誕不合事實的心）』。

既有『妄心』，卽驚其『神（元神）』；既驚其『神（元神）』，卽著（執著）萬物；既著（執著）萬物，卽生貪求（貪圖獲得好處）；既生貪求（貪圖獲得好處），卽生『煩惱妄想』，憂苦（憂愁苦惱）身心，便遭濁辱（污辱了自己的靈性），流浪生死（流浪在生死的輪迴中），常沉苦海（沉淪於茫茫苦海），非『地獄』而何（是什麼）？

蓋『地獄』之種（種子），以『人心』布（散布）之；布（散布）之既生，則生前受『煩惱之苦』，死後受『陰律（指陰間律法）之報』。

『天堂』之種（種子），以『道心』布（散布）之；布（散布）之既生，則生前受『無量之福』，死後享『無邊之樂』。

知『身內』之『天堂地獄』，可不言而喻（事理淺顯，不待說明，卽可曉悟。）矣！而『身外』之『天堂地獄』，可不言而喻（事理淺顯，不待說明，卽可曉悟。）矣！」

【第十四問】「應」與「靜」，如何合一？

或曰：「《清靜經》云：『常應常靜，常清靜矣！』夫『常靜』，卽難『常應』；而『常應』，難『常靜』。而經曰『常應、常靜』」何哉？」

余曰：「善哉！子之問也。此『大聖大神』，『動靜合一』之功；非『大聖大神』，不能至此；非『大聖大神』，豈能言此哉？子既問此，吾不能言其詳（細述），但言其略（概要、重點）可耳！

『常人（尋常的人，一般人）之靜』，每患（憂慮、擔心）乎應（對應；應證）；而『聖人之靜』，常資（取用）乎應（對應；應證）。『常人（尋常的人，一般人）之應（對應；應證）』，恆妨（長久的阻礙）乎靜；而『聖人之應（對應；應證）』，正驗（結果與所預言相合）其靜。蓋『靜之時』，即『應（對應；應證）』之時』；『應（對應；應證）』之會（領悟）』，即『靜之會（領悟）』。

「應（對應；應證）」爲靜之「苗」，「靜」爲「應（對應；應證）」之「根」也；「靜」爲「應（對應；應證）」之「體」，「應（對應；應證）」爲靜之「用」也。

所以造次於是（無論是情急慌亂之時），顛沛於是（還是窮困流浪之時）。常應（對應；應證）常靜，應變亦靜。用之則行，舍之則藏。應常靜，應達亦靜。從何知？

『寂然（沉靜無聲的樣子）不動』，『常靜』也；感而遂通（有感必應，萬事皆通。），則『常應』矣！不動道場（指心無住，心不執著），『常靜』也；遍周沙界（周遍一切恒河沙數世界），則『常應』矣！

『舜克明德（舜崇尚光明的德性）』，文能緝熙（文王行事光明正大）』，『常靜』也。而『以親九族（使同族人親密和睦。九族，指父系同宗，上自高祖，下至玄孫，即高祖父、曾祖父、祖父、父親、己身、子、孫、曾孫、玄孫。）』，『協和萬邦（協和，指和睦、融洽。萬邦，指衆多的氏族部落。這裡指堯帝明察表彰百官族姓，使衆氏族融洽團結。）』，『爲君止仁（作爲國君要對天下的老百姓都有一顆仁愛之心）』，『爲臣止敬（作爲做臣下應該止於恭敬，對長上的恭敬。）』，則『常應』矣！

即『子思』子曰：『不見而章，不動而變，無爲而成。（一個人修行達到博厚、高明、悠久的境界。至誠的功德不用表現，自然而然就會彰顯出來；不用刻意去感動人，自然就會改變社會人心；心就安然自在順應無爲之道，達到成功的境界。）』無非（不外是）申（陳述、說明）此『常應常靜』之意。

總之，位『天地』者，必育（養育）『萬物』；有『全體』者，必有大用（很大的用處）；能明（明白）者，必能新民（革除舊習，教民向善。）；此『動靜合一』之功、『內外合一』之道也。

彼世之學，『無爲』而不能『無所不爲』者；『能靜』而『不能動』，猶（如同）之『能坐』而『不能行』。此『天地』間之『閑民（無業的人）』，非『天地』間之『大神大聖』也。此『常應常靜』之大概（大約、約略）也！子而欲問其詳（細述、陳述），請再質（詰問）諸明（通曉）者。」

【第十五問】無上之大道

或問：「當今（現在）之道，有所謂『九節工夫』者、『周天工夫』者、『頓教工夫』者，此三等者，果（若是）孰（哪個）高？而孰（哪個）低乎？」

（說明：「九節工夫」源自「道家」，「九節」者，築基、煉己、採藥、得藥、進水、烹煉、溫養、沐浴、退符。這一套「九節工夫」重點在於「肉體」上，「氣脈」的運作和「水火」的搬運（例如：守丹田、衝尾閭、上泥丸等），但是「肉體」終歸毀滅，所以「有爲法」如夢幻泡影，「智者」不圖也。）

余曰：「吾試（嘗試）歷歷（清楚明白）陳（述說）之，高低自見（自我表現）。

『九節工夫』者，特有（特別具有）『九節』之名者耳！而用『工夫』者，實（實際上）一節未能做成。何者（爲什麼呢）？以『人心』用事（行事、辦事）耳！

以『人心』守『玄關』，則『火（火，是指神、眞意、正念。是通過修行，在體內形成的一種無形的火。意念純正，不思不想，不識不知爲眞火。）』炎於上（火光上升）；以『人心』降甘露（通過修行，有種甘甜的液體，從頭頂上流下到口中，源源而來。），則『寒（寒氣）』凝（聚集、凝集）於下（下丹田）。

且『烹煉（指文烹武煉。意淡念微，呼吸徐緩爲文火，亦稱文烹；意濃念緊，加上大呼大吸，是爲武火，或稱武煉。）』用力，『升降（指道家的延壽功，呼吸升降小周天法。呼氣的時候，讓氣息沿著前胸任脈的方向，從上面兩乳間的膻中位置，降到下面肚臍也就是神闕位置，再降到丹田位置；吸氣的時候，讓氣息沿著後背督脈的方向，從下向上，直到頭頂。也就是說，讓呼吸的氣息沿著任脈、督脈所構成的一個圓環進行流動。）』用心，則『元神』勞苦，而不能養（照顧）；如此用法，百無一成。」

又問：「當今（現在）用『九節工夫』，亦有得夫效驗（效果、成效）者？」

余曰：「凡得效驗（效果、成效）者，皆以『了心了意（明白、懂得心意）』而得，斷無有（絕對沒有）『觀香火（道家觀香火看吉凶）』、『背口訣』而得者。

若夫『周天工夫（指小周天和大周天。小周天就是內氣能夠循著督脈上升，又沿著任脈下降；大周天的能量同樣是循著督脈上升，任脈下降，只不過它同時又會分流到手腳上的十二經絡。）』，上守『玄關』，『了心了意（明白、懂得心意）』，則『眞火（心中的火）』自降；下守『丹田』，『了心了意（明白、懂得心意）』，則『眞水（指腎陰，又稱元陰、眞陰）』自升。

水升火降，水火既濟（事情已經成功），法輪常轉（意指佛法如轉輪王的輪，旋轉不停，永無休止。），久久功純，神（元神）隨氣行。出『小息天（小周天）』，入『大息天（大周天）』，亦可以爲『氣中神仙』，與『天地齊壽，日月齊年。至『元氣』將終之時，將與氣俱盡。所謂：『饒（任憑、儘管）君八萬劫，終須落空亡（死亡）』者，此也。

若『三教眞傳』乃『頓教法門（乃不立言句，只辨眞性，不設斷惑證理之階位，爲頓修頓悟之教。）』，『無住心法（謂法無自性，無所住著，隨緣而起。）』，無爲大道（道家主張淸靜虛無，順應自然）。

參（研究）得透，當前就是；解得開，轉瞬（轉瞬）即成。現出『金剛法身』，億萬劫之『三災（佛教認爲，世界從形成到毀壞爲一大劫，經歷成、住、壞、空四個階段，週而復始。在住劫的後期，衆生行爲邪僻，壽命減少，便陸續發生饑饉、疾疫和刀兵等災禍，稱爲小三災。到了壞劫之末，則發生更爲可怕的火災、水災和風災，稱爲大三災。最後的風災，把世界吹得蕩然無存，從而進入空劫。）八難（在地獄難、在餓鬼難、在畜生難、在長壽天難、在邊地之鬱單越難、盲聾瘖啞難、世智辯聰難、生在佛前佛後難。）』，不能損其一毫；認得『本來面目（本性）』，三千界（三千大千世界）之『凶神惡煞』，無敢近其咫尺（形容距離很近）。

清靜百千劫，快樂億萬年；與『無極』齊壽，與『仙佛』齊肩。豈可（怎麼可以）與『旁門左道』，同日而語（相提並論）哉！

蓋『九節工夫』者，純任（順應）『有爲』，所以百無一成也。『周天』者，在『有爲無爲』之間，所以與『天地』齊壽，『日月』齊年也。『三教頓法』，純任（順應）『無爲』，所以與『無極』齊壽，『仙佛』並肩，爲『無上之道』也。」

【第十六問】根本究極的「妙道金丹」

或問：「丹家專言『煉丹』，不知『丹』之有乎未（沒有）也？」

余曰：「『丹』字之形，上半象（摹擬）『日』，下半象（摹擬）『月』；日月交（相接、接觸）則爲『易』，合（會、聚）則爲『明』，化（改變）則爲『丹』。

蓋日爲『離（離卦）』、爲火、爲『己土』；月爲『坎（坎卦）』、爲水、爲『戊土』。將『離（離卦）』中之『眞陰』降下，添於『坎（坎卦）』中；將『坎（坎卦）』中之『眞陽』換出，塡於『離（離卦）』中；復還（返回）『乾（乾卦）』體，結而成『丹』。『離（離卦）』本『乾（乾卦）』體，『乾爻』用『九紫』，九數屬金，故爲『九轉金丹』。

『坎（坎卦）』之『中爻』爲『陽（陽爻）』，故爲『九轉還陽丹』。『離（離卦）』爲『九紫』，又爲『九轉紫金丹』。

『戊』『己』相交，『二土』相合，結成『刀圭（ㄍㄨㄟ，指藥物）』，又爲摶（拾取）『黃土』而成『丹』。

『丹家』所言『結丹』之法，種種不一，難以枚舉（一一列舉），要皆煉『陰陽二氣』而成，非煉『虛靈之神（元神）』成也。

若『三教大聖』，以『虛靈之神』善養（擅長照顧）成『丹』，至其『丹』養成，則豎通（直通）『三界』，橫亙（橫跨、跨越）十方（佛教以東、西、南、北、東南、西南、東北、西北、上、下爲十方。泛指各處、各界。）。

其在『儒（儒家）』也，則『固範圍天（安定概括了對天下的治理）』也；其在『道（道家）』也，則『生育天地』；其在『釋（佛家）』也，則『不動道場（指心無住，心不執著）』，遍周沙界（周遍一切恒河沙數世界）』。此乃『無影無形之丹』，『非白非青之丹』，以視（看待）夫『煉氣成丹』者，奚啻（ㄒㄧ ㄔˋ，何止；豈但；不只）霄壤（天與地）。」

第五單元 《證道歌》（共計五十五首）

◆大道分明在心頭，有作有爲盡下流，識得當前眞淨土，萬部丹經一筆鉤。

◆凡情已了夜得燈，不隱不現眞性宗，勸君休撈水中月，一輪皓月在當空。

◆修行大衆理看穿，休泥丹田與玄關，眞性心中無定所，佛在心頭無影山。

◆玄關一竅引誘人，及到彼岸捨此心，人生壽限難滿百，何不早早將師尋。

◆不離眞性卽是功，應用無染徹底清，家鎖頓斷罣礙了，荷擔如來大英雄。

◆眞性常住萬法空，形形色色影無蹤，妙行無方那有象，靈光無殿亦無宮。

◆法身遍界化無邊，眞性聚散無方圓，大而能小人難見，不似日月不似天。

◆一念不生無死活，靈靈惺惺卽是佛，凡有所住皆假像，不執不著彌六合。

◆人情世事如水波，一腳跳出是非窩，自在菩薩常常守，五蘊皆空爲大羅。

◆萬法皆空無去來，那有酒色與氣財，世人先埋後來死，未見先死後來埋。

◆能所兩忘神自明，智理俱泯由天聽，易占辭寡吉人象，三昧無諍大英雄。

◆玄關丹田亦非眞，及到彼岸捨此心，放下塵緣成大道，貪嗔兩忘無我人。

◆眞修無爲誰人能，世間財色作賓朋，貪嗔不起大劫脫，清靜無爲卽天宮。

◆莊嚴佛土亦非眞，無住妙行養道心，色空兩忘常常淨，靈光充塞無處尋。

◆身心放下眞性如，無人無我是工夫，一靜卽超三界外，化無所化無不無。

◆三教傳心別無功，不泥富貴不泥窮，酒色財氣處處有，住塵離塵大英雄。

◆人心不悟夜無燈，眞性不復有何能，百尺竿頭再進步，光明寂照處處通。

◆念盡不起有何言，靈靈惺惺樂自然，遊遍大千何嘗動，無疆無界無方圓。

◆眞性無去亦無來，不現因墜酒色財，身在大海反覓水，那個家鎖頓得開。

◆荷擔如來一人無，依假作眞爲工夫，放下塵緣得至樂，何思何處何所圖。

◆希聖希賢少有能，詐言妄語人皆聽，道德宜修誰肯信，舉步輕狂竟相從。

◆天堂地獄何嘗無，全憑自己擇路途，光明大道幾個走，灣灣小徑人人趨。

◆西方路上差人多，皆因有水起風波，若入萬有心不動，卽是如如一彌陀。

◆妄果自謝卽脫離，幻境皆空出蒙迷，洗足上岸莫等候，候佛接引是愚痴。

◆愛網無闌愛不纏，千緣來時若無緣，禪定若在熱鬧場，四面皆火不生煙。

◆心生於性意生心，意轉爲情愛金銀，只因一念無了期，眞神迷昧似海深。

◆凡情看淡不累心，何須礦中去求金，有爲無補那個曉，眞道冷落幾人尋。

◆大道冷落無人尋，尋得源頭是眞人，若人獨得道中妙，高舉慧劍劈碎琴。

◆眞性現時口難言，如同嬰兒盼明天，無人招引哈哈笑，樂中之樂對誰談。

◆論性論命論天理，誰人曉得眞玄機，空口言來皆無補，若問虛靈那個知。

◆眞空妙理皆相傳，誰人知得所以然，性到一合我怎樣，深味潛嚐水如鹽。

◆背磨心地似煉丹，如如不動理中天，念盡不起眞性現，無死無怖樂自然。

◆無塵無垢無死生，念善念惡盡皆空，悟得本來無一物，光明照寂處處通。

◆離色離相離輪迴，無人無我無是非，當知本然清靜體，方知無爲無不爲。

◆眞性無相道無邊，有作有爲有遮欄，枷鎖頓斷蛟龍走，雲盡自然露青天。

◆脫離凡塵如登山，上時下時總一般，識破名利無關鎖，到處風光盡佛天。

◆凡情不離休自跨，水中月影鏡中花，一朝大限臨頭上，始悔當年用意差。

◆凡情看破有何言，無罣無礙是眞詮，時時不離玄中妙，處處皆爲極樂天。

◆世界極樂本自然，莫尤世人莫怨天，明師指點虛心受，行立坐臥在當前。

◆當前快樂本性還，頓悟卽是大覺仙，割斷情欲心放下，靈光充塞無極天。

◆無極天外別無天，性復卽是大覺仙，禮經拜相人心造，極樂乃是不動天。

◆達摩西來一字無，自性如如是功夫，一切有爲皆是假，當知南無南不無。

◆大道凡情本相離，兼得其妙是心迷，放下塵緣眞性現，針無兩利名不虛。

◆眞性常覺大羅仙，水盡何處起波瀾，如夢初醒豁然貫，纔知三教是同源。

◆三教同源一脈傳，盡人合天無異言，人心放下道心現，目前卽是天外天。

◆天外有天人恆言，凡人悟得在當前，住世離世無沾染，卽是世外大覺仙。

◆家鎖何嘗將身纏，自己卻把自己拴，斬斷塵緣離色相，一靜卽是大覺仙。

◆放下凡身法相成，卽是三教末後功，浮雲不起紅日現，何嘗有心去尋明。

◆有心尋明明不明，出離此籠入彼籠，自覺自身無塵垢，那知還在泥水坑。

◆無思無欲無所忽，卽相孩兒去背書，開口未念第二句，平等無相心如如。

◆暫而未久世俗人，取短續長淺見深，不困不乏靈明現，念盡卽能貫古今。

◆倒騎驢兒把頭尋，背著老娘找母親，身在大海反覓水，誰能識得本來眞。

◆見了眞空空不空，性明何處不圓通，根塵心法卻無物，妙用方知與佛同。

◆無影山前一盞燈，照徹大地放光明，有人識得此燈者，便是長生不老僧。

◆世上萬物總是空，不如回頭早修行，脫了苦海登彼岸，靈山陪伴老無生。

第六單元　《勸大眾修行歌》

愚道末承師命舟撐維揚，說幾句無爲法普渡賢良。
無爲法原來是古佛密印，無爲法原來是三教道綱。
儒無爲能自慊不憂不懼，道無爲能得性不惶不忙。
佛無爲常自在無恐無怖，一無爲了萬法卽到天堂。
無爲法在當前如意卽是，只用你仗慧劍割斷柔腸。
三心掃四相飛眞神卽現，煩惱盡妄想除主人自康。
仰不愧俯不怍無束無拘，省不疚志無惡何憂何傷。
活潑潑瀟灑灑無沾無染，明晃晃亮堂堂無體無方。
又逍遙又自在無邊快樂，又明白又靈惺一味清涼。
仰彌高鑽彌堅一合理相，水不溺火不焚不壞金剛。
千妖出五魔降眞常不變，三災臨五雷發法身無防。
也無聲也無臭聲臭俱泯，也無人也無我人我雙亡。
也無陰也無陽陰陽俱化，也無生也無死生死如常。
稱爲仙稱爲佛強立名字，號爲聖號爲神多此揄揚。

能如是在人間卽是天上，能如是在地獄化作蓮邦。
不必勞接引佛前來接引，心一靜眞性復卽見無皇。
無庸煩護法神前來護佑，性一見金光現萬邪退藏。
認的眞養得到超越佛祖，見得實說得出纔算棟樑。
這就是無爲法眞憑實據，豈等於有爲法兩頭齊忙。
不煉精就煉氣血心用盡，又提上又降下元神勞傷。
講陰陽說龍虎不能攝領，論嬰兒道水火難以提綱。
講一個主人翁立劈兩下，任憑你糊亂作難脫無常。
大周天小周天盡屬小道，煉陰神煉陽神皆落空亡。
有陰陽卽難逃輪迴之苦，有對偶安能號無上法王。
徒勞神不養神磨磚當鏡，總有些小效驗石火電光。
到後來大限到不能作主，黑暗暗昏沉沉那是家鄉。
到此時方曉得有爲無補，始懊悔生前時傳受平常。
修道人那一個不爲性命，爲何不學無爲歸根還鄉。
這就是愚道末所聞所見，寄天下衆道友細思細量。

愚道未承師命開化南方，說幾句俗言語接引女娘。
女娘們欲修行非同容易，怎能如男子們自主自當。
有翁姑與丈夫又阻又擋，有東鄰與西舍說短說長。
有至親有至戚你來我往，有兒童與小女掛肚牽腸。
掃不清除不盡凡情俗念，解不開頓不斷愛鎖恩網。
怕的是一家人不調不順，不覺的無明火直沖頂梁。
一把火燒壞了蓮花寶殿，連累了殿內的不壞金剛。
婦道們欲修行如此不易，更可憐修行的這些姑娘。
自修性自了命那個知曉，不擇配不婚娶聲名外揚。
此說好彼說歹多生議論，人皆濁我獨清誰識行藏。
入道時只想著成佛作祖，不過是三五載卽上天堂。
那知道佛家功無窮無盡，那知道西方路又遠又長。
修一日又一日無有效驗，修一年又一年只是平常。
又不凡又不聖何等煩惱，又不僧又不俗那樣悲傷。

說不盡婦女們修行苦況，且把這要緊話略表數行。
那知道婦道們別無出路，不修行怎能出苦海汪洋。
臨危時有兒女不能頂替，臨危時有銀錢難買無常。
姑娘們不修行別無出路，一失足落紅塵不得安康。
有翁姑與丈夫受其轄管，輕則罵重則打那樣淒涼。
有情理不敢言呑聲忍氣，只逼的無有路投井懸樑。
這就是婦女們無量之苦，又何不立志向打退魔王。
有毛病與脾氣急速改變，留一點污一點埋沒性光。
心不投意不順反躬責己，不怨天不尤人纔算賢良。
衆道友貧與富一樣看待，衆道友過與失總要包荒。
彼有長此有短休生愛憎，也無嗔也無恨和氣一堂。
將凡情與俗語拋在雲外，將煩惱與妄情一掃淨光。
身在世心出世毫無掛念，雖在塵不染塵自有主張。
常參禪常打坐不急不燥，常誦經常燒香無怠無荒。
現如今明人出眞道發現，無爲法傳天下普渡賢良。
有緣的婦女們聊通一線，霎時間將地獄化作蓮邦。
最怕的無緣人聞言不信，執望著有爲法難見老娘。
心不掃相不飛怎曉明路，心不明性不見那是家鄉。

色是空空是色那個知曉，有中無無中有那個昭彰。
誰曉得無爲法有著有落，誰曉得無爲法不空不亡。
誰曉得無爲法無影無象，誰曉得無爲法無思無量。
誰曉得無爲法不驚不怖，誰曉得無爲法不慌不忙。
誰曉得無爲法無人無我，誰曉得無爲法無短無長。
誰曉得無爲法無生無死，誰曉得無爲法無弱無強。
誰曉得無爲法常快常樂，誰曉得無爲法又清又涼。
說不盡道不盡無爲奧妙，寫不出畫不出無爲異常。
婦女們若不明無爲大道，落東土受苦楚空來一場。
婦女們若能明無爲大道，在天上不下世常伴無皇。
瀟瀟灑無拘束自在無盡，活潑潑無牽纏逍遙無疆。
桑變海海變桑與我無礙，天翻地地翻天與我無妨。
三災侵八難臨萬劫無壞，千妖出五魔降一毫難傷。
我說的盡都是眞情實話，萬望你婦女們仔細參詳。
參得透行得到超凡入聖，認的眞守得定歸根還鄉。
最怕你心不明是非莫辨，定盤星錯認了投入火場。
貪有形與有象投入魔黨，樂有爲與有法得罪上蒼。
大周天小周天原非無上，陰五雷陽五雷豈能久長。

半空中天橋現莫云正路，就地上蓮花生休坐當陽。
有佛迎與佛接穩穩勿動，賜仙丹與妙藥萬萬莫嘗。
有好聲與細韻耳莫聽受，有清香與美味鼻休評章。
這皆是空中裏降得魔考，起貪心主人翁立時著傷。
這些話婦女們更宜切記，怕的是那魔至忘了眞常。
你想想本來性那有貪染，有貪心輪迴中不能躲藏。
眞實話不虛假絲毫難盡，擱下筆絕了白爲紙不長。
今遇明師指，透出太極圖。
神合無極理，性守太虛空。

第八單元　《祖師四十八訓》簡介

【第一條】

吾人當知，斯「道」乃生天、生地、生人，生物之大體；成佛、成仙、成聖、成賢之大用，會通「三教」，貫徹天人；有無顯微，體用合一，中邊本末，事理兼該（兼備，包括各個方面）。

是「道」也，以「覆冒萬物」而言，則謂之「天」。以「主宰萬物」而言，則謂之「帝」。以「眞實無妄」而言，則謂之「誠」。以「萬物共由」而言，則謂之「道」。以「無所不理，各得其理」而言，則謂之「理」。

在「天」謂之「天理」，在「地」謂之「地理」，在「物」謂之「物理」，在「事」謂之「事理」。

是「理」也，以「賦畀（ㄅㄧˋ，給予。特指天賦的權利。）」而言，謂之「命」。以「稟受（天所賦予人的體性）」而言，謂之「性」。以「應酬（勉強應付）萬變」言，謂之「心」。

「心之所之（所去的地方）」謂之「志」。「心之所憶（思念）」謂之「意」。感（震撼）於萬事，而生「喜、怒、哀、樂」，謂之「情」。千名萬號，不可枚舉（一一列舉），究（探尋、推求）其本源，莫非（都是）「一理」之流露（無意中顯現出來）也。

故「無生（所有存在之諸法無實體，是空，故無生滅變化可言。）眞宰（天爲萬物的主宰，故稱天爲眞宰。）」，把「理性」散將（分離）下來。何謂「理」之究竟（眞相）？《中庸》雲：「性卽理也，理卽五常也。」

「學者」必先窮（詳細追究）乎「理」，而後可以「盡性（完全發揮天賦的本性）」，未有（沒有）不明乎「理」，而能「盡性（完全發揮天賦的本性）」者，未有（沒有）不能「盡性（完全發揮天賦的本性）」而能「返本還原（見自性）」者。

【第二條】

凡傳「窮理盡性」之道者，必須「尊師重道」，謹嚴授受，方不致將「前賢」至尊至貴之道統，自我而賤；後緒之繼承任重，自我而輕。

【第三條】

「末後一著」，乃「千眞之嫡派」，「萬聖之命脈」也。見者成佛，修著成聖。必須「上根上器」，大德之子，方能承受，「無緣無分者」，難使信受也。故曰「若是根薄緣分淺，難入龍華古道場。」不信者可不必強傳也。

【第四條】

無爲正法，乃「色里之眞空，無中之妙有；豎窮三界，橫亙十方；迎之不見其道，隨之不見其尾。」而造次第，有「清淨法身，圓滿報身，千百億化身」之分。

「清淨法身」者，充實而有光輝，乃「大人造詣之境」也；本於地（象天）度。「圓滿報身者」，大而化之，「聖人造詣之境」也；本於「宗動天（氣天）」之度。「千百億化身」者，聖而不可知，「神人造詣之境」也；本於「至靜不動天（理天）」之度。

三次傳授，與之分清別濁，講明「盡人合天之道」，確有把柄。此所謂：「一法包含無量法，一門闢破萬般門。」高出一切，然後可以收復一切。不明是不足以「掃千門」而「收萬教」；「三教歸一」即「萬法歸一」也。

【第五條】

「末後大道」，乃發「萬聖之未發」，補「萬賢之未備」，道合「三教」，理貫人天，注書立說，必須引經據典；合天、合地、合人、有理、有氣、有像、知理者，可以製禮，「而親親之殺（親戚的親疏或等級，即親戚關係的遠近。）」，「尊賢之等（在德才祿位上也有尊卑高下的等級）」，方有條而不紊。

「知氣者」，可以「製樂」，「知參天」可以「作六律（古樂十二律中的陽律。即黃鐘、太簇、姑洗、蕤賓、夷則、無射。）」；「知兩地」可以「作六呂（古樂十二律中的陰律。即大呂、夾鐘、仲呂、林鐘、南呂、應鐘。）」，而「六律」之隔八相生，「五音（宮、商、角、徵、羽）」之三分損益，有其源。而「宮商角徵羽」之「五音」與「君臣民事物」之「五等」，與夫「十宮之週天」，有其本矣。

再明「伏羲之卦」，本於「天地」；「文王之卦」本於「伏羲」。「孔子」交易，乃合「天地、伏羲、文王」而一之。

「易」未畫時，「易」既畫時，「天地」在「易」。未有不知「天地」而知「易」，亦未有知「易」而不本於「天地」者。夫然後「上推往古」，「下推將來」，「以一貫之」也。不明乎

此，而注《易經》者，皆「伏羲、文王、孔子」之罪人也。

【第六條】

「學者」言「過去、未來、現在」，必以「堯、舜、禹、湯、文王」三代以上爲「過去的道統」，爲「傳道之春」。此時五百年必有王者興，其間必有明世者，故曰：「九劫成道」。

「太上（老子）、釋迦、孔子」爲「現在之傳統」，由「老子」至今三千餘年；「釋迦、孔子」至今不足三千年，截長補短，合爲三千年。其間分：「正法一千年，相法一千年，末法一千年」。「現在之世」爲「傳道之夏」。

【第七條】

凡「辦道者」，必須通達「元會運世」之嫡傳，然後可講「過去、未來」；如不明乎此，而妄談「未來之事」；是爲自欺欺人，乃「道中之罪人」也。

【第八條】

「無極天、太極天」，乃「理性、氣性」之源。「太極、兩儀、四象、八卦、六十四卦、三百八十四爻、萬有一千五百二十策」，悉本於此。一本萬殊，萬殊一本；絲絲入扣，扣扣皆絲；如不明「理、氣源流」，而妄談「性命」者，皆「孔、孟」之罪人也。

【第九條】

凡「傳道者」，必須洞明：「窮理盡性」、「一合理相」、「三品一理」之理，到底爲何事？然後可以「掌道、傳道」。如不然，揠苗助長，上之得罪於聖賢，下之爲害於將來；不同「三教聖人」，是爲「異端邪說」。

【第十條】

「斗牛宮」之說：有「天上斗牛宮」，有「地下斗牛宮」。道統之傳「花發西川鋪錦繡，月明北海慶風雲。」一「花發西川」者，乃道光初年，千元甲子，九紫當運。「西川」乃天上「井、鬼、柳」之分，爲「離宮」初度；地下之坤宮。

爲「十二袁祖」道傳「成都」，正當「九紫之運」。故「夏九姑娘通天」：「夏者」、「夏至」也。「九」者、「紫數」也。「姑娘」者、「中女」也。「離」乃「先天乾位」，「後天姤位」；故曰：「西乾」。

「袁祖」爲「乾元之體」，向後五年一爻，至「金公」爲「剝卦」；至花根滿三十六，爲六六之數，而「陽盡陰純」矣。故「金祖」之後，二女掌道，乃坤爻之偶數。

自癸酉至丁丑，五年六十月，「坤爻」已終。正當上元甲子，一自當運，青齊乃上天「女、虛」之分，地之「艮宮」。一陽生於「子」，三陽成於「艮」。「北海」者，一自「坎」也。故曰：「月明北海慶風雲」。「坎宮」爲「地雷復」，卦之「震、艮」，「坤」爲「先天之震」，故曰：「東震」。西者、「西川」，東者、「山東」。

【第十一條】

當時有毀滅「三教」者，凡「中國學人」，必須將「三教聖人」之「心法命脈」；宏其中，肆其外，徹底講清，實踐深造。卽佛門「南無」二字，可以闡明「三易、一貫」。

「學、庸」、及「九重天、天外天」；「本然、氣質」、「人心、道心」。及「仙經、道藏、十三經」中蘊奧，無入不通；絲絲入扣，若合符節；方可會通「三教」，貫徹天人；理服天下，然後能重整「三教之道統」。如不明乎此，而妄稱「三教」者，皆「小言破道之習」也。

【第十二條】

凡「學習者」，必須「認理認道」，而「鸞筆之事」，有正有邪，多有爲其誤者。學者必須「認理」，虛心求教「明人」，「自然至流」爲「邪妄」。

【第十三條】

凡「千門萬戶」，認理來歸者；必須聽從「掌道」之分派，將其所有之事合盤交出。將「道理、性理」講通，方不至於差之毫釐，謬之千里，自誤誤人之弊。

然後因材器使，交於憑據；方成一團和氣，一道同風，庶幾與道有益無害。方爲助天闡道，而爲「聖賢之亞流」，「仙佛之嫡派」，光前裕後流芳萬古也。不依「調度、偷道、盜道、妄傳、妄受」者，誓願自己承當，與「掌道者」無干。

【第十四條】

「斯道」乃「三教合轍」之祕，「萬聖當歸」之蘊。苟非「上根利器」，天資高，學力到，聞道早者，不能洞徹底里。如「孔聖之徒」三千，身通「六藝者」七十二人，而「一貫之道」，「顏、曾」而外，知者落落（形容稀疏現象的狀態詞。）。

「釋迦佛」傳道「西竺」，說法四十九年，大小三百餘會，口吐五千四十八卷「大藏經典」，後來「拈花示衆，一點禪機，惟摩訶迦葉，破顏一笑，靈山一笑」，人天百萬，悉皆驚疑。

由此觀之，「道」豈易傳之事哉！毫釐之差，千里之謬；以訛傳訛，愈傳愈訛，自誤誤人，其害有不可勝言者。

如昔「楊朱，墨翟」，其文章志向，豈不與「孔、孟」齊肩並駕；只是「理氣源頭」，見之未悉；天、人開竅，知之未徹；卽道行天下，摩頂放踵，難逃異端之名。雖孝子賢孫百世，不能更改。

嗚乎可畏也哉！「庚辰條規」，必傳授「歸一者」，恐學道稍有領會者，欲傳入「空色、有無、顯微、費隱」，兩在測之際；「範圍天地，曲成萬物」之機。不能窮源究委，焉能信手拈來，左右逢源。稍有訛傳，卽誤善男信女；生死機關，性命大事；人己兩誤，「九玄七祖」皆受其累。

吾非好勞慈逸，蓋恐他人不似我之盡心；是以傳道領袖，必吾親自拔取，庶幾免於訛謬也。

【第十五條】

「財」乃養命之源，易於起人「貪心」，「貪心」便成「墮落」。其「及門（及於仕進之門）之士」，各方「功資（功德費）」，必須分文報上；服食（衣服與飲食）用度（支出的費用），自上領下，方爲上下有序，財帛分明。若各方功資，不行交上，私自用費，以假公濟私論。

【第十六條】

佛有四種弟子，而「比丘僧、比丘尼、優婆塞（善男；居士）、優婆夷（信女；女居士）」，固（一向）同堂（同處一堂）而受業（追隨老師接受學業）。

周文（周公、周文王）二南之化（指的是《周南》、《召南》的風俗教化，通常作爲褒義來讚美一地的風俗文化。「二南」指《詩經》中的《周南》、《召南》。「周南」是「周公」統治下的南方地域，「召南」是「召公」統治下的南方地域，「二南」包括長江、漢水、汝水流域的詩歌。），亦起自閨門（指宮苑、內室的門，借指宮廷、家庭）。

而「修、齊、治、平」之序，「修身」爲「齊家」之本。而「格物、致知、誠意正心」，又爲「修身」之本。

凡「同門道伴」，其「家人」有願聞斯道者，大庭廣衆，「同堂（同處一堂）」聽講，男左女右，勿許混雜。聽講畢，各歸各房，不准乾坤同室，不准坤道扶持；男女分淸，各免嫌疑。如稍系戀念（愛慕念頭），便入「墮落之途」，人禽關頭，只爭一念。

故「孔子」以「勿視、聽、言、動」。「佛門」以「相，無人、無我、衆生、壽者」。「道門」以「常能遣其欲」。而「吾道」以「戒淫念、戒雜念」，爲降龍伏虎。《詩三百》，一言以蔽之（用一句話來概括它），曰：「思無邪（沒有不正當的思想）」。言雖不同，而義實一也。

【第十七條】

家有千口主事一人（比喻事情總要有一個人出來作主），一則理。國有三公（周代以太師、太傅、太保爲三公）莫知適從，二則亂。

故「五花十葉」，必受命於「當家」一人，「頂、保、引、證，恩執、衆生」，受命於「五花十葉」，尊卑有等，上下有分，方可有條而不紊。如大小領袖，各自當家，不尊上命，是爲混亂佛綱，公義責罰。

（說明：「五花十葉」是第十二代「袁志謙」祖師所設立，目的是替「掌盤的祖師」分勞。

如十三祖「楊守一」的「頂保（頂航與保恩）」二職。十三祖「楊守一」殉道後，十二祖「袁志謙」又設立了「證恩、引恩」等至此加上「掌盤的祖師」，共有八個層級。

「頂保」是指「頂航」與「保恩」，「頂航」的「頂」者，是頂祖師之心志；「航」者，掌度人之慈航也，智傳祖師，代天宣化。「保恩」則係一省的副辦，輔佐「頂航」襄理道務。「頂航」與「保恩」，成爲日後道場上的重要考拔標準。

「五花十葉」憑乩撿點，卽「五行」、「十地」以上由「老母」降壇親自選取，而「頂航」、「保恩」、「引恩」、「證恩」、「天恩」，則由「掌盤的祖師」負責處理。）

【第十八條】

事有常變，道有經權（常道與變通；原則性與靈活性）；開創、守成各有其宜。現今「西乾道統」，日就紊亂；「三華」以「西（西華）」爲魔，「西華」以「三華」爲魔，降至今日，「三華」之分，不知其凡幾（數目多得不可計算）；「西華」之分，亦不知爲有凡幾（數目多得不可計算），彼此爭論，一概成魔。

故「無皇聖」中，降臨「東震」，倒掛金牌，更上換下，掃除一切有像，旁門小街，而同歸「先天一貫」，窮理盡性，至命大道。

此「道」費隱（費，用之廣；隱，體之微）兼該（兼備，包括各個方面），顯微（顯著和隱微）同源，明體達用（指的是，『儒家』的『綱常名教』就是萬世不變的『體』，『儒家』的『詩書典籍』就是垂法後世的『明』。

將『明』和『體』在實踐中應用，就可以皇恩浩蕩，澤被天下百姓，達到治國安民的目

的。），有序有條；非我「親傳親授」，不能泛應曲當（指廣泛適應，無不恰當）。不能超出一切，焉能收服一切。

再者「十字手印」憑據，他人未有全者；必吾親到方可服眾之心，釋眾之疑。故當時雖係「收圓」，實同「開創」，事無鉅細（重要的或不重要的），必吾親自料理一番。迨至（等到）「萬法歸一」之後，「分定」然後「製禮」，此及通權達變（不墨守常規，而根據實際情況，作適當的處置。）之時，而非處常「守成」之時；仰眾悉知（知道詳盡）見諒（爲人所原諒），莫謂我「攬權好事」，予不得已也！

【第十九條】

聖賢學問，必本末（事物的根本與細節）兼該（兼備，包括各個方面），體用（事物的本質謂之體，事物的功能謂之用。）並重。學有眞實「經濟（經世濟民）」，方可以「處則獨善」，「出則兼善」。

如：「大禹」之「序疇」，「文王」之「翻卦」，「孔子」之「繫辭」，「邵子」之「經世」，自「風後、太公、子房、武侯」，以來原有一脈眞傳；只是世風日下（社會的風俗習慣日漸澆薄，每況愈下。），學不歸眞，其學盡矣！

今幸天不愛道，洩漏一線玄機；故「性命工夫」而外，「制禮、作樂、易學、甲學、乙學、壬學、禽學、歷學」，各有「入門眞法」，「學者」必須各精一業，不必貪多，方可致用（盡其所用，切於實用）。然（可是）又必須「誠實安分」者，傳之方不致有遺害流毒（遺留下的禍患、毒），妄洩「天祕（天機）」之譴。

【第二十條】

現今「千門萬戶」，皆稱「祖師」，豈知「眞祖」只有一個，餘皆烘名（假借道名）闡教（弘揚教義），混度（胡亂度化）大地人緣（在塵世的緣分）者。

吾等「逢人卽度」，其「歸與不歸」，無關輕重。自「中洲會（公元一八七九年，王祖續開道中洲，卽今河南，在風后山訂定《修道章程》。）」，燕南（燕國的南方）趙北（趙國的北方），「江濱會（指淮濱會和洪鍾會）」，星盤已齊（度化多人）。今日「逆水行舟」者，無「原人」也。

其各門（門派）之人，果系（若是）佛門棟樑（人才）；必神差鬼使，預先有兆，見面聞風，爭先來歸。其不來者，必先前辦道，奢華枉費，敗壞倫常，名塡「黑籍（閻羅王的黑名單）」者。「末後大道」，會「三教」而歸一，合「萬法」而不二。得者成仙，見者成佛，修者成聖。

若是根薄緣分淺，難入龍華古道場。不惟自己不進，反去阻隔他人有誤。無皇聖中，收圓大事，各人誓願，各人承當。佛家一粒米，大如須彌山，誤了末後事，披毛戴角還。

【第二十一條】

學道之人，必須「仁義」爲本，「忠信」爲先。「在官者」、忠於其職，靖恭（恭謹地奉守）爾位（你的職位）。「在野者（不作官而閒居、不當政）」、奉公守法。不許做「宰殺、酒家、煙館、賭局、花柳敗類」之絜（嫌惡），致玷淸規。

至於「三教聖人」之道，雖係正事，然德修謗興，道高毀來；「文王」難免「羑里之囚」，

「孔子」尚有「陳、蔡之厄」。故聖人云：「欲作精金美玉的人品，須從烈火中煉來；想成掀天揭地的事業，當自薄冰上履過。」不受苦中苦，難爲人上人；不受魔難不成佛。

「故天將降大任於是人也，必先苦其心志，勞其筋骨，餓其體膚，空乏其身，行拂亂其所爲，然後動心忍性，增益其所不能。」古之修道者，皆然。今人何獨不然？疾風知勁草，板蕩（板、蕩是《詩經．大雅》中的二篇，諷刺周厲王無道、敗壞國家；後用作亂世的代稱。）識忠臣。歲寒然後知松柏之後凋也。

「長春眞人（丘處機）」曰：「爲人誰不遭魔劫，不似西方荊棘多。」又曰：「道高一尺魔千丈，心猿全憑用力降。」存其心，養其性，所以事天地。夭壽（短命與長壽。）不二，修身以俟（等待）之，所以立命（精神安定）也。

【第二十二條】

自「十二袁祖、五老」之後，各門雖高下不等，優劣各異，其無有「眞傳」則一也。其所傳者，不過「取坎塡離」。開荒下手之法，其法眞心用者：守上則虛火上炎，不是「取龔齒痛」，就是「眼目生災」；守下則「寒濕下注」，不是「涸冷沉寒」，就是「遺精疝氣」。大抵提太過，上實下虛，成「戴陽之症」，故後來「取坎塡離」之功，亦不取用，不過只落得「迷齋」而已。

然而開荒四十年來，領袖奔走天涯，割恩舍愛，傾家敗產，遭魔受難。繞得鋪張中外，亦實可憐！

現今無「皇親」臨「東震」，傳此「無上甚深微妙之法」，實「明心見性」之嫡派，「超生了死」之捷徑；會「三教」而「同歸一貫」，合「萬法」而盡入「中庸」。

「理天、氣天」，獨開千古之生面（新境界），「人心、道心」，確得萬聖之眞宗。進步於百尺桿頭，上透「三十三天」；撒手於「澗底崖畔」，下照「一十八獄」。豎窮三界，橫五十方；眞性充塞，週乎在在。千江有水千江月，月或有時而虧；萬里無雲萬里天，天或有時而蔽。

「眞如佛性」，雖視之弗見，聽之不聞；而實四維上下，有感斯道。「任他滄千萬變，無極眞如鎭常存。」此乃「末後一著」：卽「一指躲閻羅」之法眼。

自「達摩祖」以來，卽是此道。至「慧能六祖」得道有偈曰：「菩提本無樹，明鏡亦非台，本來無一物，何處惹塵埃。」又曰：「釋游從此絕宗風，儒明得吾萬法通；末後三期開普渡，正心誠意合中庸。」

至後來因「開荒下種」，故傳「取坎塡離」。上乘法門，以待「末後」方傳，通天徹地，「無、太、皇」，三極一貫之道，方可「三教歸一」，「萬法歸一」，而成「收圓結果」之大事也。

【第二十三條】

「太極、皇極」之事，已有數家憑據；實不敢交給，恐生貪妄，致起爭端。故先交於「五行、十地」之位，待後事業做出，再侯「上天」定度，吾不敢妄加批評。

【第二十四條】

現今憑據在吾掌握，當時之家，必須讓吾先當，才有統緒（頭緒；系統）者。不如此，難言一道同風。待後事定，功成自有「天人公論」。吾卽退老林泉（林木泉石。比喩退隱的地方），他人當家主事，亦所情願。

但當時吾若縮首退步，讓於他人執掌，不惟天下人不肯來歸。卽吾所度「星盤中人」，必不依從此理，勢之必然也。吾豈好爲人師哉！

【第二十五條】

現今吾道四京（宋以「開封府」爲「東京」，「河南府」爲「西京」，「應天府」爲「南京」，「大名府」爲「北京」，總稱爲「四京」。）通行，吾注之書，「北、東、南」、三京刊板，吾卽不爭大小。

吾門弟子，會通「三教」，貫徹天人者，指不勝屈，吾等豈肯輕拜他人爲師。吾之不辭「當家」者，順助「天道」也。「高盧之險」，吾豈不知，吾不得已也。

【第二十六條】

「手印合同」，乃「龍華三會」之憑據，「漢上雲城」之路引，必歸吾道者，方可與交。道不同不相爲謀，吾來度他，他欲自外，吾奈何哉！

【第二十七條】

吾之傳道，一不換人「三師」，二不改人「六師」。吾不過講明「大道」，「收圓」了意，助人成功。

「軒轅黃帝」曾拜「七十二師」，聖人云：「學無常師」，而各門中人多聞太師「王伯黨」爲此者謬矣！當初「道統」，原是「無生老母」建立，至道光二十五年，收爲「瑤池金母」，今日「無生老母」，因「金祖」歸空，開荒事罷；故親臨「東震」，轉盤換象，安排「收圓大事」，好救「九二原人」。

凡辦道，吃的、穿的，所傳之道，所當之住，皆是「無生老母」的，天地所賜的，如今「老母」親自臨凡，救度「原人」，收圓證果。而「學道之士」，竟忘了「無生寶地」；安名立號，依功定度，依因結果；高增「菩提」，永緒長生。

嬰兒見娘，漂舟到岸；孤客還鄉，一概忘卻。將「老母」所命之人，以敵人待之，以親爲仇，何不通之甚也！「上天難壞無生中，人間費盡古佛心。」古有其言，今竟有其事，可哀也哉！

【第二十八條】

所謂「手印憑據」者，爲「同門師友」相認之識別也。現今千門萬戶，賢愚不等，淑慝（ㄊㄜˋ，善與惡）各異，雖同名曰：「道」而「道」實有天淵之別。

如無「憑據合同」，何能辨別眞僞？不但懼不肖者，詐騙財產；尤恐混入匪類，受其連累。「孔門弟子」，千秋萬古，皆成一家。現今吾道，遠近皆知；有此憑據，不但當時可以同道相親，彼此關照，卽至日久年遠，師生道友之後人，亦執此相認。「此吾之所以不避嫌疑，立此之相認憑據也」。凡有此憑據者，卽同道；無此憑據，又當別論。

【第二十九條】

凡「學道者」，當明「師徒」之大義：以及「天、地、君、親、師」五恩並重。故君在臣無權，父在子無權，師在徒無權，今之爲徒者，今日得道，明日卽想權歸於己。

夫與君爭權，謂之「奸臣」。與父爭權，謂之「逆子」。與師爭權，謂之「叛徒」。夫「學道之人」，舍恩愛者，爲成「聖賢佛仙」也。焉有「不忠」所事，而能「成仙成佛成聖成賢」者，衆各勉之。

【第三十條】

吾「道」乃「三聖之嫡派」，「萬法之眞宗」。親奉「無皇聖母」之敕旨，「玉皇大帝」之「大帝之牒文」。三曹會議，千眞萬聖，搭手助道；「一赦卽登覺路」，「一指便通天界」大無不包，細無不貫，知「有無之同源」，明「事理之一致」。

「守一、歸一、貫一」、了若指掌。「明心、存心、修心」、顯若列眉。注書立說，毫無纖塵，句句道破「眞空性」，講道論德，確有的歸，言言透徹「賦性天」。闡「理學、數學、象學」之眞宗。千古獨開生面（新境界）。剖「不易、變易、交易」之蘊奧，萬代可做法程。

窮則獨善無愧。尚志達則兼善。乘時立功，存悲天憫人之心，挾補天濟人之道。而「淺學無知之輩」，縱以橫逆（強暴不順理的行爲）相加；吾以「無心」處之，道之將行也，歟命也！道之將廢也，歟命也。人不知而不慍（怨恨），君子無入而自得焉！

【第三十一條】

「乩筆之事」，吾不敢不信，不敢全信。如若有不信，「無生老母」，命我之事，卽閒言冷語，後來無不應驗。

再如「李老夫子」所傳之「易卦、太乙」及「參易變方」，愈久愈信，其眞若此者，豈可不信？至於「老母」在「山東」親命「三極」，而「太極」早歸，又換一「太極」；「皇極」雖有其人，亦未知是否？至今諸般大事，仍是我等承當，現今又出幾家「太極、皇極」。今吾左右爲難。

欲說「皇極」所用改天換地、未來卦爻是眞，又不在情理。正與有不知「過去、現在」，而能知「未來」者。吾豈敢順一時之人情，誤大地之善信，惹後世之笑談，造彌天之大罪！

吾欲待不信，又有「乩筆之命」，吾既不敢誤人，又豈敢誤神？吾有一法可辨眞假，可定從違。「李老夫子」所傳「經濟之學」，吾未明之處，懇求指示，如果「乩筆」之能明顯講出，卽敢眞信。再者，掌「太極」者，能傳「太極之道」。掌「皇極」者，能傳「皇極之道」。吾卽認眞合辦。如此，方可內不失己，外不失人，上不失神，下不誤世。

【第三十二條】

凡吾門學人，不准讀「非聖之書」，不准「無用之學」。「明體者」，當以《金剛經》、《清靜經》、《大學》、《中庸》、讀熟講通，自能於「性命心源」有益。「達用者」，當熟讀《易經》、《河》、《洛》；明「卦爻之吉凶」，知「陰陽之消長」，識「五行之生剋」，達「奇正之變化」，曉「休咎之趨避」，然後方有「經濟（經世濟民）」。

至於「禮樂，政刑（政令和刑罰）、諸子百家」；《十三經》、《二十一史》、「天文」、「地理」之浩繁（浩大而繁多）；各隨其材學（能力學習），不求其多，當求其精；那怕「千著會」，只怕「一著熟」。

【第三十三條】

諸家「丹經」，惟《參同契》，《悟眞篇》，與「一氣之流行」，「日月之盈虧」，頗有見解。而吾之《三易深源》、《一貫探源》，已賅括其義過之。如欲看來亦可，如欲不看亦可。

其「男女、龍虎、鉛汞、鼎爐、火藥」之寓言；「淺見者」，多妄憶（胡亂猜想）錯會（誤解意思），流入「旁門」。吾人既得「末後一著」，最上一乘之法；「三教聖經」，足可證驗。諸般「丹經法」不可用也。

【第三十四條】

「丹經」所言，「九轉金丹」者，因「先天之乾坤」，變「後天之坎離」，取「坎中之陽」，陽爲九，故曰：「九轉」。「九轉」卽是「還陽」補「離」成「乾」，則曰「金」。日月會合，煉作「混元一氣」則爲「丹」。

故「先天」以「乾坤」，爲「性命」。其曰：「龍虎」者，因先天之「離」居東，爲「青龍」。天之「離」居南，爲「赤龍」。先天之「坎」居西，爲「白虎」。後天之「坎」居北，爲「黑虎」。「坎」爲「中男」，爲「嬰兒」。「離」爲「中女」，曰「姹女」。「意」能「運使」，曰「黃婆」。此東三，南二，中近五，之三家也。

究其所以，不過以「離坤」爲「性」，「坎氣」爲「命」，「神氣」合一，卽是「性命雙修」。「儒家」以「凝神息命」爲入手，是修「上一關」，帶起「下二關」，「無爲」唯「近路」也。

「道家」以「積精息念」爲入手，是修「下一關」，透出「上二關」，「有爲」之「遠路」也。此爲「眞水、眞火九轉金丹」、「九轉還陽丹」、「九轉紫金丹」、「龍虎大丹」、「太乙還丹」之「眞訣」也。

「神」爲「火」，「氣」爲「藥」，「陽升」爲「活子」。「烹煉」有地，「採取」有時，爲「候」。「小周天」，本於「日月盈虧」。「大周天」，本於「一氣之流行」。日月「象」也，流行「氣」也，「象」爲「質性」，「氣」爲「氣性」，總是「天命之謂性，率性之謂道」。

「性」卽「理之性」，成陽「降衷（施善；降福）之性」，人生而「靜之性」，證之《中庸》無聲無臭之「天」。《金剛經》離一切相之「佛性」。《淸靜經》空無所空之「性」。故「末後之道」，悉（全部）本於「三教聖經」爲入手，達乎「理天」，「氣天」爲了手，方可以「盡人合天」，優入「聖域」。而後「窮理盡性」，窮神知化，大化聖神之造詣（學業或技藝達到的程度），次第（次序、依次），方可腳踏實地，爲「三教嫡派」，「萬世之標準」也。

【第三十五條】

「道」本「一理」，原無二教，因爲人生之「氣質（性情、秉性）」有淸有濁，「根」有利鈍，「見」有高下，「識」有明暗，「學」有深淺，「師」有眞假，而「三乘之法」，「正旁之別」分矣。

「教者」初見之時，當「現身說法」，彼以「丹經」入者，當與談「眞性命」，「眞火藥」，及「降龍有法」，「伏虎有術」，「築基煉己」，「溫養沐浴」，「脫胎神化」有訣。講透一切，然後闢破一切，掃去一切，漸漸引入「眞如佛性」，彼方心服口服。如不談彼之所有，彼滿腹意見，反以「我道」爲不通也。

【第三十六條】

此「深入佛海者」，不可與之談「有爲之法」、「有像之法」。若談「有爲」，彼曰：「一切有爲法，如夢幻泡影。」與之談「有相」，彼曰：「凡所有相，皆是虛妄。」必與之談「西來大意」，「音前薦取，語後當承；說話當人」，此三義，與之講明：「過去、現在、未來，一合理相，眞如佛性」；自爾豎窮三界，橫亙十方，而超出「威音（威音佛）」那畔；爲永劫常存，永不退轉之「金剛體、般若性、菩提子、無上正等正覺」之正法。

知「法相」無相，妙無不無，卻有實在；方可高不入於「頑空」，下不流爲「執相」。擔荷「正法」，大振宗風，而爲「通宗合教」，辭理兼優，隨方演教，無量渡人，天人師表，大覺法王。再爲之講明：「六字眞言」，及「觀音」之大用，「常」「變」方可以渡「佛門高僧」。

【第三十七條】

「學人」當知，「道」本無名，強名曰「道」。「法」本無爲，強名曰「修」。《金剛經》曰：「無法可說，是名說法。法尚應捨，何況非法。無法可得，名阿羅漢。無行可行，名須菩提。一切聖賢皆以無爲法而有差別。」

「佛法」離一切相，不得「眞傳」者，多入「頑空」而不達「應作如觀」之作用，「一合理相」之實體，「無上正等正覺」之究竟。

故吾傳道，先指明「眞如佛性」，諸法空相；通天徹地，不生不滅，不垢不淨，不增不減之實理。此「理」，人之本有，現現成成，因拘於「氣稟（人生來對氣的稟受）」，蔽於物慾，迷眞逐妄，背覺合塵，忘其固有，流浪生死。

故教以「有事戒淫念」，「無事戒雜念」之法；「二念」淨盡則「神合虛空」，超出「三界」外，不囿「五行」中，而爲萬劫不壞之「大覺金仙」也。

與時文（八股文）之儒（儒者），無「兼通博覽之學者」，切不可與之談「仙經、釋典，成仙、作佛」之語。

【第三十八條】

蓋自「昌黎（韓愈）闢佛毀老」以來，後之「儒者」，皆不達（通曉事理）「三聖同源」之理。其「著書之說」，動以異端（和傳統道德思想，尤指和儒家思想相違背的邪說。），歸之「佛、老」致令注下猶龍（本指老子的道如龍之深遠不可測，因以「猶龍」爲「老子」的代稱。），沈冤莫伸；「西山聖人」，曲高和寡（曲調愈高深，則能與之唱和者愈少）。

更見緇衣（僧侶穿的衣服，後指僧侶。）、黃冠（道士所戴的帽子，後指道士。）之輩，愈趨愈下，鮮（少）有達（通曉事理）者；「末後之世」，「三教」皆然。

欲與「時儒（現在儒者）」接訪（接觸拜訪），必須先自「天命之謂性」之天，「理（理天）、氣（氣天）」分清。先講「氣天一貫」，鑿開（挖開）天度（周天的度數。古代天文學劃分周天區域的單位。），闡明（詳細說明）化源（教化的本源）；

則「天根月窟之來往（所謂『天根』者，『性』也；所謂『月窟』者，『命』也。『天根月窟』指的是陰陽相交之處，『天根』是『冬至』將至未至之時，『月窟』是『夏至』將至未至之時。

以『卦』而言，『先天八卦圖』的『月窟』，在『乾、巽』之間，是一『陰將生處』；『天根』在『坤、震』之間，是一『陽將生之處』。）」，「神鬼屈伸之消息（朱熹說，物之初生，氣日至而滋息。物生既盈，氣日反而遊散。至之謂神，以其伸。反之爲鬼，以其歸。因言：天下萬事萬物，自古及今，只是個陰陽消息屈伸。橫渠將屈伸說得貫通。）」。

卽升降而推「兩儀」，由「兩儀」兩分「四象、八卦、六十四卦、三百六十五度四分度之一、之周轉」。大化（生命過程中的重要變化）流行（散布、傳播），上運星斗，下託大地，中貫萬類。

「復（復卦）」之一陽爲「奇」，而「參天之數」生。「姤（姤卦）」之一陰爲「偶」，而兩地之數顯。「律、度、量、衡；河、洛、卦、爻」。蓍策之數，莫不由此一本而分萬殊。

「氣」之所布（散佈），卽「天之所在」。「氣」無不在，卽「天無不在」。「陽氣」上升，自子（子時）至午（午時），一百八十二度有「奇（餘數）」，由「七日之復」，而「潛、現、幹、現、幹、躍、飛、亢」之「六龍」有據矣。

「陰氣」下降，自午（午時）至子（子時），一百八十二度有「奇（餘數）」，由「履霜」之漸，而「姤、遁、否、觀、剝、坤」之「六卦」有微矣。

「陽氣」上升，乘氣而化者，則「鳶幾戾天（比喻爲功名利祿而極力高攀）」，「鼠化爲駕（車輛的總稱）」。「陰氣」下降，乘氣而化者，則「魚躍於淵（喻指萬物各得其所，人如其願。）」，「雀化爲蛤（中國古代將『寒露』分爲三候：『一候鴻雁來賓；二候雀入大水爲蛤；三候菊有黃華』。『雀入大水爲蛤』，『雀』，小鳥也，其類不一，此爲黃雀；『大水』，海也，《國語》雲：『雀入大海爲蛤。蓋寒風蕭瑟，多入於海，變之爲蛤，此飛物化爲潛物也。蛤，蚌屬，此小者也。此節氣中鴻雁排成一字或人字形的隊列大舉南遷；深秋天寒，雀鳥都不見了，古人看到海邊突然出現很多蛤蜊，並且貝殼的條紋及顏色與雀鳥很相似，所以便以爲是雀鳥變成的。』）」一氣流行，充塞宇宙，謂之「天」。

人「生之時」，囡（ㄋㄢ，泛指小孩子）地一聲，「元氣」入身，謂之「命」。主持（主導）形骸（身體），謂之「性」。應酬（勉強應付）萬變，謂之「心」。

感（震撼）於萬事，而生「喜怒哀樂愛惡欲」，謂之「情」。「心」之所之（心所攀緣），謂之「志」。「心」之所「憶（想念、思念）」，謂之「意」。飛潛（天上飛翔的鳥、水中潛游的魚）動植（動物、植物），咸（都）稟（承受）「一氣」而生，謂之「一貫（指以一種道理貫通萬事萬物）」。

大無不包，謂之「費」。細無不貫，謂之「隱」。貫乎有像，謂之「顯」。通乎有形，謂之「微」。至眞無妄，謂之「誠」。塞滿乾坤，謂之「大」。獨立不倚，謂之「中」。因物付物，謂之「和」。視之不見，聽之不聞，有感悉通，無求弗應，謂之「神」。陽生陰殺（肅殺），萬物共由（都知道），謂之「道」。學道而得於心，謂之「得」。

大而「元會運世」，次而「春秋寒暑」，再次而「晦朔弦」，以及「子午卯酉」，都來「一呼一吸」，亦合「用天造化」。此個「消息」，視得到，說得出；而格物窮理，內聖外王，明體達用，引而伸之，觸類而長之，「賢人」之能事畢矣！

然（但是）此猶（如同）「氣數之命」，「氣質之性（指每個人生成之後，由於稟受陰陽二氣的不同而形成的特殊本性。）」，「人心、識神」之所自來；而非「本然之性（本性）」，「降衷（施善；降福）之性」，人「生而靜之性」，「性善之性」，「道心、元神」之所自來。

此道「天人合一」，「顯微」無間。「故君子之道，本諸身，微諸庶民，考諸三王而不謬，建諸天地而不悖，質諸鬼神而無疑，百世以俟聖人而不惑。」方可「爲天地立心，爲生民立命，爲往聖繼絕學，爲萬世開太平」。

如「天」爲「性」之所自出，則「三教一天」，「萬物一天」；天無二則無二；知此則「三教歸一」，「萬法歸一」，非虛語矣！

故曰：「教不歸一，便非正教；法不歸一，卽是邪法。」此造化之大體也。故「聖人」繼天立極，代天宣化。則「制禮以節之」，「作樂以和之」，刑以驅之，賞以引之，正以一之，學以教之，行以率之。格其非心，復其理性。窮神達化，盡人合天。此由「愚希（仰慕）賢」，「賢希（仰慕）聖」，聖希（仰慕）「天之道」也。此條可以「度儒」。

【第三十九條】

奇技淫巧（奇異而眩人耳目的技能或事物），「聖王」所禁；故「公輸（楚國工匠公輸盤）、墨翟（ㄉㄧˊ，墨子）」之巧，不入「聖賢之班」。

「子貢」見「老者」抱甕（水甕）灌畦（ㄑㄧˊ，田園中分成的小區），「子貢」教以「桔槔（ㄐㄧㄝ ㄍㄠ，俗稱『吊杆』，古代漢族農用工具。是一種原始的汲水工具。）」之法。「老者」曰：「吾聞有機事（機巧、巧詐的事情）者，必有其心，則淳樸（敦厚樸實）不完。」（這個故事諷喻一些人安於現狀、不求改進的落後保守思想。）

現今「外洋機器」非不輕巧，省人無限之力；而不知「人生」也，勞則思、思則「善心」生；逸（舒適、安樂）則淫（邪惡不正的）、淫則「惡念」生。

最近「江南電報」，數遭雷打，可見「奇巧之事」，犯天之忌。吾等學人，總以「禮義」爲乾櫓（ㄌㄨˇ，泛指武器）。勤可「補拙」，儉可「養廉」，學可「破愚」，忠可「教人」，誠可「通天」，道可「濟世」；凡「聖王」所禁亦「上天之禁」。

樸素渾堅（完全剛強），順天乘時（利用機會）；自可化「斯世」爲「唐虞（舜）」，登「斯民」於「仁壽（隋朝文帝的年號）」。故奇技淫巧（奇異而眩人耳目的技能或事物），概不准學。

【第四十條】

昔日「蚩尤」能造「迷天大霧」，終爲「黃帝」之戳（ㄔㄨㄛ，以物體的尖端觸刺）。「黃巾」能「駕席靈」難逃「三義之擒」。道可回天，邪不勝正，吾何畏彼哉？

「學者」當知，「吾道」乃發（現露）「前聖」未發之祕，補（彌補）「前賢」未補之蘊（事理精奧之處）。不但「會通（融會貫通）三教」，而「理天」實超「三教」之上。不但「包含萬法」，而「無極」實爲「萬法之祖」。道大莫容（沒有含納），曲高和寡。辦此道者，當存「遁世不見」而「不悔之志」。果能「入於其道」，自然天下化成（達到教化）。

【第四十一條】

「學人」先讀《易經》，及《皇極經世》。於「天地之始終」，「物類之變化」。胸有成竹，方不爲「異說旁門」所惑。

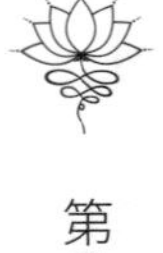

【第四十二條】

「學者」必先將「理天、氣天」，講熟參透，方知「理性、氣性」之來由。「天人一貫」，「洞會交連」之的歸（返回）。成己成人，步步腳踏實地。方可作砥柱於中流，挽狂瀾於既倒。

【第四十三條】

「學者」必將「九重天」之「三卦」：知「乾」之純陽，則知「恆星」之行健（天體的運行，晝夜不息，周而復始），而「氣盈（氣滿）」有其根矣。

知「離」之中含「一陰」，則知「日輪」之「次健」。知「坎卦」之二陰一陽，則知「月行」最遲。「行健」者，一日繞地一周，而過一度。「次健」者，一日繞地一周，而不及「恆星」一度；曆三百六十五日四分日之一，復會於「初起之度」，為「氣盈」。

「行遲」者，每日不及「恆星」十三度，十九分度之七；故「月輪天」二十七日半，與天會。二十九日半，與日會，為「朔虛」。此「三卦之分」。

蓋為天雖「一氣流行」，因「高者」輕清而行速；「下者」重濁而行遲，至地之坤，則不行矣。「九重天」與地之「四正卦」，分作「十二爻」者，千古曆法，未發之祕。「十二爻」則「十二重天」，而歲不差在其中矣。「曆法」一學門中之事，學者不可不知。

【第四十四條】

「靈光一點」，為「三教之宗」。只恐「下乘之人」，見地（見解）不到。「學者」必先將，「真寶、假寶、半真半假之寶」、及「真體、假體、半真半假之體、無極天路、太極天路、地獄路、常而不變之身、變而有常之身」、及「南無觀世音菩薩」，及「明德」、「理性」講清，而「學人」自不疑惑矣！

再講明：有事「戒淫念」之「伏虎」，無事「戒雜念」之「降龍」；「三華自聚（人體的精氣神之榮華，混一而聚於玄關一竅。）」，「五氣自朝（謂煉內丹者不視、不聽、不言、不聞、不動，而五臟之精氣生剋制化，朝歸於黃庭，即臍內空處，叫五氣朝元。）」之妙，講明「行眞」，則人人盡成「活佛」矣！

【第四十五條】

「辦道」各習（通曉）一業（社會上的各種工作職務），「卜、筮、醫」及「地理、陽宅」，皆可營身（謀生）糊口（比喻勉強維持生活），方能久住他鄉。路遙識馬力，日久見人心，久而自明。若無一點生業（產業、職業），只靠兩盤費（旅費），如何辦得過？故「開道」必須事有營身（謀生）之計，方可有成。

【第四十六條】

「大丈夫」，能屈能伸，眞學問，無地（沒有土地）不可。

「傅說（相傳『殷高宗』夢到『宰輔人物』的形像，因此刻像尋找，終於在『傅巖』找到正在建『版築』的『傅說』，便任命『傅說』爲『相』，使『殷』得以富強。典出《書經·說命》。後比喻有才德的人物不怕出身低微卑賤，總有機會成功立業。）」舉（推薦）於「版築（築牆時，用兩版夾土，以杵把土搗實，稱爲『版築』。）」之間。

「膠鬲（『膠鬲』原爲『紂王』大夫，遭『商紂』之亂，隱遁經商，販賣魚鹽。『膠鬲』在『販賣魚鹽』過程中，十分辛勞，最後被『周文王』發現，擬舉爲重臣。

但『膠膈』當時並沒隨『文王』入周，可能是受『文王』囑託，仍留在『商朝』策反作內應。後來，『膠膈』官居『少師』，並作爲上邦使團成員出使『周朝』，使團以『紂王』之兄『微子』爲首，成員除『膠膈』外，還有『伯夷、叔齊』等。時『文王』已去逝，由『武王』執政。

『武王』兄弟分別給使團成員做工作，要他們反商助周，許諾『微子』世爲長侯，『膠膈』加富三等，就官一列。）」行於「魚鹽」之中。

「子胥（伍子胥）乞食」，「太公（姜子牙）賣卜」，俱成「將相之業」。「學人」其各免之。

【第四十七條】

「學者」知此事，乃了「三聖」未了之願，成「諸佛」未成之功。不比「開荒」之有名無實。

「一人眞」則「人人眞」，繼往聖，開來學；會「群聖」之大成，闢「鴻濛（中國神話傳說的遠古時代，傳說在盤古開天闢地之前，世界是一團混沌狀，因此把那個時代稱作鴻蒙時代，後來該詞也常被用來泛指遠古時代。）」之生面（新境界）；挽「唐虞（舜）」之盛世，登「仁壽（隋朝文帝的年號）」之直途。

功蓋「宇宙」，名垂「異域」；光前裕後（使祖宗增光而子孫得蔭），香煙萬代（後代子孫）；道成天上，名留人間，在此一舉（一種舉動、一次行動。）

【第四十八條】

此道乃「開天、收天」之大事，「原始、返終」之巨典。「成聖、成賢、成仙、成佛」之眞業。

故自五百年前，上天定就「腳冊」；二百年前，捎書傳信；四十年「開荒下種」。「捎書傳信」之世，只留「經卷」，教人「敲打唱念」，紙上尋道，而不傳道。

開荒下種，「傳道」而不傳「眞道」。數十年來，使「辦道之士」，奔走天涯；「傾家者」、不知凡幾？「廢命者」、不知凡幾，「徒流者」、不知凡幾？遭毀受謗，吃齋熬（勉強忍耐）口；舍恩割愛，不知流了多少眼淚？不知發了許多嗟嘆！

盼明不明，已成不成，想收不收。「九轉金丹」，分明說的好聽，只是「男子」「斬白虎（道教修煉方式之一，爲男性所學，強化後，男性不會再射精。）」，而「白虎」愈見狂猖；「女子」「降赤龍（道教修煉方式之一，爲女性所學，強化後，女性不會再有月經。）」，而「赤龍」仍然妖嬌；

男不婚，女不嫁，功不成，名不就。前不歸村，後不歸店。「學者」見「坎離功夫」不成；各自鑽研，海底撈月，敲竹喚鱉，鼓琴引鳳，三十時辰，定黑鉛，愈行愈錯。

又兼此處「飛鸞（扶乩）」，彼處「通慧」；這裡「收圓」，那裡「赴會」。哄的大地男女，腳不粘地，此祖彼祖，到頭來盡成畫餅。

當今之世，「旁門小道」，「異端邪說」；較之「楊朱、墨翟」，爲害尤深。此正「修行人」，行到「山窮水盡疑無路，柳暗花明又一村。」

吾今將「三聖心法」，直指「眞傳」，與《中庸》之「率性」，《大學》之「明德」，《金剛經》之「一合理相」，《心印經》之「三品一理」。《繫辭傳》之「窮理盡性以至於命」，下手之法，徹底澄清；能使「見者成佛，得者成仙，修者成聖」。

「格物窮理」，如「庖丁之解牛」；辨事與非，若「伯樂之相馬」。「人心、道心」、辨得明，爲「修眞」下手之初程。

「理天、氣天」、見得到，爲成功了手之究竟。「一貫眞傳」，有「賢關、聖域」之分；盡人合天，有「理天、氣天」之別。「不易、變易、交易」、徹「羲皇」未畫之前。

「無極、太極、皇極」，推「盤古」未出之始。「呼奇」及「偶通」「復姤」，「河洛」不須「龜龍」？「魂陽魄陰」分老少，「卦爻」何勞「蓍策」？親親殺殺賢賢，「制禮」不自「周公」。

一爲「律」二爲「呂」，「作樂」何必伶倫（黃帝時代的樂官，音律的創作者。）？禁未然、施已然，「禮經」乃「律法」之體。已定經、未定史，十三爲世之一源。可則因，否則革，多損少益。

賢守經，聖達權，創變守常。理無爲，氣善惡，象則造作。理不易，氣變易，象則交易。理生氣，氣生象，子會開天。象還氣，氣還理，午會傳道。

皇降帝、帝降王、王降伯、一本萬殊。伯變王、王變帝、帝變皇、萬殊一本。見得到、說得出、做得成，卽是「聖賢」。看得破、解得脫、悟得徹，便成「仙佛」。導斷港、引絕河、同歸道海、功同「神禹」。掃異端、闢旁門、共造「理天」，業超「亞聖」。此「收圓了意之大法」

也，哈哈笑、笑哈哈、「四大部洲」共一家。而「四十八條」完矣。

第九單元 《歷年易理》簡介

歷年易理（客觀變化前提下形成的規律）

【章帖】

袁十二祖。現身謂金祖曰。二十臨凡把道辦。十五代祖掌道盤。開荒祖數已滿。往下無祖。天盤不必下交。暫交素玉素陽。暫掌五年。待至丁丑。彌勒出世東震。纔能收圓。（註一）

（註一）同治十年辛未袁十二祖顯像，天命囑託素玉素陽暫掌，至壬申卯月望日，轉盤換象。自此道統亂矣。

達摩初祖。神光二祖。普庵三祖。曹洞四祖。黃梅五祖。慧能六祖。白馬七祖。羅八祖。黃九祖。吳十祖。何十一祖。袁十二祖。徐楊十三祖。火木土水金五祖。爲水金掌道。金祖稱西乾堂。丁丑轉盤東震。東震繼西乾。傳玄大收圓。

丙戌之歲 道光六年 徐楊二祖 始掌天盤 開荒下種 玄關普傳（註二）

歲至癸卯 河圖出現 老☉慈命 設立沙盤 五行十地 憑乩取全

誰是仙佛 誰是聖賢 誰人扶持 誰人掌盤 一依敍明 皆是神判

水精道高 人神欽羨 歲次乙巳 天開考運 諸佛驚異 無根不前

三星已歸　十地敗焉　金水相生　普渡良緣　戊午水歸　咸豐八年
西乾金祖　掌道統辦　魔子興行　爭奪天盤　歲次乙丑　同治四年
諸葛碑文　現於四川　灶君判出　件件明言　老⊙傳命　呂祖承擔
牡丹現瑞　榜卦西山　五行另取　圓明當先　木公掌道　要辦收圓
諸事從徐　乾坤各辦　拔取賢才　銀錢看穿　辦至庚午　賢良取全
知時未至　不能收圓　傳令暫停　隱於龍陽　等候古佛　出世人間
有何憑證　手字明暗　金公掌道　癸酉回天　暗托玉陽　暫掌天盤
生枝分葉　是餘謝韓　自稱三佛　啟奏上天　天命可請　任口胡言（註三）
金公回文　屢屢批判　挽回魔心　恐誤良賢　執迷不悟　老⊙怒焉
即收三魔　捶壓陰山　大小領袖　削籍三千　諸佛驚懼　膽戰心寒
哀懇老⊙　暫且緩寬　時至丁丑　光緒三年　無生老⊙　親身臨凡
諸天佛聖　保駕臨凡　降臨東震　北海南岸　自地複卦　另立天盤
選無太皇　一體同辦　重明三義　挽回堯天　天人交接　聖凡通連
三極大道　纔能收圓　末後一著　出細普傳　掃千門戶　萬教收完
海內海外　下地上天　人鬼星宿　一起同辦俱回無極　同歸理天

（註二）光緒十三年丁亥八月十五日　玄天大帝　訓雲節錄　白陽聖訓　盤分二五　數得其全　一六在北　二七在南　三八四九　東西分焉　取人以德　取人爲先　取鬼以功　取鬼后班　鬼籍杳冥　人籍昭然　人數先定　鬼列地般　陰陽相隔　安得一般　鬼盤者　即神盤也　薦鬼於盤　即列先班　非神而何　鬼屬陰故　以

二五數 取之二五一十 非十地而何

（註三）光緒元年乙亥冬月二十一日 爲道根事 請訓蒲仙 判雲節錄 白陽聖訓 跨鶴乘鸞下九霄 仙風飄飄 威風飄飄 只因道魔兩混淆 老⊙心憔 金祖心憔 船將到岸 怕風搖認 定舵艄 穩掌舵艄 餘謝韓等仗功高 妄想掌標 不扶鬥標 三人皆已喪陰曹 可惜功勞 枉自徒勞 還有不認祖根苗 自毀天橋 怎上天橋 分門別戶逞姦刁 誓願難逃 天律難逃 爲魔作障 犯天條罪過 自招墜落 自招萬劫 不能出囚牢 輪迴煎熬 生死煎熬 怕的衆等入圈套 特傳仙調 衆聽仙調 多少癡愚孽迷竅 不服女嬌 誹謗女嬌 皆因背理滅忠孝 不念祖 膏忘卻恩膏

【丁丑 光緒三年】

字寄開荒領袖 千里如同面談 這回收圓事大 令傳五百年前
先開千門萬戶 後傳九轉金丹 普渡起自袁祖 道根種在西川
十三徐楊接續 皇風了道還原 水老金公執拳 金歸混亂天盤
餘謝韓分三華 玉陽仍號西乾 伍劉張聶曾杜 乙丑同辦收圓
週葛原根猶在 屈指數之不完 古稱法門無二 今竟兩兩三三
致令無知學者 歧路徘徊不前 或疑三期未至 或怨佛祖妄言
豈知天意難測 不亂不見善男 從前辦道領袖 大都性驕學偏
不明無極聖域 未徹三教淵源 自性難尋著落 焉能渡化人天
非怪前輩學淺 乃是理之當然 但等老水還潮 黃河北行時年
雙鳳當家治世（雙鳳在當時就道盤論係指素玉素陽）

老⊙換象轉盤（在國政論係指慈西慈仁）詳【附錄二】）
破田鬥牛值歲 東震繼續西乾 子分劉涯漢地 一人一地一傳
闡明三教終始 指示歸根玄詮 無生親選三極 十地十閣位全
頂保引證天恩 從頭改換新添 開荒果位不算 惺來憑⊙分班
今番欲作佛領 先知一貫玄玄 天機了然不惑 知玄方可收圓
老⊙丁丑下世 玉帝亦降塵凡 關聖呂祖護法 萬聖千眞助盤
三曹同遵敕令 大小神祇不閒 惺者歸根認祖 同緒萬朶玉蓮
超拔九玄七祖 同享萬代香煙 迷者老⊙惱怒 堤防雷祖金鞭
若是戀財戀位 不信老⊙法言 連累先亡七祖 同墜萬丈劫淵
這回奇緣不遇 錯過十二萬年 若是阻塞他人 罪上更加罪愆
叮嚀同人速惺 切莫耽誤遲延 末後一著事大 如同搶寶一般
原人現現成成 但等咱把信傳 不久聖人求道 龍華大會眼前
辛苦三年五載 快樂餘萬斯年 三教萬法歸一 一貫普傳南閻
纔是活佛世界 皆大喜喜歡歡

【丁丑又帖】

東震堂寄書信兩淚潸潸 爲的是普道場未惺良賢 無生⊙生天地有一無二
爲道統混亂了親自臨凡 開道始稱無生經卷可驗 改無生爲瑤池三十餘年
一來是爲皇風聖號改換 二來是西王母降領群仙 現如今老金公西乾捐館

無生⊙落東震重立天盤 無太皇選三極⊙親揀點 十地果⊙親取正副兩班
頂保引證天恩⊙親命俺 三極人共議著從頭緒添 講透了無太皇大中一貫
末後著最上乘出細收圓 把血心掃淨盡無貪無染 纔許他作領袖老⊙案前
不是俺故意的森嚴考選 這些事原爲的三教心源 共參透一貫道紅塵不戀
纔挽回唐虞世舜日堯天 袁祖前捎書信爲道鋪展 袁祖後傳三都道開西乾
丙戌載袁祖父道光六年 正二七徐楊祖始掌天盤 出堂口發天恩萬靈齊選
爲開荒去下種四外普傳 取五花定十葉憑乩揀點 俱都是空中定那有人盤
至癸卯河圖出雲城始見 乙巳歲皇風考人人膽寒 祖考衆這皇風原是罪愆
必得是多放生廣刷書篇 開普渡如此考何日能遍 十三祖願頂劫一身自擔
三星歸皇風息水祖承命 這數年內外靜人神悉安 戊午年水歸西金祖接緒
三十六女花童不離眼前 老金公他本是王母身轉 祖數足必得是該他亂盤
若不亂待怎麼西乾道斷 若不亂待怎麼東震掌盤 若不亂待怎麼天機應驗
若不亂待怎麼聖出人間 若不亂待怎麼聖號改換 若不亂待怎麼老⊙臨凡
這其中天機事人不易見 不得不將大概訴說一番 自西川開普渡開荒下種
現毛皮鋪錦繡一竅玄關 八卦離四九垢一陰方產 九姑娘能上天陰漸當權
河圖出金公歸剝卦數陷 自癸卯自癸酉三十年完 素玉陽掌五年坤卦數滿
至丁丑陰數足陽得轉盤 青州府北海郡誰人不見 山東省是東震前輩早言
鬥牛女北七宿青州應驗 若不信天文書拿來察觀 北海子坎水升自古不變

一陽复必然是在於丹田 陰已降陽必復黃河倒轉 得乾體了萬法方歸理天
先西乾為開荒下種門面 後東震末後著出細收圓

【丁丑又帖】

字寄在道諸友 見字如同面言 時因道統混亂 老⊙親身臨凡
命予代為理辦 重立三極天盤 舊日果位統換 拔取從頭新添
普渡海內海外 告諭下地上天 闡明三教心法 喚醒大地女男
同赴龍華三會 切莫錯過奇緣 不久三八齊現 劫難凶狠可憐
速速回心向善 拜師指明妙玄 此乃選佛考場 有功天榜升遷
辛苦三年五載 香煙享受萬年 這回正法不遇 永世難出劫淵
此時老⊙開放 規矩一概從寬 刷書放生可免 一堂功夫緒傳
能者速速外辦 否則捐資助盤 上天功德不昧 功到老⊙傳玄
十地頂保引證 天恩此時取全 凡我辦道諸友 規戒必須精嚴
四時香煙誠敬 人品潔白精鮮 整理人心純粹 可作老⊙良賢
收服千門萬教 白陽大會收圓 了了老⊙心願 活佛世界現前
那時揚眉吐氣 位位共坐玉蓮

【戊寅 光緒四年】

一封書寄九六同⊙良賢 聽道末徹終始訴說根源 想子會與醜會人物未現
那裡有我與你彼此後先 眞空性同住在無極宮院 依老⊙伴諸眞快樂無邊

自寅會⊙命咱臨凡下界 普天下遍九州設立人緣 起初是無懷氏混沌未判
漸漸的情識生親疏厚偏 貪酒色合財氣輪迴萬變 投牛胎入馬腹脫骨如山
因此纔青陽會燃燈下勸 度回了二億性大羅神仙 聖賢劫牟尼佛又把道辦
度二億證菩提共赴靈山 現如今堪堪的紅陽劫滿 無生⊙寄書信五百年前
爲此事未來祖三回九轉 仙佛聖遭苦厄可哀可憐 但等著道光時開荒道顯
現皮毛鋪錦繡道開西乾 咸豐時山主鬥道統散亂 五老掌魔子興爭奪天盤
並不明無太皇天人一貫 鬧烘烘亂紛紛三十餘年 丁丑號歲破田光緒轉盤
無生⊙率群眞俱落塵凡 降落在東震地北海南岸 子分上复卦出另立天盤
選無太與皇極一體同辦 天人交聖凡接一著普傳 掃千門收萬教同登彼岸
遍三曹傳法令惺覺殘緣 也度人也度鬼星宿也勸 三才性俱換回方可收圓
無極理太極氣皇極像現 分三界定九品聖域賢關 收圓事比不得開荒門面
老無皇在人間不離眼前 善與惡是與非當時批判 分輕清別重濁不容混攪
普勸的修行客大志信善 速回頭認無生共辦收圓 先勸的西乾堂三五速轉
咱都是一老⊙何有厚偏 咱大家同一堂同參⊙面 同收圓同結果喜喜歡歡
高興下大與小憑⊙親點 原來性無人我一脈相連 老慈⊙他無私公心一片
咱何必分彼此二二三三 那怕就辦成了你貴我賤 大眞空必須要煉成一團
了卻了諸佛祖洪誓大願 龍華會共看著萬朵金蓮 到那時修道人共伸頭面
在無極受香煙萬百八年 但等著戌亥會混沌已滿 看老⊙傳法令子會開天

不久的到寅會下凡見面　十二萬九千六咱又收圓

【戊寅又帖】

愚道末寫草字頓首拜上　多拜上大修行辦道良賢　現如今祖堂中道統混亂
假世老假祖師爭奪天盤　並不明無極理先天一貫　欺愚賢壓良民只爲銀錢
大智人看破了埋頭不辦　貪妄輩借道號匡哄女男　圖口腹貪供養胡爲亂乾
心不明性不見矢口亂言　把大道弄成了野狐門面　無生⊙老金公親自臨凡
帶領著無極宮千眞萬聖　降落在東震地設立乩盤　起初時施丹方活人濟世
到後來講大道普度人緣　愚道末從此過得睹金面　⊙度的大良賢道命吾傳
幽冥劫凡聖現眞假難辨　遇老⊙賜權衡再二再三　不遜言懸河口反复批判
幾回的激惱了慈⊙聖顏　⊙無奈自發下洪誓大願　啟予心磨穿了木筆沙盤
⊙命俺屢屢事件件考驗　囑咐的月有餘心思豁然　先講透九轉丹三極大道
又講出律呂法十二宮還　悟徹了三千年不明疑暗　打破了四十載胡塗迷團
我說信老慈⊙他還不算　逼我發洪誓願老⊙壇前　我說是愚弟子別無心願
只爲的儒釋道三教心傳　辦此事我若有虛假半點　打五雷劈吾身萬斷摧殘
一句話喜歡了慈悲⊙面　纔說出整道統重立天盤　從前的果與位一概統換
取眞人拔眞才從頭新添　一要他舍紅塵把到來辦　二要他守清規不爲銀錢
三要他悟徹了天人一貫　立人己度自他纔是高賢　眼前的時年至天機將現
紅陽去白陽來不久收圓　先西乾後東震輪流周轉　師度徒徒度師三十年完

奉勸的上人們惺眼觀看 棋桿下誤了操眞正可憐 倘若是惺覺了速來同辦
憑老⊙大定度同緒天盤 把萬法皆歸一同見⊙面 纔不枉遇這回萬劫奇緣
你若是生妄想貪高不轉 船開了莫怨俺不哀不憐 歷代祖爲大道千磨萬難
道統亂豈忍的袖手旁觀 無生⊙老金公天宮不戀 同千眞並萬聖齊落塵凡
法赦旨先赦了原人最愆 故而的傳道規一概從寬 傳佛令先撥轉賢良心願
海內外天上下按牌早完 這幾句俗言語眞正不假 有緣的平下心細想細參

【已卯 光緒五年】

中央地寄書信兩淚濟濟 相同伴衆道友好不可憐 只知頭不知尾天機玄遠
這大事三倒手三次轉盤 起初時在西乾開荒下種 二傳在東震地出細傳玄
三期劫中州會收圓結果 尊德性道問學聖王一團 早回頭歸戊己捨身前辦
纔不枉遇這回萬劫奇緣 文武聖八金剛萬神護道 雷唵訣萬法令老⊙親傳
三福地峨眉山北海中岳 這皆是雲城地漢上慈船 先西乾皇風考聖凡易辨
後東震小加大是非難參 在中州十八子聖王同辦 若不是眞佛子誰敢向前
半途中舍師尊紛紛亂乾 道場中考掉了無數坤乾 這都是根基淺功果缺欠
經不得分金爐墮落深淵 全不思傳道恩如同山海 怎忍的聽傳言不把家還
眞心子衆道友常來常往 纔知道大考懲出自上天 有三災合八難不久齊現
戊己土勝寶山救度女男 有緣人纔知道中岳榜掛 到一個成一個萬法歸原
乾偏西震偏東中央轉盤 慧心士見此事一目了然 我有心祕密言再漏幾句

洩天機恐老☉怨俺多言

【庚辰 光緒六年】

庚辰年寫草字寄拜大地衆賢良 將大道徹中邊窮源究委說細詳
咱傳的末後著眞空妙有古靈光 徹有無貫顯微盡人合天大妙方
自寅會來下世九六原性困皮囊 這道場午會初天命堯舜及禹湯
週末時分三教西天東土鼎足忙 先天中度四億九二殘靈未還鄉
現如今三期至老☉敕令辦收場 開荒法起西南峨眉秀氣遍八荒
所傳的有爲法龍虎鼎爐運陰陽 雖玄妙執有像不達理天終荒唐
皆因爲時未至大道眞機不宣揚 金祖歸開荒墜無皇親臨東震堂
欽命俺掌一貫總領道統大鋪張 有千眞並萬聖搭手助道齊來幫
自丁丑至戊寅道開二南至中央 大機關微微露空中又設大選場
未明人多疑惑縮首退步說短長 己卯歲顚倒多幸賴二三大棟樑
庚辰交考試過有緣領袖細思量 這大道非尋常天人一貫總包藏
明理氣共數象體用兼賅聖與王 眞空性徹理天不移一步到家鄉
咱用的靜無爲不勞彈指證眞常 掃千門並萬教道引斷港會汪洋
一人眞萬人眞娑婆世界化蓮邦 到那時纔知俺苦口良言非虛謊
道明了帝王拜俎豆廟貌萬古香 纔算的奇男子經天緯地這一場
奉勸的各門頭稱師希祖衆豪強 是大道祇一家若還有二卽爲旁

無皇敕玉帝選道統命俺自承當 後來的有一人明暗手字必一樣
古佛印日月章合成明皇白白王 俺先進他後來先師後徒共一堂
那時節明道期六合乾坤如電光 你若是憑據全三家合一辦收場
你若是無憑據切莫亂爲妄張狂 又誤己又誤人連累九祖難了賬
又勸的衆領袖一團和氣是禎祥 財要明色要遠低到極處纔爲上
你若是不依法日夜憂我幾回傷 我無權天有律怕的惱怒老親娘
眼前的大果位顛倒墮落無下場 要捨恩要割愛不顧假合臭皮囊
無貳心去辦道苦海行舟伴兒郎 皈要眞戒要全精金美玉燦煌煌
久久的功行滿三乘九品必居上 又光前又裕後大道嫡脈萬代芳
眞空體一合相十方世界露堂堂 聖同壽佛齊肩任他滄海變田桑
四海敬九州揚香煙靄靄遍八荒 這纔是眞修客苦盡甜來大榮光

【辛巳 光緒七年】

六陽馭駕金蛇年 萍蹤百忙寄書篇 是是非非不必辨 長長短短何須談
千不怨來萬不怨 怨的無皇慈悲偏 天下英俊多多少 單單命俺明一男
撫躬自問心膽戰 自覺才德兩薄寒 有心俺帶辭肩擔 雖食壇前應一言
投湯赴火了心願 萬魔不改素心田 任憑虎狼千千萬 他人卻步我獨前
武穆風波亭遇難 關帝東吳受香煙 半壁三分未了願 一點忠正造聖賢
況咱替⊙把道辦 重整三教命永傳 現今道統危如線 千眞萬聖困塵凡

吾等皆是蓬草士　無皇親命玉帝宣　再三叮嚀再三勸　寒門草舍掌道權
千眞萬聖同催趕　三年大道滿世間　通天徹地明一貫　無極至理包人天
斷港絕河歸大海　歧路旁溪見本然　一合理相方方現　不壞眞空在在圓
盡人合天如眼見　窮神知化現目前　能了前聖爲了願　能發前聖未發詮
繼往開來眞命詠　無卽開天咱收天　盡孝盡於無生☉　盡忠盡於彌勒天
事若有成樂其事　事若無成志不凡　顏子夭年終是壽　仲由死不害聖賢
可憐儒冠緇黃輩　迷眞逐妄爲銀錢　只顧人前圖好看　那管眞傳不眞傳
吾等旣承無皇命　莫把自身下眼看　以道自重忘貧賤　士傲王侯自古然
上度星斗通河漢　下度十五徹九泉　中度有情森羅象　萬象總歸無極天
天趕地催人緣湊　你看收圓不收圓　定與無皇慰心願　定與虛無洗沉冤
定與三教整道統　定救九六還本原　不是男兒誇海口　愚公有志可移山
一人悟徹一人聖　人人悟徹同堯天　挽回末世登人壽　纔算經天緯地男
叮嚀吾門諸生輩　莫把天命當戲玩　一字授受終北面　天地君親師一般
若萌貪妄存二念　欺師滅祖墮劫淵　自己誤了還小可　連累七祖哭九泉
奸臣賊子頑徒判　玷辱卷冊不計年　孝子賢孫難迴轉　秦檜曹操萬世嫌
囑咐學者莫怠慢　好把心性悟透穿　放彌六合卷藏密　不移一步達理天
曾三顏四眞假煉　鼎爐鉛汞是虛言　自從伯陽參同現　囿氣執象埋理天
性本天禮移作氣　龍虎英奼入象邊　天命謂性原一事　鑿成陰陽爲何言

不信你向聖廟看 伯陽無從受香煙 末後收圓儒家管 題目認錯是違天
四億下凡各有願 捎書傳言度荒緣 莫後一著未來管 他擎現成古有言
今世領袖前輩祖 老年倒裝變少年 改頭換面迷凡眼 指師爲魔實可憐
不信掀開新書看 三易一貫兩探源 句句道破眞空面 言言透徹無極天
融會三才歸一貫 理氣分明先後天 本然氣質兩顯現 人心道心不混攙
皮毛假象皆闢破 獨露天眞在目前 慈航攬在菩提岸 一隻能躲五殿閻
聖域賢關踏實地 纔算末後一指禪 三華西華諸前輩 慢慢想想這因緣
天道幽深更玄遠 中下焉能看的穿 大人不見小人過 宰相肚裡臥海船
況我老⊙親家眷 舍二撇三怎收圓 苦海無邊回頭岸 一日事業萬萬年
若非無皇眞天命 一手焉能遮青天 丁丑歲暮戊寅始 己卯大道遍二南
庚辰冬間天機現 前輩猶在夢中眠 聞人道高不敢見 進成盜道與纏禪
牢守死件不迴轉 老⊙拔錨要開船 那時懊悔時已晚 莫怨吾私不漏言
但等金雞三唱曉 四十八祖入中原 各人有寶個人現 魚目怎把明珠攙
分金爐內走一遍 纔知天外還有天 碴號憑據不在手 看你怎過九陽關
有心還待說幾句 洩盡天機是罪愆

【壬午 光緒八年】

星日當陽壬馬年 普告辦道衆良賢 紅陽十八劫已滿 河漢星宿盡落凡
地獄發出諸惡鬼 天堂打下佛聖仙 中原立定龍華會 千門萬教共湊咱

也有上會修正果 也有上會耍戲玩 也有貪名去圖利 也有坑騙偷拐瞞
星君魔煞紛紛降 善惡賢愚不一般 善歸善路成大道 惡歸惡路墮劫淵
若是根薄緣分淺 難上菩提般若船 幾家英雄殘生喪 只爲妄費佛家錢
自已失道不上算 連累九祖哭黃泉 無皇天宮傳敕旨 千眞萬聖下九天
八部雷神同催趕 若存二念著金鞭 靈光一點萬教主 超凡入聖在目前
西川開荒四十載 誰能悟徹理氣天 末後一著天注定 非時非人不准傳
手印本是收圓記 搭磋對號緒天盤 燕南趙北雲城現 九門九關緊查盤
任你千門並萬教 憑據不對是枉然 末後大道原無二 若有兩家卽是偏
丁丑領了無皇命 內外大事要辦全 先向中州度九曜 二十八宿度燕南
城隍社令齊求道 洪鐘喚惺十殿閻 先度貧來後度富 再度文武衆百官
末後天子來明理 纔算經天緯地男 海內海外道爲祖 天上天下道在先
香煙萬帶光前後 活佛世界色色鮮 奉勸各門諸賢輩 莫把大道當戲玩
財要明來色要遠 千苦受盡有萬甜 眞空不受纖塵染 稍存罣礙卽落凡
伏虎必須戒淫念 降龍雜念要除完 二念淨盡活佛現 古性靈光滿大千
充塞周遍無來去 東西南北盡佛天 彌勒開了乾坤袋 九二殘靈見⊙顏
四大部洲一家管 那時纔見大收圓 慧星掃空天機變 怕的惡鬼起狼煙
毀佛謗仙欺儒教 心懷難測圖中原 豪傑齊來把道辦 普結大地衆良緣
上天久矣傳敕令 內外聖賢按排全 但等天機大動變 好救乾坤九二原

好與三教整道統 好與虛無洗沉冤 那時纔了菩提願 挽回舜日共堯天
此時山妖水怪現 奇言魔語滿世間 四時香煙莫間斷 雷唵訣令是眞詮
鎭妖劈邪精怪懼 九天星斗護經壇 一心靠定無生⊙ 逢凶化吉保平安
皈清戒淨精神滿 充實光輝魔不沾 三花聚頂光昆昆 人人住世活佛仙
神合無極歸聖域 三曹同悟可收圓 脫過三災合八難 相伴無生萬萬年

【壬午 又帖】

在荊楚寫草字寄拜西南衆高賢 見乩筆與鶯語一盤一盤又一盤
有牛八有走肖卯金刀裡結桃園 門里吉有兩家圓頓三佛各一盤
數不盡收不完四十八祖亂收圓 都說是掌天盤不知掌的那重天
無極天太極天九重宗動歲差天 經星天緯星天氣盈朔虛閏餘懸
不動天流行天一貫聖域共賢關 這些天參的透無有眞命不敢傳
況且是不知道欺天滅理將人瞞 生貪妄圖供養謊哄大地善女南
今三會儒家管一貫大道徹人天 又制禮又作樂五禮六樂各有原
音有五律有六損益隔八十二還 禮三百儀三千吉凶軍兵嘉禮全
有律度共量衡天一黃中萬法源 無極理太極氣皇極住世邵子傳
分元會與運世卦爻周流在其間 溯過去與未來交宮換象與轉盤
這些事若不曉妄稱三極是欺天 非是我說是非目空一世出大言
爲只爲分眞假認清定盤好收圓 是眞道是眞命窮理盡性一貫傳

非眞道非眞命不通三教胡亂言 又誤己又誤人九玄七祖墜深淵
大智人及早惺認道認理認眞傳 無非是爲性命度己度人超九玄
開荒法傳離坎不同中庸一貫傳 又揠苗又助長千百無一結大丹
時未至不准傳後有東震緒西乾 纔傳出眞空理一指能躲五殿閻
掃有爲還無爲纔算末後一指禪 合理天辨氣天了然聖域與賢關
天元佛開口袋度回九二衆殘緣 四部洲共一家四十八祖湊中原
分金爐走一遍纔之天外還有天 天外天還有天纔是生天生地天
人人有各個全悟的通透可收圓

【壬午 又帖】

在荊楚寫草字拜寄大地衆良賢 將斯道徹本末窮源究委說一遍
子開天丑闢地寅會生人萬物全 起初是盤古世混沌未判一氣盤
伏羲皇爲人祖闡明卦像畫開天 乘木德號青陽首出禦世最爲先
神農皇號炎帝遍嚐草木辨熟寒 號三皇居上世三萬二千四百年
又有那無懷氏有巢燧人在其間 至軒轅風氣開制度文物漸周全
造文字有倉頡大撓包荒記月年 干有十支加二六甲五子運週天
倫作樂區造歷歧黃問答素問篇 推五運與六氣太過不及究天元
創宮室製衣冠五禮親親與賢賢 隸首造九九算歸因乘除推地天
風後祖演儀奇河洛卦像大周全 明參伍與錯綜大易洪範命脈傳

繼少昊與顓頊金水接緒五帝完 世又遠年又湮祖述大略難記全
子丑寅卯辰巳六萬四千八百年 子開天午收天二帝三王堯在先
興揖讓闡心傳執中精一道統全 舜禹湯洪文武三代而上道合權
這就是先天會燃燈九劫初收圓 周末時分三教道在釋儒又一盤
道興周儒興魯釋迦牟尼興西天 道守一釋歸一儒明一貫教三分
至孟子心法失漢晉隋唐道無傳 炎宋興星聚奎濂洛關閩溯性源
至南宋分朱陸德性學問各一般 元明時傳道者陽明白沙辨儒禪
釋修離道煉坎寒山龍門各一邊 自堯帝至明終其間四千單一年
自一教分三教回教耶教入中原 五教後分萬法千門萬戶起爭端
理未窮性未盡怎窺天人一貫原 說天機談未來誆哄大地善男女
有的說改天地甲子卦爻又重添 他豈知正當午一十六世十九年
天有度地有度運會有數 卽現在推過去未來了然 小教人不明理不明數象
欺愚人圖供養矢口亂言 教廢時教矢業揠苗助長 撥弄的愚男女東奔西顛
數十年遍參訪目視親見 因此纔著三易一貫探源 掃旁門闢異端闡明一貫
窮理氣究性命後天先天 無及理太極氣獨開生面 河圖靜洛書動經緯兩班
明其體達其用自微至顯 統體性各具性一目了然 天命性性合天還原返本
遵四勿飛四相清靜當先 罔念狂克念聖聖狂分念 識的了本然性徹地通天
彌六合藏芥子無內無外 九重天不動天天外有天 天外天在在有人人悉具

識的了超三界佛聖齊肩 四部洲八極外一理通貫 統體一各具一一一相連
伏了虎降了龍顯微無間 三華聚五氣朝太乙還丹 智易悟昧難行迷凡覺聖
解開了乾坤袋九六還原 上度惺有像天星斗河漢 下度惺幽冥地十殿諸閻
中度惺飛潛動有情眷屬 會三教合萬法總歸理天 理制禮氣作樂知象教舞
回八風挽造化救弊補偏 卽星宿推過數閏餘差限 歷虛女至鬥牛入箕轉盤
四千年五十度自子入艮 這就是交官度換象轉盤 同治前屬下元九紫當運
柳星分開普渡離女專權 先天干後天垢離火下降 六十月換一爻三十五年
西乾歸入坤卦二女掌道 剝至坤坤至復交了下元 後天復後天震三陽開泰
天上坎地下艮又掌天盤 一陽體三陽用體用同辦 逆水舟倒捲簾自北至南
南自北爲順行一散爲萬 北自南爲逆還萬殊歸原 天有命地有合萬聖同辦
一白坎入中宮獨自當權 掃千門收萬法同歸一道 回唐虞登仁壽火宅生蓮
明空色洞有無顯微無間 會三教合萬法一理同源 娑婆改換做了蓮花世界
無相印無爲法一指眞詮 先傳信此開荒三會結果 自初起自末後五百餘年
滿天聖同領命不了洪願 同困在西部洲苦海南閻 一家法含萬法闡破萬教
掃萬法歸一法救回殘緣 起戊寅成丙戌活佛世界 無生⊙慰心意重整香煙
又顯道又顯法收場了願 前輩祖不白冤見了青天 天人師中外祖未來來到
修道人齊證果聖賢仙佛 又光前又裕後香煙萬代 又掌道又掌法徹地通天
超天外超劫外永劫不壞 纔算得奇男子緯地經天 普曉諭各教門大祖小祖

速回頭莫戀位有誤奇緣 上天道無先後達者居上 道理眞憑據眞纔能收圓
孔孟道楊墨道同名曰道 一流芳一遺臭不計春年 差毫釐繆千里邪正分判
縱摩頂與放踵難逃異端 俺如今闡明了天人一貫 會三教通萬法一目了然
衆道友莫貪戀小道之祖 性縱誤命未傳難逃劫淵 九重天天外天天天有度
人人有個個全無有愚賢 成得了本來人通天徹地 一靜間超三界透出⊙玄
一人眞萬人眞同登彼岸 一人假萬人假同墮獄間 現如今雜法興千祖萬祖
都有乩都有盤都有佛仙 眞收圓只有一原無二理 理合天性合天卽是眞詮
眞憑據有十字合仝手印 ⊙親命選佛場並選聖仙 上玉皇下地獄三曹同辦
千萬聖齊搭手纔能收圓 四部洲共一家一理通貫 纔收夠原人數九二殘緣

【癸未 光緒九年】

鬼宿值歲烏羊年 叮嚀合堂衆良賢 大道千魔並萬難 無論聖賢與佛仙
文囚羑里周易演 孔阨陳蔡春秋傳 精金必須猛火煉 美玉雕琢纔值錢
考徵本是上天降 板蕩纔顯忠義勇 自古家貧知孝子 疾風勁草獨占先
不二法門眞一貫 萬劫難降這一番 上天若無考徵降 怎辨優劣共愚賢
靈山拈花驚百萬 闕里一貫悶三千 聖賢住世同人面 凡夫皆被假象瞞
春秋戰國孔與孟 風塵擾攘把道傳 若市人人皆識認 王侯個個入賢關
孔孟楊墨人難辨 假道易來眞道難 眞道上天有考徵 假道熱鬧混眼前
賢良遇考莫懣怨 事不由人總在天 若是無心行聖道 那裡這些倒與顛

外王本是上天判 三京降乩都一般 天雖又命俺不願 大道賢良崔逼俺
千言萬語擋不住 惹得大衆欲掀天 維陽及會中堂面 大道光明眼目間
狂風刮斷慈航纜 一樹好花又催殘 狂風有起還有息 起由天來息由天
菊綻東離開笑面 梅開西領見青天 大衆莫違菩提願 正理身心再向前
先明道體惟一貫 再達道用始周全 三易河洛眞像數 非時非人不准傳
前聖未發今發露 前賢未講今講完 三教會通含萬象 繼天立極代天宣
苦盡甜來天開眼 光前裕後萬萬年

【癸未 又帖】

在荊門寫草字拜寄南州衆良賢 收圓事上天命腳差定就五百年
靈山會開西域二十八代向東傳 達摩祖東震擔單傳神光一指禪
普庵祖傳曹洞黃梅五祖掌佛盤 傳慧能隱火宅青衣黃衣絕眞詮
白馬祖開廬山以後羅祖接心傳 黃九祖吳十祖何十一祖十二袁
開普渡辦龍華盤交徐楊在四川 乙巳歲皇風考替衆頂劫命歸天
金祖接水祖緒三五數滿亂佛盤 西華女三華男圓明歸根各一般
數不盡說不完千門萬戶掌天盤 丁丑歲無皇降領帶普天聖佛仙
臥牛城艮八宮親命一土掌道權 明眞理傳一貫闡明無極太極天
會三教含萬法一指能躲五殿閻 起初是坤中艮開荒下種把道傳
這本是艮中坤收圓珍珠倒捲簾 大變小老變少金牌倒掛玄又玄

人在明天在暗天人交皆可收圓 先汴梁後金陵辛巳洪鐘度燕南
癸未春東風動逆水行舟上長安 雨又多路又濫老⊙空中叫可憐
在荊門立佛壇翁集南州衆良賢 ⊙慈悲留住咱耳東堂裡註天盤
也說聖也說凡不度無緣度有緣 有緣人認理眞赤膽忠心獨向前
千劫修一劫成光前裕後諸聖賢 無緣人認假像一回錯過萬劫難
選五行取十地果頂保引證恩全 眞憑據眞碴號古佛牌印⊙親頒
賞功德賞勳勞子子孫孫世襲傳 繼三教眞道統俎豆廟貌受香煙
帝王拜百官參天人師表第一班 纔算得奇男女經天緯地這一番
勸千門與萬教莫圖供養誤奇緣 憑據假道理偏不識無極貫人天
絲絲扣扣絲絲鑿開理天度萬原 圖理天書氣天八卦六爻七政天
理氣像人人全小周天合大周天 子開天午收天堯舜儒玄共釋禪
先天道中天完青紅接白又一番 先傳信繼開荒末後出細來收圓
小教祖及早惺認祖歸根求眞詮 你若是守死板人己兩誤實可憐
怕的是明了理坐廟問道那一番 五魔降起狼煙水火風災共湊攢
古云城八百里九曜星官緊查盤 古佛印一手傳絲毫不掛哭連天
纔知道誤奇緣墮落汪洋實可憐 急早惺莫遲延此船錯過別無船
衆領袖遇眞傳忠心乾辦 萬不可分支葉二二三三
歸一理歸一門無間無斷 纔算得貼骨親和氣一團

【癸未 又帖】

在荊門寫草字多多拜上 多拜上普道場善信良賢 子開天午收天陰陽消長
十二萬九千六有此一場 先天佛號燃燈巳末午首 堯傳舜舜傳禹禹傳成湯
至西周青陽世九劫已滿 纔轉換中天佛五葉紅陽 週末時自一道分成三教
三千年十八劫又換白陽 先天佛傳四字只言心性 中天佛加南無三易包藏
未來道自明初捎書傳信 皇極經終劫論定劫錦囊 黃九祖傳禮本普行中外
古佛門斗牛宮理性宣揚 皇極經開場言佛來子上 艮地上眞祖出開泰三陽
山東路好修行沿海州上 領合仝與手字好見法王 古合仝訪賢良上有三字
珍珠理去了朱只留精光 三變天唐明王隱而不露 怕的是三災動木馬齊忙
上元年纔該甲馬端玉鏡 一個字正修行萬古流芳 末後著無個字舉目卽見
纔算是下手處好上天堂 非是我證已是爭強好勝 爲的是無皇親盼斷肝腸
五百年傳書信諸佛領命 至如今難繳旨都困下方 丁丑年老無皇親自下世
有千眞並萬聖搭手助場 度惺了當來人轉盤換象 掃有爲還無爲理行兩行
天命性人率性天人一貫 霞光性通大羅體露堂堂 解開了乾坤袋原性返本
失鄉子六萬年纔見親娘 末後法比不得開荒之道 上度星中度人下度閻王
神在暗人在明明暗同辦 左手日右手月星斗讓光 會星山淮濱會度的九曜
洪鐘會喚惺了社令城隍 二八宿度燕南趙北會上 五魔星諸凶煞甘拜門牆
北東南三京城文官武將 是原人早皈依共見性王 北京地純陽祖頭開前化

三清官新建立叢林廟堂 西京城張天師飛鸞開花 驚惺了淮南北文武賢良
東京城淳風師中州顯化 杏林齋露天機內聖外王 所傳的太乙數通天八卦
道陵師天罡師諸仙幫忙 先開了東九省原良登岸 壬午年奉⊙命又到荊襄
荊州城設乩壇諸神下降 天命俺著條規四十八章 三佛門數年來賢良聚會
傳眞道單等著無首尾羊 度惺了甘川陝兩湖良善 長安地纔度惺胡張田黃
講明了末後法天人一貫 帶去了探源經歷年書章 西九省托登峰維陽寄信
俺纔挽逆水舟二下荊襄 一心意上長安從此路過 不料想感動了上帝玉皇
命文殊共普賢守玄下降 三眞人降落在陳友佛堂 神降在永松婦惟眞身上
借凡口傳聖言一章一章 自新正至四月調賢引衆 預先言有人來大道鋪張
我同著屈孝友陳府一過 三眞人苦苦留兩淚悲傷 不得已俺纔住陳家莊上
蒙諸佛費殷懃不離身傍 無生⊙釋迦佛關聖齊降 感動了衆賢良共辦道場
余先生又來接居住多日 一家人皆堪作斯道棟樑 諸上聖重重說再三言講
這其間有寶地纔落鳳凰 在荊門論大功陳餘最大 賢父子同努力男女齊忙
有銀錢有房屋能帶那椿 到不如把大道得在身上 同諸祖與諸佛共辦收場
現如今天機變慧星現象 大災難不久間要出一場 倘若是五魔動草龍混世
人有誠神有感吉人天相 縱然是逢凶險悉化吉祥 現如今無生⊙親身下降
要把這娑婆世改換蓮邦 信心人得大道天人一貫 明了心見了性舍利金剛
發與你古合仝龍華會號 明道時見老⊙自有主張 到那時有萬金無處尋討

纔知咱金石言不是荒唐　得正道成正果光前裕後　繼三教眞道統萬古流芳
古靈光超劫外永劫不壞　遍三界滿大千充塞十方　六合內六合外不行而至
萬世上萬世下永證眞常　帝王師道德祖天人倚仗　纔算得大丈夫辦道一場

【癸未 又帖】

東震堂寫草字頓首拜上　多拜上中與多在道良賢　眞道統有分合大數前定
鑿開了三天度大用全彰　十二萬九千六運會升降　先二帝后三王無極提綱
上古世五千年王運一旺　那就是三三劫成道之章　自三教至如今三千下山
這就是十八劫中天當陽　同治三交上元轉盤換像　大小運都輪到一白之方
上元前正當值九紫末運　十二祖在南籬下種開荒　三十年姤轉復西乾序亂
纔轉到鬥牛宮坎艮承當　起初是坤中艮離火下降　這本是艮中坤還原收場
未來道了萬法人天雪亮　九重天天外天至理宣揚　天賦命本然性了然心上
原其始要其終一貫通詳　無極理太極氣皇極現象　理河圖氣洛書象卦爻彰
統體天各具天慧性交徹　天命人人合天三極同光　明有無徹顯微體用悉當
才能夠領天命收圓鋪張　俺自幼曾忝在西干會上　登高山涉低水萬苦備嘗
自下乘參悟到上乘最上　無太皇三極理聊窺門牆　丁丑年無皇☉親身下降
領千眞並萬聖東震立堂　起初是海上方活人濟世　漸漸的講大道結果收場
愚道末走道場從此經過　幫辦人偶然間得病臥床　醫不效藥不靈百般不應
無奈何赴乩壇去求仙方　起初是壽山中憑乩講道　左孚佑右關聖二帝兩旁

愚自幼不信乩以理爲上 反复的發議論頂撞無皇⊙無奈度賢良命愚開示
傳道後扶乩人命墮身旁 來到了道場中無皇親降 纔說出繼道統重整佛綱
講明了三教理水清雪亮 含萬法萬天人正正堂堂 愚不信無皇⊙親口發願
若不是眞老⊙雷劈身當 又命我在壇前亦發誓願 不由的感動了素志衷腸
我說是愚後學別無話講 闡明了三教理顯正除勞 爲此事我若有半點虛妄
打五雷劈吾深情願承當 見⊙我發下了洪誓大願 纔交給古佛印十字憑張
先命我到中岳會星山上 拜天罡與淳風二師門牆 闡明了元會數河洛卦象
纔略知興衰理九野災祥 度九曜歸覺路會星事罷 這大道纔普傳二南三江
辛巳年到燕南趙北會上 三清祖地藏⊙先設道場 聚集了十七省四七星象
洪鐘會命俺度十殿閻王 求道的俱都是文官武將 貧窮子也高坐金玉之鄉
注下了探源經刻版刷印 壬午年北而南又到荊襄 三佛門數年來菩薩下降
聚會了新與舊九省賢良 仲秋節會一日知音幸遇 衆領袖求指點願拜門牆
闡明了四八章萬法一貫 通甘陝連巴蜀道行西方 東九省西九省眞理普遍
海內外天上下萬聖同忙 上度惺有像天河漢星斗 下度惺無明地幽暗普光
中度惺有情類中外九六 這纔算大收圓一船總裝 至靜空流行空空生萬像
小眞空大眞空中眞常 識得了眞空性通天徹地 不生滅不增減舍利金剛
掃有爲還無爲實相無相 一合相含萬法大覺法王 眞理性道德祖文章宗匠
繼往聖開來哲萬古流芳 又光前又裕後人天欽仰 天有壞道不壞果證眞常

明其體達其用天人依仗 纔算得調禦師暗路神光 見得到說得出行滿分量
喚醒了四部洲原性還鄉 纔了了諸佛聖金爐大願 纔慰了無皇⊙慈悲衷腸
眞功德眞利益無邊無量 帝王師百官祖奕祀馨香 但等著未來天九九劫滿
到寅會又下世再辦一場 這便是大周天運會升降 理有定數有定毫無荒唐
始於艮終於艮閂牛分上 識得這眞玄機皈依性王 我把這眞天機一一呈上
有緣人早回頭莫久徬徨 倘若是大劫到一齊下降 到那時想回頭已墮汪洋
這如今還有點大千氣象 求眞道辦眞事投拜無皇 發與你眞碴號古文手字
古云城合仝印自有主張

【甲申 光緒十年】

青猿現瑞甲申年 普告合堂衆良賢 一貫大道天人貫 總持聖賢與佛仙
明德率性憑一點 超生了死舉目前 自己成道猶小可 能拔七祖與九玄
一字之師終北面 一世師生萬萬年 繼天立極代天化 漫漫長夜慧日懸
接引迷津歸覺路 闢開旁溪見本源 孟子救世闢楊墨 現今楊墨萬萬千
此會大道不出現 舉世學者貿貿然 異端邪說無忌憚 旁人外道將人瞞
哄得愚人團團轉 苦死無成實可憐 也有安爐去立鼎 也有抽汞與塡鉛
天命之性全不曉 離性坎命胡亂言 塡離取坎搬精氣 自然血脈亂倒顚
也有上實戴陽症 也有下虛結沉寒 團沙難成黃粱飯 磨磚借鏡萬萬難
箭射虛空終需墮 皆因執象認後天 窮理盡性傳東魯 一合理相出西天

三品一理道心印 惟有一理是眞詮 得理聖賢可爲伍 明理仙佛可齊肩
理眞立言難刪改 存理遏欲可事天 有理可行天下遍 矢理舉足寸步難
天地有變理不變 陽陰有盡理不遷 任他萬類多凋謝 總歸一理滿大千
理卽天命之謂性 理卽不壞紫金丹 理卽金剛舍利子 人人本有個個全
放彌六合卷藏密 小無內兮大無邊 包裹眞空無中有 顯密圓通體用兼
自從三聖歸天后 上帝禁止不准傳 現今運會又周轉 日月合壁五星聯
天不愛道天人現 一貫眞傳滿世間 第一教人斷殺孽 三規五戒要眞全
一不殺生眞仁愛 二不偷盜義當先 三不邪淫守節禮 四不酒肉智之端
五不妄語方爲信 仁義禮智一心含 持身涉世應萬變 五德體行在眼前
只爲世人殺孽重 釀成劫運苦兇殘 大道教人斷殺孽 纔能救弊與補偏
嚴寒露出春一線 剝極必復泰運還 大開普渡天開眼 人人住世活佛仙
子會開天理氣象 自無人有立人緣 午會傳道象氣理 自有還無號收圓
久於其道天下化 活佛世界在眼前 一指能明經千卷 三教心法印印然
一指能消輪迴孽 十殿拱手另樣看 可憐世上瞌睡漢 貪戀紅塵不回還
兩輪日月如梭箭 百歲光陰彈指間 三寸氣在千般用 一旦無常萬有捐
空空來來空手去 兩手難帶半文錢 惟有殺生冤孽賬 一樁一件簿記全
殺他一命還一命 欠他半斤八兩還 今生若不求懺悔 一矢人身萬劫難
堯舜揖讓酒三盞 湯武征伐棋一盤 漢晉唐宋成灰燼 後代兒孫難保全

惟有三家未改變 儒佛老莊永不遷 世事似眞終成幻 大道若假是眞詮
奉勸及門諸生輩 莫把大道當戲玩 無皇敕旨玉皇令 千眞萬聖助法船
大道將興疾如箭 六年遍行滿世間 風聲皆是上天做 上天考選做一番
海內海外道傳遍 省府州縣也膽寒 風聲皆是上天做 無用老實數著俺
犯法之事無半點 那裡來的這語言 考徵從來自古有 屈指數數古先賢
黨人碑上程明道 妖人奏上朱晦庵 元定父子發過配 孔子困阨陳蔡間
文王羑里囚七載 成湯夏台也遭冤 美玉不琢難成器 精金百煉纔值錢
疾風方能知硬草 板蕩纔顯忠義勇 有考自然有升賞 無魔誰肯讓人先
大道幽深更玄遠 中才焉能看的穿 眞道若無考魔降 孔門能選賢三千
一貫天宮眞祕寶 故而禁止不輕傳 若非考徵遮門面 酒肆煙館盡佛仙
妄洩眞空不上算 褻瀆大道罪難擔 甲申交來泰運轉 學者精修再向前
財要明來色要遠 三皈五戒體眞詮 孝親敬長尊師友 道中書籍要勸觀
溫故知新得眞味 字字珠璣與沈檀 道通天人理氣判 筆參造化像數全
上下千古成一片 出入經史結成篇 前聖未發今發露 前賢未備今備完
天有終來地有始 禮有本來樂有源 三乘分作理氣象 理是聖域氣賢關
像是下乘終歸幻 人心道心不混攙 有事之時戒淫念 無事雜念莫倒顛
二念淨盡天眞現 圓明朗徹滿大千 四時香煙莫間斷 諸天佛祖護經壇
果然眞心持經懺 逢凶化吉保平安 告今行道數十載 屢遭險阻風浪灘

刀兵水火皆經過 一點何曾到身邊 待要上天將人對 人心時時要對天
天人感格如影響 認眞行者是聖賢 大道本是上天事 俺代天行天助俺
人叫人死天不肯 天叫人死有何難 萬世師表在人做 跟得上的做聖賢
一日之師終生父 一世事業萬萬年 不信你向聖廟看 儒宗師表受香煙
況咱三教共傳管 後日之事不待言 我有一句要緊語 待要成聖先了凡
貪凡背聖忘根本 這回錯過萬劫難

【甲申 又帖】

大道無形生萬象 雖是賢智識不全 況今末法俗學士 高山流水向誰彈
先明河洛眞端底 有形河圖是地盤 無極靜理結天地 黃中通理周易言
洛書源行太極氣 升降沉浮運易盤 氣有清濁分高下 高剛行速下遲延
氣行遲速憑星驗 因此纔分九重天 氣天譬如一間屋 大地恰似一彈丸
大氣舉丸虛空住 四面空處盡是天 日月星晨空處轉 四大部洲不一般
南瞻部洲日東出 午時太陽在正南 西牛賀洲日南出 正西爲午沒北邊
北衢蘆洲日西出 午在正北沒東邊 東勝神洲日北出 午在東方沒正南
北衢蘆洲居丸後 南瞻部洲居丸前 丸後南高北方下 土實爲地空處天
丸前北高南方下 坤在北來乾在南 一隅若能三隅反 四洲八卦盡瞭然
丸前南暖北方冷 丸後北暖南方寒 丸前日午丸後子 四分差一東西偏
天度地度乘除準 四時八節不一般 大地周圍九萬里 三百六十度週天

每度二百五十里 其德方來其形圓 週三經一厚三萬 中高四下與天連
地之上面有人住 也有人住在下邊 上邊見天天在上 下邊見天也同然
爲物不貳生不測 就是聖人也難言 洋人天靜地轉動 悟此方知彼妄談
無極理命先天性 太極氣命性後天 人在理氣魚在水 息息相通與相連
只爲淫雜兩層念 物累引去不知還 昧理縱慾日流下 輪迴生死六萬年
今在午會陰生後 天地生機漸剝殘 恐怕失落原人性 上帝救今佛聖仙
都下凡間勸修道 傳道大權卻在凡 上天果位人間定 古佛大門會群仙
道法雙顯時年至 四大部洲會中原 海內海外尋救主 人人明心見性天
香堂世界活佛住 堯天舜日色色鮮 萬國兵戈皆入庫 尊德重道學聖賢
帝王也把窮人拜 一道同風皆喜歡 三乘九品依功定 法財兩施福慧圓
香煙萬代光前後 永住聖域與賢關 上度星斗通河漢 下度十方徹九泉
四大部洲皆度遍 諸佛諸祖了願還 無皇天宮鼓掌笑 纔顯經天緯地男

【甲申 又帖】

一封書多拜上領袖良賢 收圓事全憑您大衆頂擔 代天宣替佛引罕聞罕見
末後著出細法幸遇奇緣 上繼續三教聖人天一貫 下開啟萬世生一脈永傳
助天地太和氣周流自轉 培國家棟樑材挽回堯天 仙佛聖此時節任人所辦
大才能大智慧猛勇向前 捨身家辦收圓休存二念 聽⊙命那管他遠近水山
寒與暑晝與夜一心不變 只想著九六客同歸理天 孔夫子辦一回至今欣羨

上封王下衍公三千餘年 佛與老辨一回何等體面 居無極依老⊙運化週天
何況這三曹間一概齊換 頂古世三期劫從頭另安 老⊙命辦此事細心檢點
全憑您大衆們和氣一團 貧捨身領盤費不避艱險 富捨財要識時分出後先
這收圓釣賢良借財運轉 將賢良釣齊了不用銀錢 此時節捐一千可當百萬
到後來捐百萬不當半千 調賢良會領袖何處見面 必得是辦接待講道談玄
往者送來者迎始終不厭 菜與飯不在美在於喜歡 客多少住久暫不怠不變
這纔是接待的領袖良賢 現如今三期至果位通換 老無皇在世間出細收圓
十地果頂保恩何功能沾 能捨身能接待能捐銀錢 老慈⊙祂原無私心偏見
誰眞心誰實意誰人當先 功定奪因結果絲毫不減 果與位憑實功後日必還
當大任不盡職必然被貶 辦功德不貪位位始牢堅 ⊙命俺書此言大衆觀看
好教俺前後思左右兩難 俺不說⊙責俺言語少短 俺若說又恐怕人生疑嫌
若不說到後來賢良嗔怨 說在我聽在您聽其自然 有緣的聽此書急急前辦
無緣的觀此書疑二疑三 信不信行不行憑您所願 官有守言有責各盡心田
超九玄拔七祖在此一辦 傳萬國傳萬古就在此間 若果是這三條竭力去辦
龍華會共坐坐萬朶玉蓮 海內外天上下誰不稱讚 住理天受香煙萬八百年

【純陽祖 辛未年判云 同治十年】

特囑咐於弓長爾本是個火德王 隨木生因木長木火通明萬古揚
木爲母火爲郎母子同去辦道場 眼前的中央子對你再把姓名揚

一十一數不錯姓氏還要細思量 父於子慈孝揚協力同心回家鄉
莫看輕莫不良一心一德整佛綱 暗調辦走十方彰明顯著起波浪
不太卑不高亢久後自有好風光 衆領袖居人上妝模做樣多荒唐
他怎知末後著皇天大道低處藏 把玄妙對人講人反笑他入魔鄉
眞金子當糞牆大道何時能明光 所以的諸佛慌請⊙慈悲另生方
即咐囑衆兒郎金牌倒掛玄機藏 你惺悟果高強普度收圓吾幫忙
如調兵如遣將以後用人要酌量 收圓事非平常娑婆化爲極樂邦
遇忠厚少主張勸他行功煉純陽 多才能是棟樑還要替⊙挽賢良
篇雖短意味長遵依不久遇當陽 前言的一十一切牢牢記心傍
一切牢牢記心傍
天盤何人安 中央出了現 土老最純厚 大道方開展
傳神與接命 層層要他傳 此語不虛語 非他不收圓
黃公黃老一祖家 一十一數是根芽
一十一數與一土 同是一姓方不差
黃老黃色非爲姓 土老最尊盡天涯
君問土老在何處 不遠不近就是他
先用中央子 後用木公娃
大道方開展 萬靈得還家

乾六天五禍絕延生 坎五天生延絕禍六 艮六絕禍生延天五
震延生禍絕五天六 巽天五六禍生絕延 離六五絕延禍生天
坤天延絕生禍五六 兌生禍延絕五六天
六是六煞文曲水 禍是禍害祿存土 天是天醫巨門土 延是延年武曲金
五是五鬼廉貞火 生是生氣貪狼木 絕是絕命破軍金 上元甲子壹宮連
中元起巽下兌尖 上五中二下八女 男逆女順起根源 找宮不用亥子丑
合宮不用辰戌丑 未離馬條見走
抛了亥子丑中五七男二女八定然不差
坎一坤二震三巽四中五乾六兌七艮八離九乾坎艮震巽離坤兌

【附錄一】王祖歸空後降壇垂訓帖章十篇

●其一 丙戌 光緒十二年

悶沉沉禪堂坐定 丙戌年大定章程 觀氣數眞是不正 天合地穢氣騰騰
皆因是人心乖戾 抛八德五倫不行 爾諸子要體吾訓 報四恩三教通行
普天下人心改正 返上元得享清平 依吾勸不昧心性 明至善復見天心
上明心曲全民命 下明心護國忠君 上下明世運自正 聖道顯共慶文明
東魯孔詩書刪定 作萬世地緯天經 聖賢傳修身爲本 率性道就是本根
自天子庶人修省 存忠恕天下一人 人心正天下和順 風雨調五穀豐登
不肌寒人安本分 風淳古樂享昇平 到那時人皆率性 返本源得回瑤京

尊吾言可憑可證 切不可疑心亙生 收羊毫吾不長論 須知我紙短情深

●其二

丙戌歲芙蓉出現 將世道題說一番 衆原人大道修煉 體忠孝保定性天
一切事協力調辦 願開示德種無邊 此時節人心雜亂 混世蟲生事多端
在西乾江邊住站 九月九纔遇天緣 八卦亭玄妙來灘 會劉生並會莊安
他那時道心發現 遵吾師往來眞禪 吾開言此處未便 改一日到爾家園
伊家人皆知向善 拜吾師纔把道傳 吾不說常言俗歡 囑諸子好好參禪
賢良們留吾住站 強勾留住扎三天 囑善信不可留戀 有⊙命在吾身邊
九月六十日期滿 有麥姓接到家園 在他家靜坐庭院 把原由細說一番
鬥牛宮天機顯現 眞乃是奇事奇緣 八月內西藏吾現 二十三接出洞天
眞機脈道統西轉 自古來萬世皆然 寫書章天下傳遍 勸世人早悟道源
皆因是三會期滿 吾下世挽轉乾坤 此一回非常更變 分混沌妙諦普傳
無爲道天下來挽 衆善良莫當渺然 寫書章後世憑見 話不多卻是眞言
慢慢想從頭細看 注綱目未會來傳

●其三

光緒丙戌家書現 吾在洞中悶奄奄 此回乾坤要挽轉 幫辦全賴衆仙賢
三教諸眞了誓願 協力同心莫鬆肩 吾著家書來傳遍 各門諸子要體全
此回蓮台依功選 三乘九品果定圓 倘若錯過機會滿 落在後天六萬年

故此修書原人挽　吾本鬥牛⊙命傳　三官掛號都鬥現　不掛仙號難過關
九陽關卡靈官站　韋馱護法站兩邊　早傳書信來指點　眾位英雄看的端
勒馬回頭心莫散　虔誠拜懇鬥牛天　玄機奧妙今傳遍　龍華三會西北天
緊體歷代仙佛願　不枉下凡受熬煎　一切事務吾不嘆　提起世道心內酸
陰盛陽衰光不現　黑氣沖上無極天　各省人心能挽轉　那時天下把道傳
王侯士庶都修煉　過了末劫返上元　民安物阜時雍變　有道皇王萬萬年
天下一家無貧賤　道一風同樂堯年　丙戌修書丁亥現　渭水河邊遇高賢
省府州縣家書看　吾作綱目末會傳　紅陽期會今已滿　皇極世道儒當先
廣行三教無間斷　日後自有大收圓　位置高下依功判　鬥女宮內把號安
瑤池佛旨來詔選　六萬餘年定品蓮　話不多言語悶倦　收筆挽艄返先天

●其四

坐禪堂珠淚滾滾　把前世細說原因　在東山倒裝分性　青州府臥牛誕生
出世來道心定靜　看經書性放光明　參玄妙不昧本性　妻共子同堂修眞
辦普度金水奉定　挽原人東走西奔　到了丑老⊙親命　辦收圓要吾擔承
我只得慈航駕定　劉涯地漢上篙撐　著書章源頭探盡　傳心法洩漏玄文
戊寅年六月離省　開二南三江道興　己卯歲中州轉運　風後山大定章程
收九曜不昧心性　挽劫運可保乾坤　又誰知風聲漸震　恩作仇實在無情
庚辰年揚州會定　轉上海船坐火輪　七日間天度鑿混　參透了萬化原根

辛巳歲慈航逆運 秋七月纔到燕京 三清宮神靈送信 鑄洪鐘大顯威靈
四七宿三清度盡 一陽月三下南京 壬午年轉簾逆運 上湖廣遍訪原人
荊州府三佛堂進 挽賢良轉拜吾門 西九省道根纔定 順水舟又下南京
揚州城會逢劉姓 談體用徹底分清 馬接羊天機早定 癸未歲大起風聲
荊門州埋名隱姓 解聖經暗藏餘陳 至秋月身染重病 避風考再到燕京
上長安不合天命 隱身名楊柳天津 甲申春書帖注盡 春三月返右通明
回鬥府還虛入渾 丙戌年脫化引明 西江月就是根本 在西藏育養元神
天時至天元復性 借假體道顯圓明 雖然是凡胎受命 略知道地生天成
半句話一言難盡 一個字吾不說明 芙蓉城慢慢等候 丙戌年史寄家音
好好好麥家安頓 待西就方告東成 紙又短話不長論 存一個後世把憑

●其五

坐禪堂燈光普照 淚濟濟心內發焦 在西乾成都來到 每一日四下觀瞧
名利客良心不要 盡都是詭計爲高 天河水西門進到 三橋洞皇城繞交
穿城過東門出了 好一似銀漢迢迢 芙蓉城景緻不少 又還有蓮花三濠
上蓮池先天大道 青陽會道家根苗 ⊙蓮池釋家掌道 講經文憎家道高
下蓮池儒家明道 鬥牛宮三池盡包 三期會九月九到 此乃是儒家根苗
東魯孔顏曾師表 孟朱程齊下天曹 三千徒同伴闡教 儒家道此回翻稍
三會滿定品不少 那時節齊把⊙朝 吾說的眞機玄妙 休認作淺俗歌謠

城內景無須細表 青陽宮古蹟蹊蹺 左青龍玄武右跳 鬥牛宮三清殿高
後殿內上台三道 唐明王殿宇雲標 降生台修的甚妙 說法台可比雲霄
景緻多難以盡表 吾時刻心內發焦 嘆世道話說不少 吾悶倦手提羊毫
寫書章諸賢遍告 芙蓉城根底全描 青陽場店家紮好 有賢良來把吾瞧
吾說的眞機玄妙 三教理一字盡包 他時刻奉吾承教 拜吾門願學賢豪
每日里講論大道 夜晚間樓台登高 三更時霜風不小 爲凡民受盡煎熬
鬥牛宮那些不好 爲世道屢惹塵囂 只等著東方報曉 催艄手要游江皋
西乾地吾亦不表 渭水河去賣花椒 每日里江邊垂釣 看何人動問根苗
候隻候運限來到 顯神通護定當朝 那時節人人向道 驚惺了文武官僚
出愛河皈依三寶 惡孽化雨順風調 堯舜日光被四表 衆百姓共樂逍遙
吾此時愁眉展了 辭塵世駕動雲軺

●其六

鬥牛宮天機出現 三十三挽轉坤乾 九十六切莫遲慢 三極道定就品蓮
救末劫傳書一段 吾終日悶悶奄奄 這一回延康劫現 仙佛聖協力周全
捎家書先爲指點 衆皇胎細看的端 皆因是會期已滿 立準繩處處收圓
十五代祖師同辦 十六代斗母臨凡 三教聖齊下宮殿 衆仙賢搖槳撐船
三極理珠穿一線 上三乘六六週天 中三乘二九數限 下三乘半一眞禪
吾說的眞言妙典 切莫當無稽妖言 不遵行自落下賤 錯過了哭斷喉咽

無極⊙西乾住戰　青陽宮暗釣仙賢　明明是爾等快趕　忙一步同上法船
看看的天時改變　這一回休當等閒　救末劫眞禪出現　休錯誤丙戌機緣
淚滾滾書信傳遍　莫當作風過耳邊　六萬年三期會滿　換白陽儒教當先
孔子道文風大展　此一回度盡官員　聖天子庶民修煉　大千世同登品蓮
娑婆世苦楚可嘆　再題那東震西乾　周流轉禮本傳遍　末後著出世金丹
先東方理性講貫　後西藏接命延年　爲三教協力承辦　擎天柱立起雲盤
儒家禮釋道同貫　分渾沌天地奠安　注書章朝夕不倦　起戊寅丙戌成全
都斗宮眞人再現　三歲郎徹地通天　龍華會天人通貫　說法語指點妙玄
午會中陰陽分判　明晃晃月郎三千　靖四方三教參贊　中黃天一氣復元
此大道上下傳遍　遵聖教纔得收圓　將天機再露一線　芙蓉城拜懇眞禪
收羊毫吾亦不嘆　書長了諸賢難觀　遵此訓衷腸莫變　到後日得大喜歡

●其七

丙戌冬月注書篇　三教道統挽乾坤　五行分任三極選　三教諸賢共一天
協辦儒教大道展　挽回末劫返本源　眞心助辦不怠慢　果算儒教棟樑賢
期會圓滿要到岸　東方道脈返西乾　二姓還是一人轉　總管三教大收圓
千門萬戶齊歸本　了卻前天緒後天　那時儒家大道顯　上下一體悟心傳
此刻前天未了願　三教認定都鬥天　各各要了洪誓願　佛來接枝道脈玄
天時地利丙戌現　吾當囑告衆仙賢　認定天命莫懶散　同心協力駕慈船

此時陰盛道未顯 不久泰開返上元 手提羊毫條條戰 題起道統心膽寒
只爲道統紛紛亂 覆去翻來實可憐 修書欲把仙賢勸 莫把吾言當渺然
龍華眞經有確驗 諸位仙賢考一番 此時吾來爾不面 怕爾後時悟奇緣
加緊一步將船趕 風送慈航上九天 話不多言將筆撿 存留字句細詳參

●其八

活潑潑天下無當 明晃晃四圍周張 儒教顯仙賢有望 吾囑咐寫段錦囊
仙賢客不可惝恍 閒無事展開書章 此篇書非爲別樣 丙戌年重整佛綱
修書信冰清雪亮 吾指點坦道康莊 開普度金水太旺 闡大道不受飲荒
金水歸無極下降 鬥牛宮立定牌行 注書章道開無上 定道脈無極⊙娘
大收圓本待清賬 歲甲申詔返穹蒼 皆因是天時未至 丙戌年纔下天堂
眞⊙命鬥牛執掌 無太皇同辦收場 命寄天人天共仰 看有誰敢阻無皇
收羊毫神清氣爽 言不多玄機內藏

●其九

睜慧眼四下觀看 悟道人受盡熬煎 儒釋道氣數運轉 各省地立定皇壇
挽劫運勸人行善 振木鐸大道開端 孔子道儒門承辦 三教聖開化人間
各門徒忠心一片 切不可敗喪眞源 既修行須存正念 合千門共湊一團
歷代來仙賢修煉 存忠恕纔得升天 有三元明暗同辦 體天心挽得坤乾
天用人人隨天轉 天人合道顯明圓 俺今日註書一段 將玄妙暗暗指穿

六萬年天機纔現　接皇胎早轉家園　這就是⊙娘慈念　切不可視爲常談
願只願皇王好善　衆諸侯贊化調元　十六字心傳一貫　娑婆世盡得眞詮
海內外誦經禮懺　大千世盡掃狼煙　收魔王民免塗炭　刀入庫馬放南山
果如是挽回劫難　整道統萬古名傳　這纔是奇男好漢　到異日永受明煙
萬人朝眞來稀罕　也不枉受苦一番　俺而今說法親現　會三期纔一臨凡
八月內西藏出現　九月九來在西乾　正午時聖眞朝殿　定三教眞是美然
一霎時金鐘響遍　笙蕭樂喜氣喧天　現天盤諸天共贊　降落在江瓜身邊
三歲郎道通隱顯　長住世廣結人緣　前後事殊難盡嘆　焚眞香轉回瑤天

●其十

十封書天下傳遍　三極道救度良賢　望侯王遵行無倦　士民等一體流傳
看將來天時大變　劫運起眞是慘然　一點珠一字一嘆　捎書信降下民間
承⊙命世道挽轉　風雨調國泰民安　吾叮嚀方方普勸　學道人要結天緣
切不可心腸改變　既修道忠孝爲先　盡忠孝人人欽羨　挽頹風個個光沾
遵吾訓明德至善　纔算是頂天兒男　此一回三教夥辦　整道統儒教當權
修行法釋道爲善　治世道儒門心傳　不久間儒風大展　遍九州悟性窮源
普天下無有爭戰　各教門洗盡腥羶　這纔是孔子道闡　娑婆世化做金蓮
那時節人人稱羨　聖天子道德雙全　遵五常君命無間　體八德個個皆賢
無凶人牢獄盡免　依禮法不逞刁姦　堯舜道眞來稀罕　無爲法舉世同參

辨危微苦心力辨 依功果定就品蓮 十封書也不長嘆 鬥牛宮玉篆金箋
一字字毫光燦爛 休認作老生常談 雖然是意复詞淺 心血語自有妙玄
參得透可邀天眷 各省府細看詳端 依吾言刊刻傳遍 造書籍是為大賢
耳邊內仙風一片 祥光起瑞靄人天

【附錄二】帖章 王祖覺一夫子 著節錄白陽聖訓

無生曰：道統緒亂，不自今日，王母我看混亂不混亂，不亂不見眞才，不見善男。亂如麻，眞才拔，作綱領，天道華，傳萬古，歸萬家，開普度，明理罷，時年至，洋鬧華，他滅我，我滅他，咳！咳！咳！

這就是：煙火滅絕千里外，雞犬不聞四境中，災雖分乎上中下，苦莫苦於安邑間。大風大浪起，穩坐釣魚舟，今日令傳他，主在山後頭。白陽一片東來，仙佛空中安排，單等衆徒回心，我纔保爾福來。

一鐸喚醒千古夢，五經鑿破半點心，因時制宜能達變，淺則揭來厲則深，崎嶇不平路不平，山對人面馬頭生，天翻地覆此一場，山山山外是齊青。

衆徒細參悟，參得消息透，方纔下了手。爾若參不透，墜落苦海流，爾若參透了，仙佛在心頭。此是心腹話，書時淚滿流，衆徒爾細細想想，細細想想，

所謂三極大道者，無極為不易之易，主乎理天，乃眞空極樂之界，此三教大聖之所歸也，是謂聖域。

太極為變易之易，主乎氣天，乃法輪常轉之界，此三教賢之所歸也，是謂賢關。

皇極者，交易之易也，主乎山河大地，飛潛動植之界，乃主持名教，代天理物者之所歸也，是謂至善之地也。

三極合一，然後可以收圓，可以結果，登斯民於仁壽，化斯世爲大同也。

故羅祖收圓，至遭罪戾；徐、楊二祖收圓，以身頂劫；水祖收圓，終身未遂；金祖收圓，亦成畫餅。

以是知此事重大，卽眞仙、眞佛、眞聖，猶不能獨收其功，況旁溪曲徑之流，妄想無知之輩，幾何不犯禁乾律，獲罪於天，喪身亡家，流毒於世者哉！

斯道，自大明定鼎，三教會議於天宮，定就腳色，故陽明先生傳道姚江，欲結龍華道伴。大清應運，順治皇爺，首倡道脈，託名歸山。

而乾、坎、艮、震傳於黃河之北，是謂文卦；巽、離、坤、兌傳於黃河之南，是謂武卦。文卦之人，有益教化；武卦之人，多犯國禁。八卦之教，其傳皆出清初，其眞言有八號：曰眞家鄉，無生父⊙。其玄關指在囟門，其用功運後天口鼻之氣。使之上沖囟門而出，其眞修實行者，可以修來世之福果。

而妄想無知之輩，多至於廢時失業，遺害流毒者，因立教之始，原爲收圓大事，捎書傳信而設，並非適當其時也。

外此則有一炷香，後改爲天眞門，其立教之始，出自商河董四海，道號覓玄子，與順治皇爺同時，董先師與皇爺會面於蘆溝橋，謂皇爺曰：道可傳，傳遍天下；不可傳，隱遯深山。皇爺答曰：後有天子來明理，此時不該我批判。順治者，以順行之人道治世也。

中國道門，除八卦之外，惟商河紹玉之傳，所及者廣。大抵八卦教，沖頂門而出，不知玄關正竅，謂之旁門。

天眞門原有眞修，末後流而敲打唱念，內功全失，謂之外道。

蓋因收圓事大，非先傳旁門外道，使之捎書傳信，令大地之人，皆知有末後收圓之事，而大道急功難普也。

自順皇至道光，禦極十二。袁祖始自云南，開道西川，而玄關一竅，遂普傳於世。道光者，大道漸漸光明也。袁祖以前，爲捎書傳信之世，袁祖以後，爲開荒下種之世。

開道之時，上人明言：三十年前師度徒，三十年後徒度師。凡辦道者，皆知此言，而終不知其究竟之謂何也？三十年前，乃開荒之時，並非收圓之時也。不但爲徒者，夢夢不覺。卽爲師爲祖者，亦若晦若明也。

故先時而動，是謂逆天，皇風屢考，良有以也。金祖而後，凡修道、辦道者，以前言不應，皆以收圓爲漫漫無憑之事，故諸事苟且，希圖供養而已，此爲不識時務，是謂違天。

修道、辦道者，皆知四川爲天下之玄關，而終不知天下之丹田在於何處也？

玄關之處，在八卦爲離，在六十四卦爲姤，在天爲井、鬼、柳、星、張、翌、軫，朱雀七宿之分；在地支爲午，卽爲八卦之離，則外陽內陰，一陰爲主；在六十四卦爲姤，則一陰侵陽，謂之女壯。

故自袁祖之時，而夏九姑娘卽當事得令，而一陰進矣。降及金祖三十六花根，而六六之純陰現矣。金祖在世，其當剝卦上九九之爻乎！故金祖收圓後，而素玉、素陽二姑台，公然掌天盤矣！

自姤至坤，大抵五年一爻，三十年女兒中間點燈火，掌盤五年，坤極必復。不但道如是，而國家慈仁、慈禧二國母亦掌朝綱，道運國家若合符節。

川中爲離、爲午、爲姤，而青州在天爲女、虛之分，在地支爲子分，在六十四卦爲複之震宮。

夫陰極陽生，必然之理，而陽生於子，亦必然之理也。子年一陽雖復，而潛龍勿用，至丑而二陽臨矣！

十二代祖楊祖天機詩所言在此，金祖回文所言在此。田字半邊開大舸也，正乾三連，坤六斷，轉盤換象時也。

道光之世，始開普度，光緒之年，繼續道統，此皆天意，豈是人爲。姤之極，則大往小來，活佛世界其始於今日乎。

三十年前師度徒，離火下降順行人道也，其究爲坤；三十年後徒度師，其終爲乾，逆行者，坎水上升，補離成乾，方爲成功也。

西乾東震周流轉，外教旁門認不眞。不但外教旁門認不眞，卽三十年前辨道之人，非有大根大器，先前辦道，少帶罪孽者，亦難於認眞也。

何者？末後一著，乃出世收圓，最上一乘，頓教法門，無極一貫眞傳，會通三教，貫徹人天，得者成佛，修者成仙，見者成聖，遇之者三生有幸，錯過者萬劫難逃。

故無生老⊙，領帶諸天，佛仙聖神，降臨東震，重整道統，另掌天盤，更上換下，拔取眞才，重明三教，從前之皮毛假相，不知三極大道之大本大源，及貪財好色，敗壞倫常者，一切不

准來靠。

捎書傳信之旁門，若無名門、龍天門、達摩門、清靜門、皇極門、混圓門、四季門、好禮門，千門萬教，屈指難盡。

道家有三千六百旁門，佛家有九十六外道，《本行集經》云：當有三萬六千種道。以釋家來者之心，不但人行之道，有旁門外道，邪教正教之殊。

卽飛鸞開化者亦然，有自鬼仙而成者，只知善惡報應，故其乩筆所言，勸人爲善有功於人事而已；有自精靈而成者，微知道之粗跡，卽有所傳授，亦不過閉目調息而已；有自散仙而成者，雖能講金丹中乘之教，而終不能盡洩眞機。

外此，野狐邪鬼，冒名仙眞，哄騙供養者，亦復不少，此乩筆之旁門外道也。此皆因其人，根基、前因而然。

若眞仙、眞佛、眞聖降臨，其議論講說，必三教之命脈，大道之淵源。其同事者，必上聖高眞，其所近之人，必三教之嫡派，此所謂家裡有君子，門外君子至也。

人與神其義一也，故道開西乾，天人交接，五花十葉，乩筆所定，轉盤東震，亦憑乩筆，而見小闇大者，往往呼之爲假。

夫佛堂重地，卽呂祖上仙，非奉無生之命，尚不敢正面降乩，況假老⊙、假觀音乎！況吾等所講者，三易、河洛、理天、氣天、天人一貫之精蘊，身心性命。大學、中庸，會通三教之淵源，眞知眞見，實踐躬行。

理準河圖，無極而歸之，有極卽極深研幾，而不落無稽之空談。氣本洛書，有形實本於無形，格盡物類，而不作執象之小見。交易本之日月，三五盈虧，爲積爻成卦，象學之所自來。

變易本之氣天，寒暑代謝，陽生陰降，謂之兩儀，四時謂之四象，八節謂之八卦，二十四氣，七十二候，三百六十五日四分日之一，爲卦氣之週天。

交易以天地日月，雌雄相交，爲兩儀以。兩儀之生、長、壯、老爲四象，八卦三百八十四爻之錯綜。

不易之易，謂之理學，無形之理，非聖難見。有形之理卽地，可推後天八卦，卽洛書流行之氣天也。四時換樣無形有跡，爲氣數之命，氣質之性，人心識神之所自來，而智、愚、賢、否、壽、天、窮、通，萬有不齊之性命，可從而推矣！

先天八卦，卽河圖之對待，流行之氣，以浮沉升降分陰陽；對待之理，以南北動靜分陰陽。

先天卦象，乾南坤北，其陽在南，陽主暖，而至暖者莫如火，故河圖二七在南，爲朱雀七宿分野，故南方多暖，三冬有不死之草。

其陰在北，陰主寒，而至寒者莫如水，故一六在北，爲玄武七宿分野，故北方多寒，九夏有不釋之冰。

離火居東，離爲日，而生火者莫如木，故三八在東，青龍七宿分野，而大明生於扶桑。

坎水居西，坎爲月，而生水者莫如金，故四九在西，白虎七宿分野，而河源發於崑崙。

中國大勢，西北多山，故艮居西北，東南多水，故澤居東南，震在東北，龍從陽也，故寅爲青龍，巽在西南，虎從陰也，故申爲白虎。

有形之地理，包乎太極氣天，太極之中，無形之天理，下貫大地之中，上出氣天而外。

天理爲經，天氣爲緯，天經則靜而能應，常而不變。天緯則流行不息，變而有常。天理，卽天賦之命，本然之性，道心元神之所自出，乃降衷秉懿，堯舜衆人不異之性命，萬殊而一致者也。

知理常而不變，可以制禮。知氣變而有常，可以作樂。知乾、坤、坎、離四卦之動靜，可以造歷。上窮無生無臭之天，盡性致命之歸；下究人情物理之變，爲禮樂刑政之本。

出世則爲仙、爲佛、爲聖、爲賢，窮則獨善，行之一人而爲有餘；達則兼善澤及天下，而未爲不足。以之上，繼往聖，則爲三教之一大弟子；以之下，開來學，則爲三教之一大師承。

眞道所在，千眞恭敬，萬聖護持，斯道究竟，不但己立立人，上之可度河漢星斗，同入無極理天，不遭三期之浩劫。下之可度十殿諸司，共離長夜，同歸極樂之聖境。

非三教大聖，不敢至壇開口言道，況假老⊙、假觀音乎？不知其人，先訪其友，況恭敬頂禮而以之爲師爲祖者乎？拘墟小儒，尚不知餘爲何許人？焉之吾師吾祖爲何許人乎？以蠡測海，坐井觀天，其自外大道，自尋口過也，於吾何損？於吾老⊙何損？

三千餘年以來，心法失傳，無志斯道者，固無足論，卽使有志。而理窟道海，浩渺難窮，鐵壁銅牆，無門而入，或白首無得，望洋而返，或穿鑿附會，揠苗助長，卽稍有心得者，大都以氣爲理，使大化聖神之域，湮沒不彰。

而旁門小道，紛然雜出，亂愚夫愚婦之耳目，迷降衷秉懿之性天，江河日下，一往弗返，斯人良可悲憫！吾爲是懼！

聞先聖之道，剖明理天、氣天，爲本然、氣質、人心、道心之所自出，指明元神、識神之所以然，析人禽於毫忽，辨聖狂之幾希。

知元神通無極理天，萬緣放下，凝神不散，則還聖域；知元氣通太極氣天，則掃心飛相，調息綿綿，可入賢關。

若既迷元神，又迷元氣，縱情逐欲，則輪迴萬變為鬼為禽，性命雙修，天人一貫，會通三教，了明萬法。教不歸一者，便非正教法，不歸一者，卽為邪法。

夫自無極而生太極，自太極而生兩儀，以太極為萬類之父母，以無極為太極之父母，父母之父母，非祖而何？非根而何？故歸根者，歸無極也，認祖者認無極也。

國家圖書館出版品預行編目資料

看懂北海老人全書／呂冬倪著.　--初版.--臺中市：白象文化事業有限公司，2024.2
面；　公分
ISBN 978-626-364-192-1（平裝）
1.CST: 北海老人全書 2.CST: 一貫道
271.6　　112019026

看懂北海老人全書

作　　者　呂冬倪
校　　對　呂冬倪
發 行 人　張輝潭
出版發行　白象文化事業有限公司
412台中市大里區科技路1號8樓之2（台中軟體園區）
出版專線：（04）2496-5995　傳真：（04）2496-9901
401台中市東區和平街228巷44號（經銷部）
購書專線：（04）2220-8589　傳真：（04）2220-8505
專案主編　李婕
出版編印　林榮威、陳逸儒、黃麗穎、陳媁婷、李婕、林金郎
設計創意　張禮南、何佳諠
經紀企劃　張輝潭、徐錦淳、林尉儒
經銷推廣　李莉吟、莊博亞、劉育姍、林政泓
行銷宣傳　黃姿虹、沈若瑜
營運管理　曾千熏、羅禎琳
印　　刷　基盛印刷工場
初版一刷　2024年2月
定　　價　450元